本书由中共贵州省委党校(贵州行政学院)出版基金资助

企业集团对公司绩效的影响及其决定因素研究

QIYE JITUAN DUI GONGSI JIXIAO DE
YINGXIANG JIQI JUEDING YINSU YANJIU

雷德雨　著

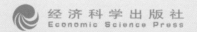

经济科学出版社
Economic Science Press

图书在版编目（CIP）数据

企业集团对公司绩效的影响及其决定因素研究／
雷德雨著．—北京：经济科学出版社，2016.4
ISBN 978 - 7 - 5141 - 6783 - 2

Ⅰ.①企…　Ⅱ.①雷…　Ⅲ.①企业集团 - 企业绩效 -
影响因素 - 研究 - 中国　Ⅳ.①F279.244

中国版本图书馆 CIP 数据核字（2016）第 064666 号

责任编辑：段　钢
责任校对：王苗苗
责任印制：邱　天

企业集团对公司绩效的影响及其决定因素研究

雷德雨　著

经济科学出版社出版、发行　新华书店经销
社址：北京市海淀区阜成路甲 28 号　邮编：100142
总编部电话：010 - 88191217　发行部电话：010 - 88191522
网址：www. esp. com. cn
电子邮件：esp@ esp. com. cn
天猫网店：经济科学出版社旗舰店
网址：http://jjkxcbs. tmall. com
北京万友印刷有限公司印装
710×1000　16 开　21.25 印张　310000 字
2016 年 5 月第 1 版　2016 年 5 月第 1 次印刷
ISBN 978 - 7 - 5141 - 6783 - 2　定价：48.00 元
（图书出现印装问题，本社负责调换。电话：010 - 88191502）
（版权所有　侵权必究　举报电话：010 - 88191586
电子邮箱：dbts@ esp. com. cn）

前　　言

改革开放以来，经过 30 余年的持续快速发展，我国经济总量已跃居世界第二位，人均 GDP 接近 8000 美元，但产业层次低、发展不平衡和资源环境刚性约束增强等矛盾愈加凸显，处于跨越"中等收入陷阱"的紧要关头。当前我国经济发展进入新常态，基本特点是速度变化、结构优化和动力转换，其中动力转换最为关键，决定着速度变化和结构优化的进程和质量。要真正实现经济发展方式从规模速度型粗放增长转向质量效率型集约增长，经济发展动力从主要依靠大规模要素投入驱动增长转向创新驱动增长转变，必须实施供给侧结构性改革，夯实经济增长的微观主体，形成一批具有国际影响力和国际竞争优势的大企业、大集团。我国企业集团是在我国改革开放的进程中孕育和发展起来的，已成为我国的主导企业组织形式，企业集团的发展历程反映着我国改革的进程及其不断深入发展。当前我国正处于经济发展方式转型和产业结构调整的重大战略机遇期，作为研究开发主体的大型企业集团，科研开发能力与国外先进水平有较大的差距，用于制造业研发的投入远远落后于欧美等发达国家。我们虽然有华为、联想、中兴等创新投入很大和创新能力很强的企业集团，但整体上中国企业集团研究开发经费投入不足，仅占销售额的 1% 左右。我国企业集团面临提高自主创新能力和核心竞争力的挑战，有关企业集团发展的体制机制也面临进一步的调整完善。

企业集团的独特优势在于对集团内企业绩效的影响，只有当获取创新资源成为独立企业加入企业集团的主要动机，我国企业集团的发展才走上了持续健康的轨道。目前对我国企业集团与公司绩效之间关系的直接检验还比较少见，而且由于没有剔除其他因素导致的独立企业加入集团后绩效的变化，存在内生性问题，得出的结论不是因果意义上的。此外，对独立企业加入企业集团动机的研究也较为少见，缺乏企业集团绩效效应具体作用机制的研究。本书综合运用交易成本经济学、后发国工业化理论以及企业集团资源观对企业集团绩效效应的研究成果，遵循产业组织理论的结构——行为——绩效分析范式，结合我国企业集团的具体情况，建立了可操作的企业集团绩效效应及其影响机制的分析框架，对我国企业集团对公司绩效的影响及其作用机制进行了定性和实证的分析，并针对如何提高我国企业集团自主创新能力和培育企业集团核心竞争力提出了系统的政策建议，主要目的是通过体制机制的引导和培育，实现我国企业集团核心能力的转换，把独立企业组建或加入企业集团的动机逐渐引导到提高自主创新能力上来，从而实现我国企业集团的持续健康发展，本书主要包括以下几个部分：

第一，在国内外企业集团绩效效应研究文献的基础上，本书系统回顾了我国企业集团政策的历史沿革和企业集团发展现状，在此基础上对我国企业集团的绩效效应及其作用机制进行了定性分析；在定性分析的基础上，根据当前我国所处的工业化阶段，采用微观经济计量学的研究方法，利用上市公司数据估计企业集团对公司绩效的影响和作用机制，研究独立企业加入企业集团的动机，分析不同控股类型公司加入企业集团的选择是否存在不同，以及相关的政府政策和制度环境如何影响独立企业加入企业集团的选择。

第二，为进一步深入分析企业集团绩效效应背后的具体作用机制，本书采取案例分析方法，对 19 家独立企业组建或加入企业集团前后绩效提高的具体原因进行了追溯式的分析，提炼出企业集团成员绩效提高的八个方面原因。案例分析的结论说明，当前我国企业集团成员绩效提高的原因是多重的，包括主营业务变化，内部资本与产品市场支持、自主创新能力增强和国家产业政策支持等。集团成员企业绩效提高原因的多元化表明，自主创新能力的培育还没有成为我国企业集团绩效效应的主要原因，这表现在我国缺乏有国际竞争力的技术密集型企业集团，以及有国际竞争力的技术密集型品牌。

第三，东亚经济体经济增长的奇迹是在政府推动下依托大企业集团的发展支撑重工业化，以大企业集团的特色经营赢得国际竞争优势实现的，东亚经济体发展企业集团的经验和教训值得我国借鉴。本书对东亚经济体企业集团的发展和转型进行了研究，研究结论说明工业化前期阶段，企业集团能够为成员公司提供内部市场交易的成本节约，即对市场不完善和制度缺失的替代；工业化后期阶段，随着市场的不断完善和机制的不断健全，企业集团执行契约和提供中间产品、资金的交易成本节约能力对集团成员绩效的作用减弱；工业化中后期阶段，企业集团自身难以模仿的技术能力成为成员绩效提高的关键决定因素。

第四，在以上研究的基础上，本书得出了研究结论和推动我国大企业集团内涵式发展的政策建议。本书认为我国企业集团对公司绩效有正面的影响，有力地推进了我国国有企业改革和国有资产管理体制改革、促进了我国企业规模扩大、实力增强以及推进了我国工业化和产业结构升级等几个方面，并根据我国企业集团绩效提高原因分化、自主创新能力不强等提出了我国企业集团未来发展面临的主要问题和挑战，并针对此提出了有针对性的政策建议，以期把集团成员绩效提高的源泉引导到技术创新上来，鼓励大企业集团内涵式的发展，使科技创新成为大企业集团未来发展的主要绩效源泉，从而为我国深入实施创新驱动发展战略、迈向制造强国奠定坚实的微观基础。

作者

2016 年 2 月

目　　　录

第1章 导 论

1.1 研究背景及研究主题

1.1.1 研究背景

经济学中对于企业理论的研究始于科斯 1937 年的经典论文《公司的性质》，在这篇开创性的论文中科斯提出了公司的边界的问题，科斯指出，"正是对进行市场交易的费用的避免""企业的显著标志是对价格机制的替代"，企业和市场是"两种可以相互替代的协调生产的手段"。时至今日，公司已不再仅仅视为单一的独立实体。世界各国经验证明，企业组织形式及其发展在经济增长进程中具有独特的地位和功能。企业集团是社会化大生产与市场经济矛盾发展的必然产物，是在现代企业高度发展基础上形成的适应现代生产力规模经济和市场经济要求而产生的一种企业联合形态。从企业发展史来看，是企业组织结构的一次质的变化。如果说从古典企业发展到现代企业，是企业组织结构的一次质的变化，那么，企业集团的出现乃是现代企业组织结构的又一次创新的结果，是现代单体大企业与社会化大生产和市场经济矛盾发展的产物①。在不同的历史时期和不同的社会经济环境中，企业集团作为一种企业组织形式在世界上的很多国家成长并不断发展，在所在国家的社会经济发展中起到极为重要的作用。一般认为，大公司对于后工业化国家的经济发展有重要的意义，转型经济体政府的首要目标是促进"现代工业公司"的建立，特别是重工业行业的现代公司能够奠定其他行业发展的基础②。日本、韩国等东亚经

---

① 伍伯麟：《中国企业集团论》，复旦大学出版社 1996 年版

② Norlan, P. and Yeung, G., "Large Firms and Catch-up in a Transitional Economy: the Case of Shougang Group in China", Economics of Planning, 34, 2001, pp. 159 – 178.

济体的崛起吸引了学术界对于企业集团的关注和研究①，东亚经济体的发展经验说明在工业化前期，优先鼓励和培育以企业集团为主导的企业组织形态，可以在很大程度上推动经济增长，实现经济赶超的战略目标。为深入研究企业集团这一组织形态对经济增长的作用机制，对独立企业加入或组建企业集团的绩效研究是企业集团研究的重要内容。绩效研究的结果能够揭示企业集团政策的价值和作用机制，以及针对特定社会环境和市场环境中的企业集团的未来发展可能面临的潜在问题提出相关政策建议。

　　根据中国国家统计局的定义，我国企业集团是指以母子公司（Parent-filial System）为主体，并且以投资或生产经营协作方式将若干公司组织起来的一种企业联合体，企业集团成员公司是独立的法人实体。国家工商行政管理局规定，企业集团的母公司即核心公司注册资本须超过 5000 万元人民币并且至少拥有 5 家子公司，核心公司和子公司的总注册资本须超过 1 亿元人民币。20 世纪 80 年代中期之后，为适应社会化大生产，推动经济体制改革和企业制度创新，建立社会主义市场经济下的新型企业组织，中国开始引进企业集团这一先进的企业运行机制，组建具有中国特色的现代企业集团。80 年代，为克服我国经济转型时期面临的条块分割现象，以及"大而全""小而全"的企业组织形式和分散化格局，我国实施了企业集团政策，在国家相关政策的鼓励和支持下，企业集团在我国从无到有并发展壮大，迄今规模不断扩大，盈利水平不断提高，已成为我国国民经济中的主导企业组织形式。支持大企业集团的组建和发展是中国企业改革政策的主要内容。中国大企业集团极大地

---

　　① Granovetter 指出，由于在很多新兴国家和发达国家，企业集团都是主导的企业组织形式，因而应该深入研究。韩国和日本在 20 世纪 80 年代经济的瞩目表现，使得研究者意识到研究单个公司可能没有研究企业集团这种企业联合体重要。Granovetter 进一步指出，企业集团应该包括各种的公司联合，既包括紧密的联合也包括松散的联合，许多这样的联合处于一种中间程度的联合，我认为对于这种处于中间阶段的公司间组织形式的研究理论是远远不够的，因而是亟待进行的。

推进了中国的工业化进程。在结构指标方面我国企业集团表现出明显的集中趋势：按母公司控股类型划分，国有控股企业集团占主要地位；按主营行业划分，第二产业特别是工业中的制造业占企业集团主营行业的主要地位。按企业集团主营业务来看，现阶段我国企业集团主要集中于第二产业特别是工业企业中的制造业集团，第三产业企业集团正在快速发展。截至2012年我国共有70家内地公司跻身世界"500强"排行榜，除6家银行外其余内地公司全部为企业集团。这些企业集团的行业主要集中于金属产品、公用设施、工程与建筑以及原矿、原油生产等行业。我国支持企业集团发展的政策的实施和企业集团的快速发展推动了我国经济的高速增长，以及我国的工业化历程和产业结构的快速演变。

我国的企业集团的集中趋势是我国经济发展的社会经济环境以及制度环境决定的，也反映出我国所处的工业化和经济发展阶段。因此企业集团政策的研究必须与我国建立社会主义市场经济体制、国有企业的改革和发展历程结合思考，并与我国的经济发展阶段、经济结构调整和工业化进程紧密相连。自改革开放以来我国取得了举世瞩目的快速经济增长，1990~2010年20年间我国国内生产总值保持了年平均增长率10%以上的高速增长，我国经济规模实现了快速增长。表1-1说明，2010年我国经济总量为58791亿美元，占世界的比重上升到9.5%，相当于美国的比例为40.2%，超越日本成为世界第二大经济体。世界银行（2012）研究报告指出，从1978年开始中国充分利用了后发优势参与全球经济，进行了快速的结构改革，成为世界上最大的出口国和进口国，并且在许多产业中快速地移向技术前沿，其中有61家中国公司位列世界"500强"企业。即使中国经济增长速度放缓，到2030年中国将会取代美国成为世界第一大经济体。

表 1 – 1　　中国国内生产总值（GDP）占世界位次（2005～2010 年）

年份	位次	国内生产总值 （亿美元）	占世界比重 （%）	相当于美国的比例 （%）
2005	5	22569	5.0	17.9
2006	4	27129	5.5	20.3
2007	3	34942	6.3	24.9
2008	3	45200	7.4	31.5
2009	3	49847	8.6	35.3
2010	2	58791	9.5	40.2

资料来源：国际货币基金组织 WEO 数据库，转引自李成勋：《中国经济发展战略 2011》，知识产权出版社 2011 年版。

　　表 1 – 2 说明，与其他国家相比，我国工业特别是制造业在 GDP 总值中所占比例最高。制造业增加值的各国比较显示，我国的制造业增加值 1998～2009 年增长强劲，2009 年中国和美国的制造业增加值占世界的比重分别为 18.58% 和 19.55%。这反映出从规模意义上中国制造业已经接近美国，据美国经济咨询公司环球通视数据，2010 年我国制造业产出占世界的比重为 19.8%，已超过美国成为全球制造业第一大国①。

表 1 – 2　　　　　　世界各国制造业增加值　　　　　　单位：百万美元

国家	1998 年	百分比*（%）	2009 年	百分比*（%）
中国	324603	5.88	1691153	18.58
德国	449216	8.14	567902	6.24
日本	868624	15.75	970204	10.66
韩国	85569	1.55	208142	2.29
美国	1440500	26.11	1779474	19.55
世界	5516751		9102310	

注＊：百分比指 1998 年和 2009 年各国的制造业增加值占世界总额的比重。
资料来源：世界银行：《世界发展指标 2011》，中国财政经济出版社 2011 年版。

---

①　"十六大以来，我国工业生产能力全面提升，制造业大国地位初步确立。在 22 个工业大类行业中，我国有 7 大类行业全球第一，水泥、汽车、家电等 220 多种工业品产量全球居首"，原载于王政、左娅：《工业：制造大国迈向制造强国（跨越·十年）》，《人民日报》2012 年 9 月 18 日。

我国在成为世界第二大经济体的同时也面临经济可持续发展的挑战，表1-3说明，从我国三次产业的分布来看，我国当前处于工业化中期后半阶段，这一阶段的重要特征是工业结构的重化工业化，2010年重工业产值在工业中比重达71.1%，工业结构的重型化趋势仍在加强[①]。按照世界各国的发展经验，成功工业化的国家都在这一阶段迎来了资本技术密集型行业的加速发展。

表1-3   世界各国产出结构

国家	国内生产总值（百万美元）		农业占GDP百分比（%）		工业占GDP百分比（%）		制造业占GDP百分比（%）		服务业占GDP百分比（%）	
	1995	2009	1995	2009	1995	2009	1995	2009	1995	2009
中国	728007	4985461	20	10	47	46	34	34	33	43
德国	2522792	3330032	1	1	32	26	23	19	67	73
日本	5264380	5068996	2	1	34	28	23	20	64	71
韩国	517118	832512	6	3	42	37	28	28	52	61
美国	7359300	14119000	2	1	26	21	19	13	72	77

资料来源：世界银行：《世界发展指标2011》，中国财政经济出版社2011年版。

当前，我国正处于改革开放以来的重大战略转型机遇期。我国《中长期科学和技术发展规划纲要》指出，我国今后经济发展面临的主要挑战是"经济增长过度依赖能源资源消耗""经济结构不合理"以及"自主创新能力较弱，企业核心竞争力不强"，并指出，"我国虽然是一个经济大国，但还不是一个经济强国""我国是世界制造大国，但还不是制造强国"。经济增长过度依赖能源资源消耗，环境污染严重。经济结构不合理，农业基础薄弱，高技术产业和现代服务业发展滞后。自主创新能力较弱，企业核心竞争力不强，经济效益有待提高。我国是世界制造大国，但还不是制造强国。制造技术基础薄弱，创新能力不强。产品以低端为主，制造过程资源、能源消耗大，

[①] 中国社会科学院工业经济研究所：《中国产业发展和产业政策报告（2011）》，中信出版社2011年版，第53页。

污染严重。

我国《"十三五"规划纲要》提出:"强化企业创新主体地位和主导作用,形成一批有国际竞争力的创新型领军企业,支持科技型中小企业健康发展。依托企业、高校、科研院所建设一批国家技术创新中心,形成若干具有强大带动力的创新型城市和区域创新中心。"我国企业集团面临提高自主创新能力和核心竞争力的挑战,因此提高企业自主创新能力和竞争力,对我国经济的可持续发展意义重大。我国《工业转型升级规划》提出,必须"进一步调整和优化经济结构、促进工业转型升级",从而"推动我国经济社会进入良性发展轨道",并明确指出"规模经济行业产业集中度明显提高,培育发展一批具有国际竞争力的企业集团。"我国《"十三五"规划纲要》明确提出要提高企业的核心竞争力,"形成一批有国际竞争力的创新型领军企业",从而"提高劳动密集型产品科技含量和附加值,营造资本和技术密集型产业新优势,提高我国产业在全球价值链中的地位",这意味着我国企业集团的相关政策也面临进一步的调整和完善,培育和发展有国际竞争力的技术密集型企业集团和企业集团品牌。

我国大企业集团的行业分布多集中于具有垄断优势的大型国有企业如国有能源企业等,巨大的市场份额较多依赖于资源控制,垄断色彩浓,并非真正意义上的市场竞争的结果,大企业集团长期以来形成的粗放型增长方式没有得到根本改变①。我国目前正处于改革开放以来的重大转型机遇期,因此,如何借助规范的经济学分析,并且充分考虑中国转型经济体的特定经济社会环境来对企业集团与公司绩效的影响获得清晰的认识,这将成为对企业集团这一企业组织形式及绩效效应进行客观评价的基础,并且为企业集团将来的进一步发展厘清方向。

---

① 张文魁编:《中国大企业集团年度发展报告2011》,中国发展出版社2012年3月版第21页。

1.1.2　研究主题

　　企业集团是介于市场和科层组织（即 M 型的现代公司）之间的一种企业组织形式，在不同的历史时期和不同的社会经济环境中，企业集团在世界上很多国家的经济发展中起到极为重要的作用。在西方发达国家早期经济发展中企业集团曾扮演极其重要的作用，现阶段各种形式的企业集团依然在很多成熟工业国发挥着重要作用[①]。日本、韩国等东亚经济体的崛起吸引了学术界对于企业集团的关注和研究[②]，其中对企业集团绩效效应的研究是较为重要和相对集中的部分，目前的理论解释主要是交易成本经济学以及后发国家工业化两方面的分析研究。

　　交易成本经济学认为在金融、劳动力等市场的发育不完善的情况下，特别是缺乏市场交易必要的中介组织时，企业集团就会起到填补制度缺失的作用。对后发国家工业化的相关研究认为，东亚经济体采取了企业集团来实现追赶先进经济体的目标。Rodric（2005）指出东亚经济体与英美国家经济体产业组织方面的区别在于横向或纵向一体化的企业集团。交易成本经济学和后发国家工业化研究成果对企业集团早期的绩效效应获得了相对一致的解释。Khanna（2000）在对亚洲和拉丁美洲研究的基础上指出，现有的研究显示加入企业集团的绩效效应很明显而且基本是正面的，公司加入企业集团后可以节省交易成本，并获得盈利能力和生产率的提高。

---

　　① Mork（2005）把英美（Anglo-America）国家的企业组织形式看做是一种例外情况，并指出在很多发达经济体企业集团仍然存续着。

　　② Granovetter（1995，2005）指出在很多新兴国家和发达国家，企业集团都是主导的企业组织形式，韩国和日本在 20 世纪 80 年代经济的瞩目表现，使研究者意识到研究单个公司可能没有研究企业集团这种企业联合体重要。Granovetter 认为企业集团应该包括各种的公司联合，既包括紧密的联合也包括松散的联合，并指出对于这种处于中间阶段的公司间组织形式的研究理论是远远不够的，因而是亟待进行的。

交易成本经济学使用比较制度分析框架，认为随着市场功能逐渐趋于完善，以及各项相关市场制度的逐渐建立，将会削弱企业集团节省交易成本的功能，因而企业集团会逐渐让位于 M 型的现代企业组织形式。此外，特别是亚洲金融危机以后，东亚国家企业集团受到严重冲击，如韩国的企业集团纷纷倒闭；在 20 世纪 90 年代经济泡沫破灭后，日本企业集团实施了调整措施，如纵向企业集团增加零部件的外购率等。在此期间，日本和韩国都实施了一系列的市场化的改革，在此过程中企业集团没有让位于现代公司，不少企业集团通过技术效率和创新能力的提高成为具有较强竞争力的创新型公司。对此，企业集团资源观认为在工业化发展的不同阶段，企业集团的功能是不同的，这也说明研究企业集团绩效效应时，必须结合所处的不同工业化发展阶段。

我国正处于经济结构调整和经济发展方式转型升级的重大历史时期，本书在企业集团绩效效应研究理论的指导下，借鉴东亚经济体发展企业集团的经验和教训，并在充分考虑中国经济转型的特定经济社会环境的基础上，对我国企业集团的绩效效应做出可信的估计。这不但是对企业集团这一企业组织形式及其政策效应进行客观评价的基础，也能够厘清企业集团将来进一步发展的方向。具体而言，本书系统回顾了交易成本经济学和后发国工业化理论的研究，并对我国企业集团政策沿革和发展现状进行了系统分析，从而为企业集团政策的绩效效应做出了定性的分析。在以上分析的基础上，采用微观经济计量学的最新发展对我国企业集团政策进行政策评价，从而得出我国企业集团政策对集团成员公司绩效具体影响的可信估计。并通过案例研究的方式对企业集团政策评价做出延伸分析，着眼于独立企业组建或加入企业集团的绩效变化原因。

从 20 世纪 80 年代引进企业集团这一企业组织形式至今，企业集团政策是我国经济体制改革、国有企业改革的重要内容，也是我国工业化和经济发展的重要动力。根据产业组织理论结构——行为——绩效分析范式，政府政策与市场结构、企业行为以及绩效是系统的互动过程。North（1990）和 Peng（2003）指出制度的变化将会改变公司的行为和绩效，在今后我国的经济结构调整和产业升级的过程中，除企业集团政策外，其他相关的配套措施如要素市场特别是金融市场的改革等也需要作出相应的调整，这样才能逐渐把企业集团的绩效作用机制引导到创新能力上来，才能真正提高企业集团的自主创新能力和核心竞争力。本书将对企业集团政策以及相关配套措施提出相应的政策建议。

1.2　研究的意义

1.2.1　研究的理论意义

（1）丰富企业集团绩效效应研究。

由于新兴市场国家经济的瞩目表现，20 世纪 90 年代以后学术界开始对企业集团进行广泛的关注和研究，虽然企业集团对于集团成员绩效的影响是企业集团研究的主要内容，但目前的企业集团文献对此却没有得出相对一致的结论。Khanna 和 Yafeh（2007）对于企业集团研究的回顾中曾指出，早期和近期的文献对于企业集团对于集团成员的绩效效应的结论是不同的。早期的文献关注企业集团替代不完善的市场和机制缺失等功能，认为相对于独立的公司，加入企业集团可以提高集团成员的绩效；近期的文献则更关注加入企业集团对于集团成员公司绩效的不利影响方面，如对少数股股东的掠夺等，因而认为企业集团对于成员公司的绩效效应为负，即独立公司比企业集团成员公司的绩效更好。对于研究文献结论的分歧，Khanna 和 Yafeh（2007）得出结论认为，在不同的国家和同一国家的不同历史时期企业集团对于公司绩效的效应是不同的。

与其他国家的企业集团不同的是，我国企业集团政策是在我国计划经济体制向市场经济体制转轨的过程中实施的，在此过程中转换国有企业特别是大中型企业的经营机制是建立社会主义市场经济体制的中心环节①。由于我国的体制环境和市场环境，现阶段国有控股的企业集团在我国企业集团中占主导地位。但值得注意的是，随着市场经济体制的逐渐建立和完善，民营的企业集团的单位数迅速增长②，其总资产、销售收入和利润的增长也较快。与国有企业主要在政府鼓励和支持下成立企业集团不同，民营企业组建和加入企业集团是对市场不完善的一种自发的微观反应，这些事实与现阶段对于我国企业集团的研究是不同的③，此外，我国企业集团成员绩效变化的影响原因也是本书研究的主要内容。由于我国是新兴加转轨经济体，对我国企业集团政策的评价和研究对丰富企业集团绩效效应研究就具有重要意义。

（2）扩展产业组织研究的结构——行为——绩效研究范式。

结构——行为——绩效（SCP）三阶段因果分析范式是产业组织理论研究的主要方法，SCP 范式的主要奠基人贝恩（1959）认为市场结构指市场或产业的组织特征，这些组织特征影响市场上的买卖双方的特征并由此影响市场上的竞争程度。在对美国市场结构研究的基础上，贝恩指出市场结构包括买卖双方的集中程度，产品差异化程度和决定市场进入的状态。市场行为是企业为获得最大利润而采取的市场行为，包括定价行为、广告、研究开发，产品选择以及合谋等行为。产业绩效指行业中实现的利润、生产效率、产品质量和技术进步等。SCP 分析范式认为市场结构决定了企业的行为，企业的行为则决

---

① 国家经济贸易委员会，中共中央文献研究室：《十四大以来党和国家领导人论国有企业改革和发展》，中央文献出版社 1999 年版，第 1 页。

② 由 1997 年的 441 家增长到 2008 年的 1361 家，占全部企业集团单位数百分比由 1997 年的 18.62% 增加到 2008 年的 45.81%，详见本书第 3 章企业集团发展现状部分介绍。

③ Marukawa（2002）指出，中国的企业集团是在强烈的政府鼓励和支持下形成的，因而中国企业集团的形成并不是对市场不完善的一种自发的私人反应。

定了产业的绩效，政府政策能够影响市场结构和企业行为。

在运用 SCP 范式分析新兴市场国家的产业组织时，最大的障碍在于这一范式并未对企业集团这样的企业间联合体给予足够的关注。Coase（1972）在对产业组织研究的建议中指出："从事产业组织研究的经济学家们的主要研究成果一直集中在特定产业的集中度及其影响方面，他们所要寻找的结果是垄断方面的"①。Coase 的看法部分源于他对于产业组织及产业结构的理解与贝恩等人的理解存在一定差异，他指出"产业组织阐述经济体系内所产生的活动在厂商间加以分工的方法。一些企业从事着许多不同的活动，而另一些企业的活动只局限于狭窄的范围。有一些企业非常庞大，而另一些企业则很小。一些企业实现了纵向一体化，而另一些企业则没有"，"这就是产业组织，也就是通常所说的产业结构"，由此可以看出科斯更为关注现实的产业组织形式。Williamson（1975）在分析比较制度分析法与 SCP 范式的区别时指出，SCP 范式假设公司追求利润最大化的目标，并用市场指标如集中度和进入障碍等来衡量外部环境，内部组织在很大程度上被忽视了。对此 Williamson 进一步指出，在解释企业行为和产业绩效时，应该同时使用内部组织和市场结构的其他衡量指标。与传统分析方法相比，内部组织分析更适合于研究准市场组织②。

本书正是在以上分析的指导下，试图使用 SCP 范式分析企业集团这一准市场组织对于成员的行为和绩效的影响。如图 1-1 所示，在市场结构部分，本书的分析对象是介于市场和科层结构之间的企业联合体即企业集团。分析着眼于独立企业组建或加入企业集团对于企业绩效的作用。在实证分析中采用了微观经济计量学的理论进展，得出两者之间可信的因果关系，并通过案例分析分解集团成员绩效变化

①　［美］罗纳德·科斯：《产业组织：研究的建议》，载［美］奥利弗·威廉姆森，斯科特·马斯滕编：《交易成本经济学》，李自杰，蔡铭等译，人民出版社 2008 年版，第 58 页。

②　Williamson, Oliver, Markets and hierarchies: analysis and antitrust implications. New York: The Free Press, 1975, p5.

的原因，在此基础上提出对我国企业集团政策以及相关配套政策的政策建议。整体分析框架实现了SCP范式分析企业集团的一次尝试，因而在一定程度上实现了SCP范式的拓展运用。

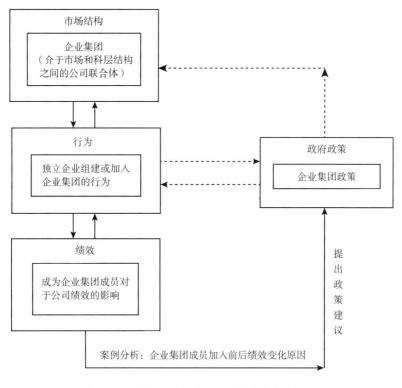

图1－1 结构——行为——绩效分析拓展图示

（3）补充企业集团的交易成本经济学理论解释。

企业集团研究的主要理论基础是交易成本经济学，新兴市场国家面临的普遍问题是市场发展的不完善和不同程度的制度缺失。对此Leff（1978）指出，当市场配置生产资源失败时，企业集团可以替代市场的功能，新兴市场的企业集团可以帮助成员企业获得资金、劳动力、原材料、中间产品和技术。Khanna 和 Palepu（1997）、Khanna和 Yafeh（2007）进一步提出，由于新兴市场不完善导致市场配置资源失败时，企业集团可以填补市场资源配置的制度缺失。交易成本经济学认为随着新兴市场经济体市场化程度的提高，相应的市场不完善和制度缺失会逐渐减少，因而企业集团就会演变为现代公司的组织形式即 M 型组织形式①。但各国企业集团的发展历程却没有对这一假设提供充足的实证证据②，如日本在 20 世纪 70 年代完成赶超发达国家阶段后，实施了包括金融体制、行政改革、官厅合并和公务员制度的改革，通过改革的推进，接纳了更多地为国际上多数市场经济国家认可的共同规则③，在此过程中，日本的企业集团虽然发生了一些变化，如纵向企业集团下包率的下降和环形持股公司出售所持的股份，但总体仍表现出稳定性。Okabe（2002）对企业集团的持股情况的研究说明，没有多少证据证明相互持股比率下降。一些大企业集团如丰田公司还增加了对其供应商的持股（Shirouzu，1999）。韩国在亚洲金融危机后通过调整改革，引入全球性的商业规范和经济自由化，韩国经济的基础已经得到加强④，在此期间一些大企业集团接连倒闭，如曾排名第四位的大宇集团破产，但与此同时很多韩国大企业集团经过财务、战略和组织结构调整变得比危机前更为有竞争力（Park，2007）。

新兴市场企业集团的发展历程与交易成本经济学的解释似乎出现了某种矛盾现象，本书认为这种矛盾现象说明新兴市场的企业集团具有自身发展的特点，需要吸取经济增长和发展经济学的相关理论来补充交易成本经济学理论。根据 Kock 和 Guillen（2001）对新兴市场工业化不同阶段企业集团竞争能力的划分，工业化前期阶段，企业集团的优势主要体现在集团内部市场交易的成本节约，即对于市场不完善和制度缺失的替代；工业化后期则体现在企业集团的技术创新能力，

---

① 如果企业集团要实现有效率的运营，最终要采取 M 型的组织形式，工业集团历史上最重要的事件就是通过管理效率而不是契约合作来获得市场控制（Chandler，1982）。
② 企业集团即使在一些发达经济体依然存在，因此 Morck 等（2005）称英、美国家的组织形式为例外情况。
③ 张季风编：《日本经济概论》，中国社会科学出版社 2009 年版，第 103 页。
④ 崔志鹰，朴昌根：《当代韩国经济》，同济大学出版社 2010 年版，第 196 页。

如韩国和日本企业集团表现出较强的技术创新能力[1]。Rodric（2005）建立模型说明，工业化后期技术能力的培养和竞争力的提高需要制度的相应调整，一国发展的不同阶段需要相应的"适合制度"。根据交易成本经济学，企业集团是一种制度安排。从短期来看，随着市场的不断完善和机制的不断健全，企业集团提供的执行契约和提供中间产品、资金的通用能力对于集团成员绩效的作用减弱；从长期来看，工业化后期技术创新能力强的企业集团能够为集团提供某种无形的竞争力即技术能力，这也即 Kock 和 Guillen（2001）提到的企业集团"资源观"[2]。

本书对交易成本经济学进行了理论拓展，结合了交易成本经济学的比较制度分析和企业集团资源观的能力分析方法，结合我国目前处于工业化中期阶段和企业集团创新能力不强的现实，分析研究了如何通过企业集团政策和相关配套措施的引导，提高我国企业集团的创新能力及核心竞争力。

（4）丰富了技术创新与市场结构的熊彼特假说在中国的实证检验研究。

新古典经济学将完全竞争市场视为经济增长的最有效的市场结构，并通过静态分析证明完全竞争是一种福利最大化的市场结构。然而，此结论是在一系列严格假设条件下得到的，并忽视了企业的创新行为。熊彼特最早提出了关于市场结构和创新之间关系的理论观点，他认为主流经济学没有认识到经济运行中面临的变化，指出资源配置机制的效果应该以动态时间而不应以某一时刻来衡量，要获得长期的的福利最大化可能必须牺牲短期的效率。他从动态分析出发，从对历史事件的观察与思考中提出了相反的观点，认为在急剧变动的条件

---

① 如博斯公司评选的 2011 年度世界创新企业"1000 强"中，仅有两家亚洲公司上榜创新企业"前10 强"（其余公司都是美国公司，包括苹果、谷歌和3M 公司等），这两家亚洲公司都是企业集团：日本的丰田集团和韩国的三星集团。

② 企业集团文献中也称为企业集团能力观。

下，进行长期投资面临很大不确定性，需要有一些保护性措施，而大企业相对于完全竞争市场中原子式企业更有利于应对这些经济条件的动态变化，从而更有利于保障企业进行创新投资。熊彼特进一步指出，具有市场势力的大企业可以从创新成果中攫取更多的消费者剩余，这样它们更乐于把垄断利润投入创新活动，因此，大企业非但不会抑制创新，反而从长期来看更有利于创新。熊彼特的思想引起学界的高度重视，并借此提出了两个熊彼特假说：一是大企业比小企业承担更大比例的创新份额；二是高集中度及其市场势力与企业创新之间存在着正相关关系。西方经济学围绕熊彼特假说展开了持续数十年的激烈争论，涌现了大量关于市场结构、企业规模对企业创新投入、创新产出的创新行为影响的理论与实证研究，但无论理论还是实证研究结论均莫衷一是，既有大量文献支持熊彼特假说，也有大量文献质疑或反对熊彼特假说。企业集团是我国的主导企业组织形式，本书对我国企业集团对公司绩效的影响及其决定机制进行实证和案例研究，特别是围绕创新是否是企业集团绩效效应的主要决定因素进行深入研究，得出的结论将丰富技术创新与市场结构的熊彼特假说在中国的实证检验研究。

1.2.2 研究的实践意义

（1）采取政策评价方法对企业集团政策进行了评价。

我国正处于经济结构调整，发展方式转变的战略关键期。企业集团政策迄今已在我国实施和发展了近 30 年并成为我国主导的产业组织形式，当前企业集团面临如何提高自主创新能力、实现健康的可持续发展的问题，实现这一目标首先要对企业集团政策进行明确的认识和评价。本书采用微观经济计量学的发展成果，在借鉴世界各国政策评价实践的基础上，对我国企业集团政策进行政策评价，得出独立企业加入或组建企业集团与公司绩效之间的因果关系，明确地表明我国实施企业集团政策使集团成员的绩效得到了提高。根据交易成本经济学的比较制度分析，这说明我国现阶段独立企业加入或组建企业集团能够获得市场交易无法提供或者交易成本较高的某种资源、产品或能力。这一点是企业集团政策实施和推行的根本价值所在，此外，在经济发展的不同时期进行企业集团政策评价还可以动态地反映出企业集团的绩效效应，这使政策制定者能够动态地把握和监督企业集团的发展，并及时作出政策调整。

（2）对独立企业加入或组建企业集团的动机有了明确的认识。

根据 SCP 范式，政府政策影响市场结构从而影响企业行为并最终影响行业绩效，因而政府政策和企业行为是连续互动的过程。在这一过程中，对独立企业选择加入或组建企业集团的动机的分析是十分重要的。正如 Coase（1972）指出的那样："人们期待着从产业组织的研究中获知的主要是：什么因素对构建目前这种产业组织起作用以及这种因素如何随时间的推移而变化；通过各种法律行动来改变产业组织形式的建议将会产生什么效应"①。因此，只有充分了解企业集团对于集团成员绩效提高的作用机制，才能对企业集团政策的进一步健康发展制定有针对性的政策建议，从而实现政府政策、企业行为和产业绩效之间的良性互动。本书在对企业集团政策评价的基础上，采用案例分析对上市公司加入或组建企业集团后绩效提高的原因进行追溯式分析，并将其归纳总结为八个方面的原因②，这些原因的分析反映出我国独立企业加入或组建企业集团的动机是多元的，包括企业集团的资金支持和内部市场、主营业务的部分或全部变化及获得集团技术和创新能力的支持等，这些多元化的原因不但反映出企业集团政策的具体作用链条，更为重要的是可以为相关政策的调整和进一步发展

---

① ［美］罗纳德·科斯：《产业组织：研究的建议》，载［美］奥利弗·威廉姆森，斯科特·马斯滕编：《交易成本经济学》，李自杰，蔡铭等译，人民出版社 2008 年版，第 58 页。

② 详见本书第 6 章内容。

提供思路和着眼点。

（3）针对企业集团进一步完善和发展提出了政策建议。

企业集团研究文献一般认为企业集团是弥补市场不完善和制度缺失的制度安排，新兴市场企业集团发展的历程表明，在工业化发展的不同阶段，企业集团具备的能力是不同的。在工业化进程的中后期，具备较强技术创新能力的企业集团可以使集团成员的技术能力提高，从而提高其竞争力及其绩效。根据 Rodric（2005）的模型，新兴经济体在对先进经济体的追赶过程中，将会经历"合适制度"的演变，这些"合适制度"不但包括企业集团政策自身的调整和完善，同时还应包括一系列相关配套制度的建立和调整。因此我国企业集团的健康发展需要做出相关各方面的有针对性的制度调整，本书在对企业集团和成员绩效之间做出可信的因果关系估计的基础上，针对集团成员绩效变化的原因进行深入分析和研究，并结合我国当前所处的工业化阶段、经济社会环境和经济发展阶段提出了企业集团进一步完善和发展的政策建议，主要目标是把我国独立企业加入或组建企业集团的动机引导到技术创新能力的培养和竞争力的提高上来，从而提高我国企业集团的自主创新能力和竞争力。

1.3　研究的逻辑框架和各章节安排

1.3.1　分析思路与逻辑框架

本书的分析目的是对我国的企业集团政策做出政策评价，从而得出企业集团政策和集团成员绩效之间因果关系的分析结论，并在此结论的基础上结合绩效提高的具体原因分析做出政策建议，以完善我国企业集团政策并促进我国企业集团的进一步健康发展。本书的研究体现了从经济实践到经济理论再到经济实践的分析思路：首先，坚持在实践中回顾总结发现问题；其次结合企业集团研究领域的理论进展分析问题；再次在运用现代微观经济计量学的发展成果的基础上得出因果关系结论；最后，结合案例分析探寻因果关系结论背后的作用机制和逻辑链条，得出分析结论和有针对性的政策建议。

如图 1-2 所示，在"从实践到理论再回归实践"的分析方法和研究思路指导下，本书各主要部分的逻辑关系如下：

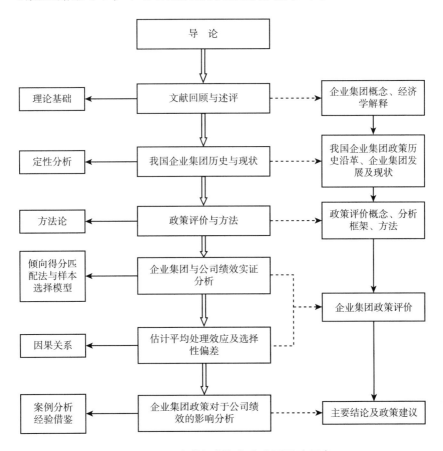

图 1-2 研究的逻辑框架和主要思路示意

首先，企业集团研究文献是本书的理论基础。我国企业集团的历史与现状分析系统总结了我国企业集团政策和企业集团的发展历程，因而是本书的定性分析部分。政策评价方法与分析框架是实证分析部分的方法论介绍，在定性分析和方法论介绍的基础上，运用现代微观经济计量学处理文献方法，对企业集团进行政策评价并得出因果关系。对企业集团成员绩效提高原因的分析是实证分析的延伸，侧重提炼实证部分得出的因果关系背后的具体影响原因，以及作用机制。在以上定性和定量分析的基础上，最后一部分是本书得出的主要结论及政策建议。

1.3.2　各章节安排

本书共由九章组成，各章的主要内容安排如下：

第 1 章是导论。导论包括研究背景和研究主题，研究的理论意义和实践意义，研究的逻辑框架和主要内容说明，以及研究方法和研究的创新点等内容，是提纲挈领的对于全书研究的总体介绍。

第 2 章是文献回顾与述评。本章涉及企业集团概念，企业集团与成员绩效之间关系的相关理论研究和进展。包括企业集团的概念、企业集团与公司绩效的交易成本经济学解释、后发国家工业化理论，以及对我国企业集团绩效效应研究等三部分内容。这一章的内容是企业集团与公司绩效研究的主要理论总结，作为新兴加转轨国家，我国的企业集团研究需要借鉴发国家工业化历程中企业集团研究的相关理论，特别是经济赶超和工业化历程中企业集团绩效变化的相关研究。

第 3 章是我国企业集团发展：政策沿革与发展现状。本书的主要目的是厘清企业集团与公司绩效的因果关系及其影响因素，因而对我国企业集团政策的实施沿革与现状较充分的定性认识是十分必要的。本章的主要内容包括我国企业集团政策回顾和我国企业集团发展现状总结两部分。我国企业集团政策回顾部分对企业集团这一组织形式在我国的整个实施历程进行了翔实的回顾和系统总结，包括企业集团从无到有，从横向联合到母子公司体制，从契约联结纽带到资本联结纽带的整体政策实施过程。此外，本章也对今后涉及企业集团的相关政策如"'十三五'规划"、《工业转型升级规划（2011~2015 年)》等进行了详尽总结；与各阶段的企业集团政策对应的是企业集团的发展和现状总结，本章从规模、盈利能力、研发投入等方面对企业集团的经营成果进行了全面的总结，并从母公司控股类型、企业集团主营行业、企业集团所在地区三个维度就我国企业集团的发展趋势进行了总结。

第 4 章是分析框架和分析方法。本章涉及估计企业集团对公司绩效影响的主要方法及框架，其由三部分组成。第一部分是在第 2 章和第 3 章研究结论的基础上，提炼出本书要解决的主要问题。第二部分针对第一部分提出的主要问题，详述了本书采取的微观经济计量学反事实分析框架，包括反事实分析框架的概念，理论渊源（鲁宾因果模型），主要估计量（平均处理效应）的概念及估计，选择性偏差的概念及产生原因分析。在反事实分析框架指导下，本书的目的是克服选择性偏差的影响，获得独立企业加入企业集团的平均处理效应的一致估计量；第三部分在反事实分析框架所做理论准备的基础上，详述了估计平均处理效应的微观经济学准实验方法（倾向得分匹配法和样本选择模型）。

第 5 章是企业集团对公司绩效的影响——实证分析。在前述各章理论基础和方法论的基础上，本章是总体研究的实证分析部分，具体包括：首先，说明所用的实证分析数据及相关指标，特别是企业集团绩效指标的选取依据及来源；其次，运用微观经济计量学准实验方法，即倾向得分匹配法和样本选择模型进行计量分析建模；再次，运用计量分析模型估计我国上市公司加入企业集团的平均处理效应，考察是否存在选择性偏差，主要结论是上市公司加入企业集团的平均处理效应为正，存在加入企业集团的选择性偏差；最后是实证分析的主要结论。

第 6 章是企业集团对公司绩效的影响——基于典型上市公司案例。从逻辑构架上看，第 5 章的实证分析结论证明了我国企业集团政策对企业集团成员的绩效有正面效果，从因果关系上肯定了我国企业集团政策的实施效果。同时分析结论也表明，存在不可观测因素导致的选择性偏差，此选择性偏差反映加入或组建企业集团与公司绩效相关。在上述实证分析结论的基础上，还需要进一步分析企业集团绩效效应背后的具体影响因素和作用机制，这是完整的企业集团政策评价的重要内容。因而本章是第 5 章实证分析的必要延伸，首先，选取加入或组建企业集团前后绩效改变较为明显的上市公司；其次，对选取出的上市公司进行加入企业集团全过程的追溯式研究，经过归类、总结后提炼出八方面的绩效提高原因，克服了处理效应分析框架在揭示具体作用机制方面的不足，为企业集团政策的进一步完善和发展有一定的借鉴意义。

第 7 章是东亚国家企业集团发展的经验借鉴。东亚经济体经济增长的奇迹是在政府推动下依托大企业集团的发展支撑重工业化，以大企业集团的特色经营赢得国际竞争优势实现的。应该认真汲取东亚经济体企业集团的经验和教训。本章对东亚经济体企业集团的发展和转型进行了研究，研究结论说明工业化前期阶段，企业集团能够为成员公司提供内部市场交易的成本节约，即对市场不完善和制度缺失的替代；工业化后期阶段，随着市场的不断完善和机制的不断健全，企业集团执行契约和提供中间产品、资金的交易成本节约能力对集团成员绩效的作用减弱；工业化中后期阶段，企业集团自身难以模仿的技术能力成为成员绩效提高的关键决定因素。

第 8 章是主要结论。在前述各章分析研究的基础上，本章首先对在我国改革开放过程中企业集团政策的重要作用进行了回顾和总结，包括推进我国国有企业改革和国有资产管理体制改革、促进我国企业规模扩大、实力增强以及推进我国工业化和产业结构升级等几个方面。在定性和定量分析的基础上并结合案例分析的结论，本章系统总结了我国企业集团未来发展面临的主要问题和挑战，包括金融资源分配不平衡、企业集团绩效提高原因分化、自主创新能力不强、竞争力有待提高等主要问题。

第 9 章是政策建议及将来的研究方向。本章提出了企业集团持续健康发展的政策建议，以期把集团成员绩效提高的源泉引导到技术创新上来，鼓励大企业集团内涵式的发展，使科技创新成为大企业集团未来发展的主要绩效源泉，从而为我国深入实施创新驱动发展战略、迈向制造强国奠定坚实的微观基础。本章的最后一部分提出了将来进一步研究的方向。

1.4　研究方法和创新点

1.4.1　研究方法

本书分析结合使用社会科学的定性研究方法和定量研究方法，在企业集团绩效效应的定性研究部分，笔者对我国企业集团政策的历史沿革和企业集团的发展现状进行了系统分析。我国企业集团政策有着清晰的政策发展脉络，与此对应的是企业集团发展现状的总量特征和结构特征。在交易成本经济学和后发国工业化理论的指导下，对上述内容的定性分析能够说明我国企业集团政策对于我国经济体制改革、工业化历程以及经济发展过程的重要作用，为我国企业集团的绩效效应实证分析提供了定性的基础。在定量分析部分，本书采用微观经济计量学处理文献研究的最新发展，构造加入或组建企业集团成员的反事实结果，并比较企业集团成员加入或组建企业集团后的绩效与反事实结果之间的差异，从而对企业集团政策进行政策评价，即平均处理效应估计，这一估计结果说明了现阶段我国企业集团政策与公司绩效之间的可信的因果关系。定量分析的结果不但检验了定性分析的结论，更重要的是为下一步更深入地研究企业集团绩效效应的作用机制奠定了必要的基础。

前述对企业集团绩效效应的定性和定量的研究提供了我国企业集

团绩效效应的可信估计，由于前述的研究分析是针对企业集团整体做出的，在对于独立企业组建或加入企业集团的动机分析方面还需要深入具体的公司个体分析。为进一步发现政策评估结果背后的绩效提高的作用机制，在计量分析结论的基础上，本书采取案例分析的方法针对加入企业集团后绩效提高的原因进行了深入分析。利用上市公司信息公开的优势，笔者对 19 家上市公司加入或组建企业集团前后绩效变化的追溯研究，直接比较独立企业组建或加入企业集团绩效变化的影响因素及作用机制，最长的追溯时间达 10 年。

通过综合使用企业集团定性分析方法和定量分析方法，本书得出了企业集团政策对集团成员绩效的政策评价结论，并在此基础上对我国企业集团政策的调整和完善提出了相应的有针对性的政策建议。

1.4.2 研究的创新点

（1）企业集团概念。

由于世界各国企业集团的起源和组织形式存在较大的不同，因此企业集团的概念也表现出很明显的差异。本书对国外学者和国内学者定义的企业集团概念进行了对比，并把国外学者定义的企业集团概念进行了细分，根据联结纽带紧密程度的不同，分为经济学角度的企业集团概念和经济社会学角度的企业集团概念。通过前述分析研究，使整体研究建立起了较为清晰的概念框架，不但可以避免企业集团概念的混淆和单一的解释，也有利于甄别和综合运用企业集团绩效效应研究文献。

（2）克服企业集团绩效效应研究的内生性问题。

Khanna（2000），Khanna 和 Yafeh（2007）指出，迄今企业集团计量分析都假定企业集团成员的分配是外生决定的。这一假设存在的问题是，加入集团的选择可能与公司绩效相关[①]，这就使实证分析中

---

① 即内生性问题，独立企业组建和加入企业集团的选择不完全是对如市场不完善和市场机制缺失的反应。

得出的企业集团与成员公司绩效之间的因果关系存在问题，即存在选择性偏差问题。最近的研究如 Guest 和 Sutherland（2010）也指出，由于选择性偏差的存在导致的内生性问题，难以建立企业集团与成员公司绩效之间的因果关系。Khanna（2000）同时指出，加入集团的工具变量（即影响公司加入企业集团的行为但又不影响其绩效结果的变量）很难找到，这限制了工具变量法的使用。此外，由于我国企业集团政策是 20 世纪 80 年代实施的，大多数企业集团是在 90 年代组建形成的①，难以获得期间独立企业加入或组建企业集团前后的绩效变化的详细数据，这一数据限制使消除内生性的差分方法（DID）也是不适用的。

考虑到前述问题和限制，本书利用我国上市公司的数据优势，采用微观经济计量学的准实验方法，克服了上述的内生性问题和数据限制，建立了企业集团与成员绩效之间的因果关系。与时间序列分析常见的格兰杰因果检验（Granger，1969）不同②，准实验方法的反事实分析框架能够提供较为可信的因果关系结论。

（3）运用处理文献进行企业集团政策评价。

20 世纪 60 年代以来微观经济计量学处理文献在政策评价领域得到了广泛的运用（Heckman，2000），目前我国在一些领域已有相关

---

① 1997～2008 年我国企业集团数总量增加并不多，企业集团主要是在 1997 年以前形成的。

② 李雪松曾就格兰杰因果关系检验的使用指出，"格兰杰提出的一个变量 x 能否引起另一个变量，一方面主要是看 x 在多大程度上能被过去的 y 所解释，在检验关于特定序列的可预测性的假设时，格兰杰因果关系检验是一个非常有用的工具。另一方面，对于用它来判断因果关系的方向，人们又可持怀疑态度。一般而言，格兰杰因果关系检验并不一定能够推断一个因果方向，尽管格兰杰因果关系可以为真实的因果方向提供有用的论据。为此，最好将这些检验结果视为 x 是否有助于预测 y，而不是 x 是否引起 y"，原载于李雪松编：《高级经济计量学》，中国社会科学出版社 2008 年版，第 143 页；对实验方法估计因果关系的可信性，陈强指出，"大多数实证检验分析的目的是为了揭示变量之间的因果效应，然而，一般的经济数据并不足以有说服力地证明因果关系，除非是实验数据。实验方法是研究因果关系的有力工具"，原载于陈强：《高级经济计量学及 Stata 应用》，高等教育出版社 2010 年版，第 223 页。

政策评价研究成果[①]，但运用微观经济计量学处理文献对企业集团政策评价的研究尚不多见。本书在借鉴对我国企业集团绩效效应研究成果的基础上，运用处理文献对我国企业集团政策进行了政策评价。由于我国企业集团政策是我国经济体制改革和国有企业改革的重要内容，并且是在政府的鼓励下实施的，因此我国企业集团的处理分配（即独立企业加入或组建企业集团的选择）并非完全随机[②]。通过克服选择性偏差导致的平均处理效应不一致的问题，处理文献政策评价能够建立我国企业集团政策与集团成员绩效之间的可信的因果关系。

贝恩（1959）曾指出市场结构——行为——绩效是三阶段的因果关系，但实证的困难在于市场行为难以完全地衡量和描述，这使建立市场行为和结构，市场行为和市场结构之间的实证研究也十分困难。Keister（1998）在对我国企业集团的研究之后，指出企业集团和成员绩效之间的关系难以实证检验。通过运用处理文献建立企业集团与成员公司绩效之间的因果关系，能够建立市场结构——行为——绩效之间的因果关系，从而为分析企业集团政策的效应提供了可操作的分析框架。

（4）运用企业集团绩效研究的新发展——企业集团资源观。

东亚经济体普遍采取企业集团来实现工业化和经济追赶的目标，我国正处于工业化中期阶段，东亚经济体企业集团发展过程中的经验和教训有重要的借鉴意义。目前对于东亚经济体企业集团的研究主要集中于金融危机前的失败经验总结，缺乏对危机后东亚企业集团调整变化的相关研究和系统总结。根据企业集团绩效研究的新发展企业集团资源观，东亚企业集团在工业化的不同阶段表现出不同的能力，经济追赶期间企业集团能够克服市场不完善以及弥补制度缺失，工业化

---

① 如刘生龙（2009）使用差分方法（DID）对我国西部大开发政策与实施效果之间的关系进行估计。

② 近年来我国其他控股类型的企业集团，特别是私人控股类型的企业集团不断增多，企业集团的处理分配机制也逐渐表现出一定程度的随机性。

后期企业集团的自主创新能力和组织能力更为重要。如 20 世纪 90 年代经济泡沫后的日本企业集团和金融危机后的韩国企业集团都表现出创新投入的增长和技术能力的增强（Choo et al.，2009）。本书从企业集团资源观入手，着眼于企业集团技术创新能力的变化，比较和总结了企业集团在工业化不同阶段绩效提高的源泉及其变化，系统总结了东亚经济体工业化前后阶段企业集团的发展经验。

（5）有针对性的政策建议。

企业集团只有在市场发育到达理想的状态下，即产品市场、资本市场和劳动力市场都比企业内部化交易成本低，才是不需要的（Granovetter，2005）。由于"我国市场化改革还远远没有完成……金融市场、土地市场和资本市场等发育不足"①，根据交易成本经济学，在市场发育不充分的情况下，企业集团内部市场具有交易成本优势。此外，我国处于工业化中期阶段，企业集团将在我国经济发展方式转型，以及产业结构调整升级中发挥重要作用。基于以上的考虑，本书针对如何提高我国企业集团的自主创新能力及提高核心竞争力提出了政策建议，重点是通过企业集团政策和其他配套措施的引导，把独立企业组建或加入集团的动机引导到技术创新上来，实现我国企业集团的持续健康发展。

---

① 樊纲、王小鲁、朱恒鹏：《中国市场化指数——各地区市场化相对进程 2011 年报告》，经济科学出版社 2011 年版，第 4 页。

第2章　文献回顾与述评

2.1　企业集团概念

Chandler（1977，1990）和 Willamson（1975，1985）把 20 世纪美国的大公司划分为四种类型，包括"U"型公司即按职能划分部门的公司（Functional）、"M"型公司即多部门型公司或事业部制公司（Multifunctional）、联合体（Conglomerate）和"H"型公司即控股公司（Holding Company），这四种分类被认为是迄今对企业组织形式的最有影响力的划分方法。在此基础上，Chandler 指出还存在一种过渡的和不稳定①的企业联合。Williamson（1985）也认为，在市场和科层组织这两种组织方式之间存在组织的混合形式，这种混合形式一方面能够避免市场不完善以及机制缺失带来的市场失败；另一方面能够避免科层组织效率低下导致的组织失败问题，企业集团文献一般认为企业集团就是这种混合形式的一种表现形式。由于各国的社会经济环境、制度环境及市场环境不同，各国企业集团的起源和发展也存在很大差异，使企业集团组织形式表现出多样性，既包括控股公司也包括松散的企业联合网络，如日本的横向企业集团等，因此企业集团概念也表现出多样性。

2.1.1　国外学者定义的企业集团概念

企业集团研究是新兴的交叉学科，按照研究者的学科背景，企业集团的概念可以分为经济学角度和社会学角度。由于企业集团是一种公司联合体，因而也吸引了社会学的注意并引入社会学的方法来分析

---

① Chandler（1977，1990）认为至少在资本密集型行业，这种不稳定的联合要逐渐让位于更大的、更为一体化的公司。

经济问题，从而产生了新的学科：经济社会学①，经济社会学认为企业集团是一种网络组织并区分了企业集团与其他公司间网络组织的差异，从而进一步明确了企业集团的含义。

（1）经济学角度的企业集团概念。

研究企业集团的经济学者一般把企业集团定义为长期存在的企业联合体，这种联合体是由具有独立法人地位的公司组成的，成员公司的联结纽带既包括股权、商务方面的经济纽带，也包括家族和亲属等社会纽带。Strachan（1976）是较早研究企业集团的学者，他定义企业集团为："一种由各种类型公司及这些公司的所有者及管理者组成的长期的联合体"。Strachan 认为企业集团和其他类型的联合体是存在差异的，这表现在企业集团是由各种类型的公司组成的，并且是由富有的商人和家族组成的联合，由于企业集团通常享有家族和亲属关系的忠诚和信赖，因而集团成员之间能够掌握双方更为全面的信息，因而集团成员之间能够实现比市场交易更为公平的内部交易。

与 Strachan 对企业集团的定义类似的还有以下学者：英国学者斯考特在《现代企业的所有和支配》一书中认为："所谓企业集团，是通过股份相互持有、融资关系、交易关系，以及董事兼任制而形成的企业结合体，这些企业形成了联合体②"；Khanna 和 Rivkin（2001）认为企业集团是由成员公司组成的联合体，成员公司之间是相互独立的法人，通常集团成员公司之间存在正式和非正式的联系纽带，而且通常采取协同行动；Chang 和 Hong（2002）认为企业集团是由独立的法人公司组成的联合体，企业集团通常受特定的家族拥有或控制，控制纽带表现为管理或是财务纽带；Yiu，Bruton 和 Lu（2005）定义

---

① Smelser J. Neil and Richard Swedberg（ed.），the Handbook of Economic Sociology，New York：Russel Sage Foundation. Princeton：Princeton University Press，2005，P5.

② ［英］约翰逊·斯考特著：《现代企业的所有与支配》，税务经理协会 1989 年版，转引自左：《企业集团的性质、资源分配行为与公共政策》，中国社会科学出版社 2009 年版，第5页。

企业集团为具有独立法人地位的公司组成的联合体，企业集团成员公司之间的联系纽带可以是如所有权、财务和商业方面的经济纽带，也可以是如家族、亲属和友谊方面的社会纽带；Ghemawat 和 Khanna（1998）认为企业集团是一种组织形式，它的特点是跨很多行业的多元化经营，成员公司之间的相互持股关系，以及在某些情况下的家族控制。

研究经济发展的学者则从企业集团的功能角度来定义，他们的研究往往着眼于新兴市场企业集团弥补市场不完善和填补制度缺失的功能，因而把企业集团看作一种制度创新。Leff（1978）指出企业集团可以定义为一种组织结构，由于不完善的市场在分配稀缺资源时会产生准租金，稀缺资源主要包括资本和高层管理者，前者是由于资本市场的不完善造成无法有效率地配置，后者则是由于新兴市场往往较为缺乏高层管理者。市场参与者因而采取企业集团这种组织结构来获取产生的准租金。因此 Leff 认为应该把企业集团理解为一种制度创新，在不完善的市场中，企业集团这种制度创新能够将各交易主体之间的交易活动内部化并获取交易活动内部化所带来的收益。Leff 进一步指出企业集团是一种使组织结构代替有天赋的个人来实现成员之间交互合作的产业组织形式。今井贤一也明确指出企业集团是一种制度创新，他指出"所谓企业集团，就是为共同避免市场失败和内部组织失败而采取的制度创新①。"还有一部分经济学家主要是财务学者从企业集团的金字塔结构及其影响方面来定义，比较有代表性的是 Claessens，Fan 和 Land（2002）定义企业集团为一种企业组织形式，大量的公司通过股票型金字塔和交叉持股联系在一起。对于金字塔结构企业集团的影响，La Porta 等（1999）和 Morck 等（2005）认为企业集团是一种控股股东通过利益输送盘剥小

---

① ［日］今井贤一、小宫隆太郎著：《日本的企业》，东京大学出版会 1989 年版，转引自王键：《日本企业集团的形成与发展》，中国社会科学出版社 2001 年版，第 134 页。

股东的工具①。

（2）经济社会学角度的企业集团概念及其分类。

经济社会学代表人物 Granovetter（2005）认为，企业集团由具有独立法人地位的成员公司组成，成员公司之间可能有经济和财务方面的联系，但不存在统一的财务或管理系统来协调成员公司的行为。在有些情况下，由某个核心公司或是控股公司，银行或核心制造业公司至少部分地持有集团内的成员公司，或者某个人或某个群体或家族拥有或控制集团内的所有成员公司。因此企业集团就是由某种正式或非正式的纽带联系起来的企业联合体。其他社会学家在定义企业集团时也普遍强调集团成员之间的社会联结纽带，Encarnation（1989）指出，企业集团是集团成员的多重关系构成的，包括家族、家庭、宗教、语言、民族和地区在内的各种关系都加强了成员之间的经济和组织纽带。Keister（2000）指出，企业集团是一种特定的以不同程度的法定和社会联系纽带联结的公司联合体，这种联系纽带超出了短期经济交易所要求的程度。

由于企业集团是具有独立法人地位的公司组成的联合体，因而通常认为企业集团就是一种网络。但由于企业之间的网络组织形式较多，企业集团和企业间其他网络组织都是内嵌②于所在的社会经济中的社会网络，对企业集团与其他网络组织之间的区分对于明确企业集团概念的内涵和外延十分关键。对此 Granovetter（2005）认为，企业集团区别于其他经济组织形式的关键特征在于，企业集团和公司间网络是由具有独立法人地位的公司组成的，而且存在某种联系纽带把法人独立地位的公司联合在一起，研究企业集团的经济学家认为是股权联结纽带，社会学家强调正式和非正式的纽带，如亲属关系、共同的

---

①　对于这一观点，也有学者表示怀疑，如 Holmen 和 Hogfeldt（2005）指出瑞典的金字塔型企业集团并不是利益输送的工具。

②　Granovetter（1985）年提出了内嵌性的观点，即经济活动内嵌于具体的，不断发展的社会关系体系，网络是内嵌性的主要含义。内嵌性对于说明企业集团的网络特性非常有价值。

种族、宗教、地区和董事兼任等。从存续时间来看，企业集团是长期存在的公司联合体。因此，企业集团是指由独立的法人以正式或非正式的方式组成的持续存在的公司联合体，企业集团把诸多企业联合在自身组织之中，又包含种种市场因素，因而是一种中间性组织。在此基础上，Cuervo-Cazurra（2006）对企业集团和其他公司网络组织之间进行了区别。

（Granovetter，2005）指出公司间的联合方式有两个极端情况，这两个极端都不是企业集团。一个极端是仅靠短期战略协议联结的公司联合体，如图 2 - 1 所示，在市场和科层组织（即 Chandler 定义的现代公司）之间存在着公司间网络组织，这些网络组织包括供应商网络、分销商网络、战略网络和地域网络等，这些形式的公司间网络组织就是靠短期战略协议联结的公司联合体；另一个极端是公司网络完全一体化到一个单一的实体中，即图中的科层组织——现代公司。Granovetter 认为企业集团是由具有独立法人地位的公司组成的，这些公司以长期存在的正式或非正式的纽带联系在一起，集团成员联合的程度居于上述两个极端之间。Cuervo-Cazurra（2006）把企业集团细分为几种类型：国有的企业集团，并认为我国的企业集团属于这一类型；以及分散持有的企业集团和家族持有的企业集团，分散持有的集团主要以日本的企业集团为代表；家族持有的企业集团，新兴市场国家的企业集团是这种类型的代表。

2.1.2　我国的企业集团概念

（1）相关管理部门对企业集团的定义。

我国相关管理部门对企业集团有明确的定义，中国工商行政管理局界定企业集团为："以资本为主要纽带的母子公司为主体，以集团章程为共同行为规范的母公司、子公司和参股公司及其他成员企业和机构共同组成的具有一定规模的企业法人联合体，但集团本身不具有

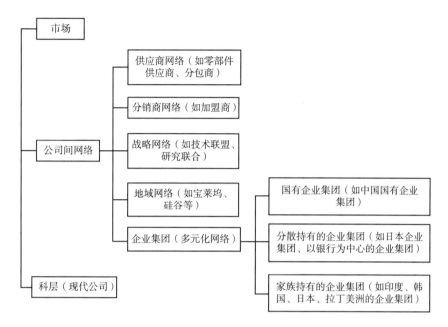

图 2 – 1　市场、科层组织与公司间网络

资料来源：根据 Cuervo-Cazurra（2006）的分类绘制。

法人资格。"①；国家统计局对于企业集团的定义为："企业集团是指以母子公司为主体，通过投资及生产经营协作等多种方式，与众多的企事业单位共同组成的经济联合体"②。

（2）我国学者对企业集团的定义。

我国引进企业集团这一组织形式后，学者对企业集团的研究也随着其在我国从无到有、发展壮大的历程而不断深入和完善，以下按照时间先后顺序列出我国学者对企业集团的有代表性的定义。

厉以宁（1986）指出："企业集团是由若干个企业在同一地区、同一部门或跨地区、跨部门的经济联合体，这种联合可能主要在生产、销售领域内，即企业之间主要是实行产品的联合、技术的联合、

---

① 见工商行政管理局：《企业集团登记管理暂行规定》，工商企字（1998）第 59 号。

② 中华人民共和国国家统计局编：《中国大企业集团》各年版本。

销售的联合，彼此之间存在着多层次的协作关系。但这种联合也有可能深入所有权范围内，即企业之间发展资金渗透联合，朝着相互参股和股份联合的方向发展，最终形成控股的母公司——子公司——孙公司系统。上述两种可能出现的联合中，无论哪一种联合都会形成企业集团，只是前一种联合所形成的企业集团较松散，后一种联合所形成的企业集团较紧密。"①

黄伟雄（1987）认为："所谓企业集团，是指一些企业法人为了一定目的而联合组成的谋求一体化协调的多层次和多元化的经营共同体。"②

邱靖基、陈佳贵（1991）定义我国的企业集团为："中国的企业集团是以公有制为基础，以多个法人企业通过以资金联结为主的多种联系纽带构成的多层次的企业集合体。其成员在依据利益关系建立的领导机构指导下，在生产经营、技术开发、市场开拓、投资发展等方面，密切合作，协调行动，形成利益共享、风险共担的利益共同体。就发展趋势而言，其经营范围不局限于某一产业，经营地域不局限于一地一省以至一国，可以成为跨国的、多角经营的经济组织"③，并指出"应当以经济体制改革的总目标为方向，正确地建设具有中国特色的企业集团。"④

孙效良（1992）认为："企业集团是以一个实力雄厚的企业为核心，用资产和契约纽带把众多企业联结在一起的法人联合体。"⑤

方甲（1993）指出："企业集团是企业联合的高级形态，是多种联合形态的复合。它是以一个或若干大型企业或大型公司为核心，通过协作、联合、兼并等方式，把具有生产技术经济联系的各个独立法

---

① 厉以宁：《企业集团与垄断竞争》，载《光明日报》1986年10月18日。
② 黄伟雄：《企业集团的含义、模式和状况》，载《经济问题》，1987年第8期。
③④ 邱靖基、陈佳贵：《企业集团：模式构想与道路选择》，经济管理出版社1991年版，第10页。
⑤ 孙效良：《发展企业集团的若干理论和方针政策问题》，载《集团经济研究》1992年第5期。

人组织，以产权联结和以契约合同为纽带建立起来的一种大规模、多层次、多种联合形式结合的企业法人联合组织形态。"①

李非（1994）指出："以股份公司制度为基础而形成的阶层性的企业同盟组织，即为企业集团。所谓企业集团，即在法律形式上独立的若干企业经由股份持有、董事兼任等制度性的结合手段而形成的企业联合体。"②

伍柏麟（1996）定义企业集团为一种组织创新："企业集团是在现代企业高度发展基础上形成的一种以母公司为主体，通过产权关系和生产经营协作等多种方式，由众多的企事业法人组织共同组成的经济联合体。如果说从古典企业发展到现代企业，是企业组织结构的一次质的变化，那么，企业集团的出现乃是现代企业组织结构又一次创新的结果，是现代单体大企业与社会化大生产和市场经济矛盾发展的产物。"③

杨洁等（1997）认为企业集团是："以一个或若干个实力雄厚的大企业为核心，以资本联结为主要纽带，并以产品、技术、经济、契约等多种纽带，把多个企业联结在一起，形成具有多层次结构的、以母子公司为主体的、在经济上统一控制，法律上各自独立的多法人一体化的经济联合体。"④

陈佳贵、黄速建（1998）认为企业集团是："企业在市场竞争中为拓展自己的经营业务、增强自身的竞争能力而形成的、由多个法人组成的、以产权关系为其基本纽带并以此形成的多层次、具有多种功能、一般从事多国化与多样化经营的经济组织。"⑤

银温泉、臧跃茹（1999）认为，企业集团的概念应该既考虑到我国企业集团发育成熟初期的非产权联结特征，又保留国内外企业集

①　方甲：《产业经济组织理论与政策研究》，中国人民大学出版社 1993 年版。
②　李非：《企业集团理论》，天津人民出版社 1994 年版，第 22 页。
③　伍柏麟：《中国企业集团论》，复旦大学出版社 1996 年版，第 70 页。
④　杨洁、辛志纯：《企业重组论》，经济管理出版社 1997 年版，第 188 页。
⑤　陈佳贵、黄速建：《企业经济学》，经济科学出版社 1998 年版，第 52 页。

团的核心内容——法人企业的联合，认为可以将中国企业集团概述为："建立在社会主义公有制基础之上，与社会化大生产相适应的，以产权为主要联结纽带，以现代企业公司制度为主要体制特征的两个或两个以上的法人联合组织。"[1]

毛蕴诗等（2000）认为企业集团是："企业的集合体或企业之间联合发展的一种形式。这种在经济上与业务活动方面的统一控制、协调而法律上又各自保持独立的多法人联合体成为企业集团。"[2]

席酉民等（2003）界定企业集团为："一些具有相对独立性的企业为了适应市场经营环境和企业内部组织的变化，按照特定要求和借助某些机制相互结合而组成的企业有机联合体。"[3]

于左（2009）界定企业集团为："企业集团是多个企业（法人与非法人企业）组成的企业联合体，是成员企业通过一定的联系纽带（主要是资本，但也可包括人事、合同等）联结而成的企业间组织。"[4]

盛毅（2010）认为企业集团指的是："以一个实力雄厚的大型企业为核心，以资本联结为主要纽带，并辅之以产品、技术、人员、契约等多种手段，联结一系列企事业单位，最终形成以母子公司为主体，包括参股公司及其他协作单位，具有多层次结构的法人联合体"[5]。

---

① 银温泉、臧跃茹：《中国企业集团体制模式》，中国计划出版社 1999 年版，第 50~51 页。

② 毛蕴诗、李家新，彭清华：《企业集团——扩展动因、模式与案例》，广东人民出版社 2000 年版，转引自于左：《企业集团的性质、资源分配行为与公共政策》，中国社会科学出版社 2009 年版，第 5 页。

③ 席酉民、梁磊、王洪涛：《企业集团发展模式与运行机制比较》，机械工业出版社 2003 年版，第 41 页。

④ 于左：《企业集团的性质、资源分配行为与公共政策》，中国社会科学出版社 2009 年版，第 5 页。

⑤ 盛毅：《中国企业集团发展的理论与实践》，人民出版社 2010 年版，第 3 页。

2.1.3　小结及述评

从以上国内外企业集团的概念可以看出，国内外企业集团文献普遍认为企业集团是独立法人企业组成的联合体，经济学家特别是财务学者强调企业集团之间的股权联系，而社会学家和历史学家更为强调联结集团成员的正式或非正式的纽带，包括资金、产权等经济纽带和技术、人员等社会纽带等。这些表述都符合企业集团的公司间网络特征。此外，我国学者伍柏麟认为企业集团是制度创新的结果，席酉民等人的定义指出企业集团是独立企业对于市场环境的主动适应，在这些方面国内外的相关研究基本一致。综合国内外学者的观点，如表2－1所示，企业集团具备非法人性、多种联结纽带、多种功能、独立性与协同性相统一和社会经济组织的中间性等六大基本特征。

表2－1　　　　　　　　　　企业集团的基本特征

非法人性	企业集团本身并不是法人，也不具备法人资格以及相应的民事权利。企业集团内部成员是自主经营、自负盈亏、独立的法人实体
联接纽带	企业集团内部成员通过资本、技术、人员或契约等联结成为法人联合体
多层次性	组织形式的多层次性是企业集团的基本特征，企业集团具有金字塔式垂直控制的分层次的组织结构，成员企业之间按联结程度不同（主要指资本）形成多层次的企业组织结构
多种功能	企业集团是成员企业为适应市场、技术、政策等内外部环境的变化，通过新建、并购或参股形成的联合体组织。企业集团是拥有多种功能的企业集体，不仅拥有生产中心、贸易中心，而且还拥有研究开发中心、投资发展中心，以及非银行金融机构等
独立性与协同性相统一	企业集团是一个多法人的经济联合体，其成员企业在法律上都是独立的法人，承担着一切民事责任和义务，在生产经营上具有相应的独立性。同时为实现共同的目标，各成员企业在生产经营活动中协同运作，形成集团优势，实现企业集团的聚集效应
社会经济组织的中间性	企业集团是一种独特的社会经济组织形式，兼具科层组织的行政调控机制和准市场的契约协商机制两大特征，企业集团资源配置的方式介于一体化程度高的科层组织——企业和完全契约化的市场之间

必须指出的是，由于我国新型加转轨的特殊的经济社会环境、体

制环境和市场环境，我国的企业集团概念与国外研究相比较有自身独有的特征，主要表现在以下两个方面：首先，早期的企业集团概念如邱靖基、陈佳贵以及银温泉、臧跃茹对我国企业集团的定义均提到要以公有制为基础。邱靖基、陈佳贵的定义还提到要以经济体制改革的总目标为方向，建设我国的企业集团，说明促进国有企业改革是我国推行企业集团政策的重要内容，这也决定了我国国有企业集团占主导地位的结构特征。其次，我国企业集团概念相对狭义。就企业集团的内部联结纽带而言，我国企业集团概念主要强调以资金、产权等为主体的企业集团联结纽带。我国相关管理部门的规定也要求建立以母子公司为主体的企业集团结构，我国工商行政管理局《企业集团登记管理暂行规定》要求企业集团母公司即核心公司至少拥有 5 家子公司。如图 2 - 2 所示，建立母子公司体制的企业集团单位数占全国企业集团单位数的比重由 1997 年的 80.88% 增长到 2008 年的 97%，绝大多数的企业集团都建立了母子公司体制。

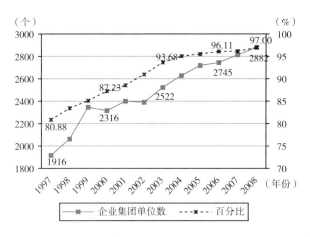

图 2 - 2　建立母子公司体制的企业集团单位数（1997 ~ 2008 年）

资料来源：中国大企业集团各年数据。

　　我国企业集团的以母子公司体制为主的结构特征决定了我国企业集团较为高度的母公司统一决策情况，表 2 - 1 说明了 2008 年企业集团母公司统一决策状况，各种母公司控股类型的企业集团都表明母公司无论在企业集团发展战略、重大投融资项目、涉外贸易和经济技术合作、科研开发以及财务管理方面都能够实施高度的统一决策。

表 2 - 2　　　　**2008 年我国企业集团母公司统一决策状况**　　　单位：个

母公司控股类型	单位数	企业集团发展战略统一决策情况		重大投融资项目统一决策		涉外贸易和经济技术合作统一决策		科研开发统一决策		财务管理制度统一决策	
		单位数	比例（%）	单位数	比例（%）	单位数	比例（%）	单位数	比例（%）	单位数	比例（%）
国有控股	1293	1268	98.07	1249	96.60	869	67.21	807	62.41	1157	89.48
集体控股	317	300	94.64	293	92.43	197	62.15	196	61.83	270	85.17
私人控股	1290	1244	96.43	1222	94.73	807	62.56	835	64.73	1131	87.67
港澳台商控股	29	28	96.55	29	100.00	17	58.62	16	55.17	24	82.76
外商控股	42	41	97.62	38	90.48	30	71.43	27	64.29	34	80.95
总计	2971	2881	96.97	2831	95.29	1920	64.62	1881	63.31	2616	88.05

资料来源：中华人民共和国国家统计局编：《2008 年中国大企业集团》。

2.2　企业集团与公司绩效关系研究综述

企业集团是介于市场和科层组织之间的一种企业联合体，交易成本经济学及其分析方法是解释企业集团的形成原因和绩效的主要分析框架；对工业化不同阶段企业集团绩效效应变化的动态研究则构成交易成本经济学分析的拓展，能够说明新兴国家经济追赶过程中企业集团绩效效应的动态变化。

2.2.1　交易成本经济学与企业集团绩效效应

（1）交易成本经济学及其分析方法。

交易成本分析方法是社会科学的主要分析方法，对公司组织形式的最广为接受的理论解释就是交易成本经济学。交易成本分析方法起源于 Coase1937 年的经典论文《企业的性质》，这篇论文首次将交易成本用于分析公司和市场组织。由于交易成本的存在，企业有一种不断将相关企业一体化的倾向，当一体化达到一定程度后产生规模不经济，企业为维持其组织的完整性，即企业与市场的界限保持稳定，需要支出昂贵的组织成本，科斯指出："企业家们不断地进行实验，多控制一点或少控制一点交易，用这个办法来控制均衡"。Williamson（1975）的著作《市场与科层》使交易成本经济学的影响力扩大，并且引起了社会科学研究学者的注意和兴趣，Williamson（1979，1985）等后续著作进一步发展了交易成本分析方法，Williamson 指出应该把市场和科层组织看作两种可替代的组织交易的方式，企业选择能够使交易成本最优的组织方式。

在新古典经济学中，公司与市场并无差异。瓦尔拉斯模型把公司看作一个投入和产出的"黑箱"，认为市场会瞬间提供决策需要的全部信息，因而公司的内部组织是无关紧要的，个人的行为（包括厂商和消费者）都只是受到市场的导引。1937 年，Coase 在其经典著作《公司的性质》中指出，当信息不充分且不对称时，市场交易成本会增加，公司的存在正是为了降低市场交易成本。Williamson（1975）认为 Coase 论文最为重要的两点是在于，交易以及交易成本是分析的中心环节；不确定性和有限理性是分析的关注点。Williamson（2010）进一步指出，Coase 著作《企业的性质》的重要意义在于同时提出公司与科层组织的问题，并把交易成本和契约关系作为分析的要素。Coase 的交易成本分析方法对新古典经济学产生了很大的影响，对此 Buchana（1975）曾指出，比起研究选择的科学，经济学更接近于研究契约的科学。在 Coase 和 Williamson 的研究基础上，1970 年后公司理论发展出了主要分支，即契约理论。交易成本分析法受到了社会科学研究学者的关注并获得了极大的成功，如 Hamilton 和 Feenstra（1997）指出，分析经济组织时交易分析方法可以使经济活动概念化，因此反映了交易参与者的主观行为。

Williamson（1979）的论文《交易成本经济学：治理契约关系》中首次提出"交易成本经济学"①，由于交易成本分析通常会涉及对制度的分析，Williamson 同时在其 1975 年的著作《市场与科层》中首次提出"新制度经济学"②，因而 Williamson 也是新制度学派的奠基者。Williamson（1979）指出交易成本经济学的研究范围，包括交易成本的起源、产生过程和后果。Williamson（2010）进一步指出，治理③是总体的概念，交易成本经济学则是治理和组织涉及的可操作的部分。治理的概念要可具体操作就要通过契约角度研究公司组织，而不是新古典经济学的选择角度。作为新制度学派的奠基者，Williamson 的分析假设市场交易者的机会主义和有限理性，公司的存在正在于其执行契约的能力。公司和科层结构被看作执行交易的两种不同的方法。Williamson 的市场交易模型认为公司与市场区别在于控制机会主义方面的不同（Willimson，1975，1985）。因此交易成本理论是跨学科的，融合了经济学和组织理论，并且把一直以来受到忽视的交易成本引入分析④。

Williamson（1975，1985）对经济组织进行了简要总结：①市场和科层都是完成交易的可替代的两种方式，交易主体之间的交易可以通过市场交易的方式来组织，也可以利用科层组织即公司来组织；②交易在市场还是在公司完成取决于两者各自的交易效率；

---

①　在 Williamson 提出交易成本经济学之前，一般称 Coase 的《企业的性质》的研究为交易成本分析、交易成本范式和交易成本方法。Coase 曾评价他 1937 年的经典论文引用很多但使用得很少，对此 Williamson（1975）指出交易成本是分析的中心，但分析的操作性不强，无法系统分析市场和科层组织之间的交易成本孰高孰低。

②　Williamson 所称的新制度经济学中的核心内容就是公司的边界或组织经济学，Williamson（2010）年指出他的研究是一个不断进行的过程，治理经济学、交易成本经济学和组织经济学是他在不同时期研究的各种不同的名称。

③　2009 年 Williamson 因为对经济治理的分析，特别是公司有限理性的分析获得诺贝尔经济学奖。

④　Williamson 强调必须要把经济学和组织理论联合起来，从而理解现实中的公司。

③市场制定和执行复杂契约的成本取决于交易的决策制定者和市场的客观特征；④有一些共同的因素妨碍了公司间的交易，这些因素既包括交易的参与者方面的，也有交易环境方面的（包括有限理性和供应商的数量不够充足等）。市场和科层结构的分析方法试图识别出与交易涉及的决策者相关的环境方面的因素，有限理性和特异性知识对于市场和科层之间分析的可操作性十分重要。市场交易者如供应商、分销商和其他参与主体之间的市场交易通过契约来进行（Williamson，1985），如果市场信息完善、契约执行能力较强，而且控制和监督机制较为健全，企业就会选择市场作为交易的组织方式。但如果在这些环境因素作用下，交易表现出不确定和可能蕴含风险时，复杂而又灵活①的契约条款很难制定和执行。考虑到不完全的契约可能带来的风险，公司就会考虑超越市场，采用科层形式的组织方式。这时市场交易就会内化到公司中，即纵向一体化的科层协调的公司②。

（2）企业集团绩效效应的研究——运用交易成本经济学。

在 Coase 对企业性质阐述的基础上，Williamson 进行了进一步的拓展，他认为市场和科层组织是组织交易的两种极端形式，并定义了一种介于市场和科层组织之间的混合组织形式③。他指出：在向市场逐渐递进的层级组织中有着多种多样的过渡形成，他称这为中间性体制组织。在《市场与科层》一书前言部分，Williamson 指出："本书关注市场和科层之间的组织，研究交易成本的优化。与传统分析关注最终产品市场不同，市场与科层分析关注劳动力市场、中间产品市场和资本市场交易"。这种中间性组织表现为市场和科层组织之间的某种折中，是层级组织与市场结合的过渡形态或转换形态。企业集团通

---

① 原文"contingent"考虑到交易可能的方方面面的后果。
② 很多学者认为这种类型的公司是成熟的发达经济体中的企业组织形式。
③ 正如图 2-1 所示，市场和科层之间的混合组织形式就是企业间网络，从概念上看，企业集团和公司间网络都是经济活动内嵌的社会网络。

过某种机制把诸多企业联合在自身组织之中，显然是一种中间组织形式。因此交易成本经济学提供了强有力的分析框架，可用于分析企业面临的外部市场条件以及公司如何做出对组织形式的选择。经济学、社会学以及组织理论学者都广泛运用交易成本分析方法来分析企业集团及其绩效效应。

企业集团理论研究学者普遍运用了 Williamson 对交易成本经济学的拓展，特别是在混合组织形式和市场失败方面的研究。Williamson（1971，1973）定义市场失败[①]为，通过公司内部组织来替代市场交易可以减少交易成本的现象，并指出市场失败在组织理论中的重要内容。Leff（1978）是较早研究企业集团的学者，他认为，企业集团是交易参与者对于市场失败的反应，市场失败通常存在于不完善的资本和中间品市场。因此，企业集团是公司间的一种制度安排，可以克服发展中国家要素市场和中间产品市场的缺陷和风险。Leff 进一步指出，正是从市场和公司之间的比较效率角度，交易成本经济学认为企业集团是交易参与者对市场失败和交易成本的理性反应。利用企业集团的内部市场，企业集团成员能够弥补新兴经济体中的制度缺失问题。Goto（1982）比较了市场和内部组织，认为企业集团提供了更为有效的中间产品交易。通过董事兼任、交叉持股、家族纽带或其他方式形成的企业集团是一种半组织（Semi Organization）的形式，起到的是完善市场中的资源配置的作用（Wong，1996）。

Khanna 和 Palepu（1997）对 1993 年印度的上市公司的企业集团成员和非企业集团成员的绩效进行了比较，进一步拓展了 Leff 的观点，指出新兴市场存在的制度缺失问题导致劳动力、资本技术市场不健全，产品市场信息不充分，执行契约的法制基础薄弱，因而总体交易成本较高。为降低交易成本，新兴市场企业选择企业集团来组织交易，企业集团内部市场执行资本、产品、人力资本的资源配置。由于

---

① 　Williamson 称他对市场失败的定义是有限意义上的。

企业集团能够填补上述的制度缺失，因而产生了正的绩效效应（资产收益率 ROA）。Khanna 和 Rivkon（2001）在对新兴市场国家企业集团实证研究的基础上指出，在 14 个国家（地区）中有 12 个国家（地区）的企业集团绩效（ROA）好于独立企业，并进一步指出企业集团能够弥补制度缺失的问题，这些制度通常是产品市场、资本市场和劳动力市场有效运行所不可或缺的，如劳动力市场中介、商学院、运行良好的司法制度、共同基金以及风险投资等。发展中国家普遍缺乏发达国家的制度基础设施，如金融市场、法律及劳动力市场等。在不完善的劳动力市场和资本市场，企业集团还能起到劳动力市场和风险投资者的作用。多元化的企业集团是很多发展中国家普遍采用的产业组织形式，通过克服市场不完善和制度基础设施缺失的问题，企业集团能够替代发达经济体的市场中介制度的功能（Ghemawat and Khanna，1998）。

还有学者从金融市场角度探讨了企业集团的重要作用，在 Saint-Paul（1992）、Acemoglu 和 Zilibotti（1997）研究的基础上，Kali（1999）建立的模型分析认为，当存在制度约束特别是金融市场约束时，采用企业集团这种组织形式可以促进采用现代生产技术，即生产率更高但风险也更高的技术，并称这种行为为现代化。由于证券市场具备分散风险和筹资的功能，风险厌恶的企业家通过证券市场分散风险从而投资于技术。在这个意义上，股票市场带有公共产品的特征。如果证券市场存在信息不对称问题，就会出现道德风险和逆向选择问题，从而导致较高的协调成本，这时证券市场就无法发挥其分散风险的功能。由于采用现代和高生产率的技术是高风险的，企业家为规避风险就转向安全但生产率较低的投资，经济体就会陷入较低生产率的传统生产方式，Kali 称这种生产方式为传统经济。当存在证券市场制度缺失时，企业集团成员内部的双边协调成本低于证券市场的协调成本，因而集团内部的风险分担机制能够替代证券市场的功能。

运用交易成本分析框架研究企业集团绩效效应的实证分析十分丰

富，实际上研究企业集团学者就是在实证分析中不断拓展交易成本经济学分析的，很多实证研究发现新兴国家企业集团成员的绩效好于独立企业（Peng and Delios，2006）。Leff（1978）、Odaka 等（1988）指出，20 世纪 50 年代日本第二次世界大战后缺乏完善的产品市场和成熟的供应链，同时成熟的风险投资机构也较为缺乏，在这种情况下，日本企业普遍剥离新产品开发部门成为集团成员。Chang 和 Choi（1988）对韩国 1975~1984 年的大企业集团的研究结果表明，韩国企业集团降低了交易成本，实现了规模经济和范围经济，韩国最大的 4 家企业集团的绩效比其他公司要好。此外，一定程度的多元化也可以提高公司绩效（净利润率）。Perotti 和 Gelfer（2001）对 1996 年俄罗斯的上市公司的研究结论是，俄罗斯企业集团成员取得了比独立企业更高的托宾 Q 值。社会学者（Granovetter，2005；Keister，1998）结合交易成本经济学和社会学研究方法，认为企业集团能够节约交易成本，因而是增加价值的企业组织方式。

Fisman 和 Khanna（2004）对 1975~1995 年印度企业集团的绩效进行了研究，指出由于可以从集团统一的品牌、劳动力市场和融资能力等方面受益，印度企业集团成员能够更好地克服如金融、劳动力和产品市场等基础设施短缺的问题，因而能够取得比独立企业更好的绩效（销售收入）。WaQar I. Ghani 等（2011）使用巴基斯坦上市公司 1998 年和 2002 年数据对企业集团成员和独立企业的绩效进行了比较，分析结果是企业集团成员规模较大、销售收入增长较为稳定，流动性较好而且绩效（ROA）好于独立企业。因此巴基斯坦的企业集团有效地弥补了如资本、产品及劳动力市场的不完善并且填补了法律、监管和执行方面的制度缺失问题，对于国家的经济增长有重要作用。Zattoni，Pedersen 和 Kumar（2009）研究了 1990~2006 年制度转型期间印度企业集团的绩效，认为当产品、劳动力和资本市场较不完善且相关配套制度缺失时，企业集团成员能够取得比独立企业更好的绩效（ROS 销售利润率），并指出其结果支持交易成本理论。

2.2.2　企业集团与后发国工业化

企业集团文献一般认为东亚国家选择了企业集团来实现追赶西方发达工业国及实现本国经济发展的目标①，由于企业集团对于东亚经济发展的极大推动作用②，一些学者认为企业集团是政府、企业和管理者共同发展出的一种新的企业组织形式。新兴市场特别是东亚经济体企业集团发展的历程表明，在工业化不同时期独立企业组建或加入企业集团的绩效效应不同，这表现在不同阶段集团成员绩效提高原因发生改变，在工业化后期和完成阶段，集团成员绩效的提高越来越靠企业集团的技术创新能力。

（1）工业化前期阶段。

政府在世界上大多数大公司的形成过程中都起到了关键作用（Norlan，2001），根据产业组织理论的结构——行为——绩效分析方法，国家政策可以影响市场结构进而影响企业行为及行业绩效。在工业化前期阶段，如果能克服资金约束，合理而有效地配置现有资源，提高投资效率，后发国家就有可能找到经济发展的突破口。大多数东亚国家实施不平衡增长战略，强调资源稀缺对经济发展的约束，提出了资源应合理配置这一重大课题，即集中有限资源先发展一部分产业，然后再以此带动其他产业的发展③。与不平衡增长战略相对应，从1945年到20世纪90年代，东亚国家如韩国和日本实施了一系列

---

① 东亚经济体，包括转型经济体如中国和越南，及后殖民地经济体韩国、新加坡、印度、马来西亚，印度尼西亚等选择了发展企业集团来实现对西方工业国家的追赶。见Carney（2008）。

② 在对企业集团绩效的研究文献中，东亚的企业集团被认为推动了工业化和经济增长，在其他地区如乌克兰、俄罗斯、巴基斯坦、墨西哥、智利和尼加拉瓜，许多大型企业是企业集团成员，但是文献并不把这些国家的经济增长归功于企业集团（Granovetter，2005）。

③ 车维汉：《发展经济学》，清华大学出版社2012年版，第82页。

"适合"的制度①，这些适合制度包括大企业集团的主导地位，公司和银行间的长期关系，出口导向型经济增长以及政府干预如补贴贷款等（Rodric，2005）。在国家政府的支持和推动下，第二次世界大战后日本和韩国均依靠企业集团成功地实现了追赶发达经济体的目标。

Granovetter（1995）指出，国家对于经济发展和企业的总体导向塑造了企业集团的结构，东亚给予一些企业家组建企业集团并实施多元化发展战略（Guillen，2000；Kock and Guillen，2001），在政府的扶持和支持下大企业集团实现了规模经济和范围经济。Murphy，Shleifer 和 Vishny（1989）指出，日本多元化企业集团实施的技术引进和扩散实现了"大推动"的增长战略，日本经济高速增长期钢铁、石油化工、造船、机械、家电和汽车等行业成长为日本的支柱产业，这一过程中日本企业集团起到了重要的推动作用。据统计，1996 年日本六大企业集团（三菱、三井、住友、芙蓉、第一劝银、三和）的企业数，只占全国法人企业总数的 0.006%，但其资本金占14.17%，资产占 11.46%，销售额占 12.52%②。这些只是六大企业集团的核心企业，如果加上全部子公司和关联公司，则几乎控制着日本经济的一半，由此可见，日本企业集团已成为日本经济的支柱，是推动日本经济发展的"原动力"③。

韩国工业化的核心是家族控制的，多元化的大企业集团。20 世纪 60 年代初韩国实施以大企业集团为先导的发展政策，主要是对有限的资金和资源进行"倾斜式分配"，重点扶植大企业集团。70 年代韩国政府为增强国际竞争力实施了产业高度化战略，这实际上是专门扶植大企业集团的政策，韩国政府运用财政、金融、关税等手段集中

---

① Gerschenkron（1962）指出相对落后的经济体可以通过引进"适合"制度来追赶先进经济体。

② 日本大藏省：《法人企业统计年报》，转引自王键：《日本企业集团的形成与发展》，第 5 页。

③ 王键：《日本企业集团的形成与发展》，中国社会科学出版社 2001 年版，第 5 页。

支持大企业集团的发展①。80 年代，中型技术（Mid-technology）产品的出口如钢铁、轮船、汽车和消费电子成为韩国的主导部门。表2-3 说明，1974 年前十大企业集团的营业收入占国民生产总值的15%，1988 年上升到60%。前 4 大企业集团的营业收入则上升了四倍多，从占国民生产总值的 10% 上升到占 46%②。

表 2-3　　　　韩国前十大企业集团销售收入占 GNP 百分比

（1974~1988 年）　　　　　　　　单位:%

集团数（个）	1974 年	1978 年	1984 年	1988 年
1	4.9	6.9	12.0	15.2
4	10.3	20.7	44.3	45.9
10	15.1	30.2	67.4	60.9

资料来源: Big Business and the Wealth of Nations Alfred D. Chandler, J R. et al. (1997).

从东亚企业集团发展的历程来看，企业集团是东亚国家工业化和经济追赶过程中普遍采取的企业组织形式，政府在东亚国家企业集团的形成和发展过程中起重要作用（Amsten，1989，2001）。东亚国家为迅速实现经济增长实现追赶目标，实施了程度不同的政府干预政策，例如，日本政府的干预模式是通过对话、说服和信号，诱导私人工商业去落实政策目标，更多的是作为活动的协调者和冲突的协调方。韩国的政府控制更为直接、更为强烈，所有正式贷款都得按照政府意愿通过银行配置到目标产业。这些指令性贷款的主要接受者是作为工业化主要推进者的大的企业集团。这个战略造成韩国的工业生产高度集中在少数大企业内，韩国政府鼓励了大的多元化的企业集团的形成和发展③，因此，工业化前期阶段企业集团是推动经济发展实现

①　崔志鹰、朴昌根:《当代韩国经济》，同济大学出版社 2010 年版，第 178 页。

②　Chandler D. Alfred, J R., Franco Amatori, Takashi Hikino, Big Business and the Wealth of Nations, NY: Cambridge University Press, 1997, P.339.

③　[日] 速水佑次郎、神门善久著:《发展经济学——从贫困到富裕》，李周译，社会科学文献出版社 2009 年版，第 226 页。

经济追赶战略的经济组织形式，政府的干预和支持是企业集团规模扩大和绩效提高的重要原因。

（2）工业化后期及工业化完成阶段。

根据经济社会学，企业集团是内嵌于所在国家的经济社会环境、体制环境以及市场环境中的，这些外部环境的变化会极大地改变企业集团的行为和绩效。在成功完成了追赶发达经济国家的目标后，20世纪90年代初日本经济泡沫崩溃，陷入经济萧条；1997的亚洲金融危机严重冲击了韩国等东亚新兴国家，为应对不利的局面东亚国家实施了相应的调整和转变的政策措施。日本于90年代实施了财政、金融、经济结构等领域的改革，金融体制的改革基本废除了政府对金融业的保护性规制，有利于消除或缓解旧的日本干预经济的模式所暴露出来的弊端[1]。1996年年底，韩国30家大企业集团的平均负债率是386.5%，总债务达269.922万亿韩元，是美国160%的2.8倍和日本85%的5.2倍[2]，不少大企业集团倒闭，这些都暴露出了前期政府主导型金融体制产生的资源配置不均衡、金融效率低下等弊端，为此韩国政府实施了金融、企业、劳动等方面的结构改革。随着日本和韩国等东亚国家的结构改革，外部金融市场和要素市场不断发展完善，企业集团的内部资本市场以及劳动力市场的资源配置优势不断削弱（Peng，2003），企业集团的竞争优势逐渐由技术能力决定（Guillen，2000）。

研究东亚经济体工业化进程的学者指出，如果日本和韩国的经济追赶的过程是技术转移和模仿的成功，是因为缺乏原创科技的工业化。Hayami（1999）比较了美国和日本的现代经济增长源泉，他指出"二战"后日本经济的成功来自日本改进生产过程和产品质量的能力，企业集团内部成员的合作关系对于日本企业获得规模经济，生产高质量产品及提高生产效率至关重要。日本特有的管理模式如终身

---

① 张季风编：《日本经济概论》，中国社会科学出版社2009年版，第103页。

② 崔志鹰、朴昌根：《当代韩国经济》，同济大学出版社2010年版，第194页。

雇佣制、年功序列值和工会，以及政府的深入指导和规制等有力地促进了企业集团内部的合作关系。但是日本技术基础思想和概念是从国外引进的，因而日本的成功反映的是技术转移的成功。由于韩国及其他亚洲国家学习了日本的经验，并开展相应的技术转移，因而日本模式的优势受到了削弱。Hayami 进一步指出要继续维持增长，日本需要从技术转移过渡到创新思想和概念的原创者，这样日本的经济增长才会是真正意义上由效率驱动的。韩国工业化的明显特征是学习和借鉴其他国家已经商业化的科技，虽然韩国取得了极大的经济增长，但其主导的家族控制的大企业集团却没有在前沿科技取得突出的竞争优势（Amsden，1997）。

对东亚经济体工业化不同阶段企业集团绩效的研究，使企业集团资源观逐渐发展（Penrose，1959；Barney，1991；Guillen，2000）。企业集团资源观认为，在高效的使用企业资源的过程中，企业集团会逐渐形成独特的、竞争对手难以模仿的能力，公司的竞争优势正是来自独特的资源组合。Choo 等（2009）对 2008 年经济危机前后韩国企业集团绩效来源进行了实证研究，研究结果表明，金融危机后企业集团成员绩效（生产效率）明显高于独立企业，企业集团成员绩效提高的原因在于，克服了危机发生前投资效率低下的问题以及提高了技术效率。Choo 等的研究结论表明，不同工业化阶段企业集团的核心能力会发生变化，并且会影响企业集团的绩效。基于此，Kock and Guillen（2001）把新兴国家企业集团的发展分为三个阶段，在每个阶段企业集团的能力是不同的，在工业化的前期和中期阶段，即企业集团发展的第一和第二阶段，与独立企业相比，企业集团的能力主要体现在契约的执行能力、生产的规模经济以及克服不完善的市场的缺陷方面。在发展的第三阶段，企业集团实施产品和过程创新的组织能力和技术能力就变得更为重要。

企业集团资源观关注企业集团技术能力的变化，由于技术创新具有外部性，企业集团绩效的改变内嵌于相应的制度环境的调整和改

变。Rodric（2005）建立的模型说明了工业化不同时期"合适制
度①"对于企业集团绩效以及经济增长的影响：

令 $A_t = \int_0^1 A_t(i)\,di$ 表示一国 t 时期的平均生产率，$\overline{A_t}$ 表示位于世
界前沿的生产率，假设前沿生产率以不变增长率 g 增长，$\alpha_t = A_t / \overline{A_t}$
衡量一国在 t 时期距离世界生产率前沿的距离。同时假设公司可以有
两个途径促进生产率的增长：其一是模仿世界前沿技术，其二是在现
有技术的基础上创新。假设：

$$A_t(i) = \eta\,\overline{A_{t-1}} + \gamma A_{t-1} \tag{2.1}$$

式（2.1）中 $\eta\,\overline{A_{t-1}}$ 和 γA_{t-1} 分别表示生产率增长中的模仿部分
和创新部分。模仿部分使用（t－1）时期现有的技术前沿，创新部分
使用一国的知识储备。式（2.1）两边同除以 $\overline{A_t}$，且 $\overline{A_t} = (1+g)\overline{A_{t-1}}$，
对行业 i 积分，可以得到 t 时期一国生产率距离世界生产率前沿的距
离 α_t 与（t－1）时期一国生产率距离世界生产率前沿的距离 α_{t-1} 之
间的线性关系：

$$\alpha_t = \frac{1}{1+g}(\eta + \gamma\alpha_{t-1}) \tag{2.2}$$

式（2.2）清楚表明了创新对于生产率增长的重要性，当一国远
离世界技术前沿时，模仿更为重要，即 α_{t-1} 接近于 0；当一国移向世
界技术前沿，即当 α_{t-1} 接近于 1 时，创新的重要性逐渐加强。此外，
新技术革命会增加创新的重要性，即增加 γ。

Rodric 指出，模仿活动和创新活动所要求的制度是不同的，借助
长期银行贷款以及信贷补贴，现有的大公司可以通过模仿［即式
（2.2）中的 η］世界前沿技术实现生产率增长。由于追求创新（即
γ）实现生产率增长意味着大公司必须追求原创性以及承担风险，这

---

① Rodric（2005）假设创新和模仿所要求的制度是不同的，根据国家所处的不同发
展阶段存在鼓励和促进企业创新活动或模仿活动的"合适制度"。

就要求相应的合适制度的支持，如市场化的融资方式、对投机行为的监督以及灵活的劳动力市场等。Rodric 的推理能够说明"合适制度"、企业集团绩效以及经济增长之间的关系。Kuznets（1966）曾经指出现代经济增长的特征之一是越来越依赖于技术进步。当经济体完成追赶接近世界技术前沿时，支撑经济增长的源泉就会发生变化，只有鼓励创新的制度才能提高企业集团的技术创新能力。

2.2.3 我国企业集团绩效效应研究

左昌鸿、唐拥军（1992）对我国企业集团绩效效应的理论基础进行了深入分析，指出企业集团对成员企业绩效的影响主要来源于三个方面：第一，组建和发展企业集团，有利于发挥规模经济和专业化协作效应。一方面，组建和发展企业集团就是规模经济化的过程，使原来规模未达到经济性的企业通过集团化实现了经济规模，如可以使用更先进的设备，可以对产品、原料综合利用，可以利于采购和产品推销，可以充分发挥管理人员的效率等；另一方面，组建与发展企业集团，本身也是企业生产专业化协作的深化及稳定化过程。企业集团使内部成员企业改变原来"大而全""小而全"的生产格局，相互扬长避短，互补联合，实现高度专业化协作的集团化联合生产，达到较高的专业化协作生产效率。第二，组建和发展企业集团，为企业产品结构的调整创造条件。符合国家产业政策要求的企业集团，可以在集团范围内推动成员企业进行产品结构调整，并在集团范围内全面协调，以集团化联合生产为基础，贯彻国家产业政策，推进成员企业的改组、改造、联合，按照专业化协作的原则，对"大而全""小而全"的企业全面重组，优化产品结构。企业集团整体实力雄厚，有素质较高、技术力量强的核心，可以为成员企业按照集团的整体规划调整产品结构提供有效的服务和帮助，是产品结构的调整顺利进行。第三，组建和发展企业集团，充分发挥不同层次技术的作用，优化技术结构。企业集团可以通过集团核心、集团公司的先进技术向集团内各成员企业扩散，加速我国技术结构高级化进程，又可以通过企业组织结构的调整，在集团内部对各成员企业的先进、中间、初级技术的合理重组，在充分发挥先进技术作用的同时，也能充分挖掘了中级、初级技术的潜能，使各层次技术为国民经济增长做出更大贡献。

魏成龙（1999）指出，我国企业集团具有以下的突出优势：第一，企业集团作为国家经济活动的主体，以其雄厚的资金、庞大的规模、先进的技术、众多的人才、广泛的信息网络和市场渠道和市场渠道在经济活动中占有重要地位。第二，企业集团具有规模经济优势，企业集团成员之间进行专业化分工协作，可以把不同产品中结构相近、工艺相近的零部件进行大批量专业化生产，使产品和零部件都达到经济规模，从而降低成本，提高劳动生产率，最大限度地发挥规模经济的优势。第三，资本放大效益，企业集团的核心企业，通过向其他企业参股特别是控股，支配比自身资产大几倍甚至几十倍的资产，按统一的发展战略和发展规划集中使用，可以发挥出单个企业无法具备的资本优势。第四，综合互补优势，企业集团具有综合优势，获得单个企业无法比拟的规模经济效益，同时又保持各成员企业的相对独立性和灵活适应能力，能够在较短的时期内完成产业即产品结构的转换、调整与优化，减轻经济波动的冲击，以某些企业的优势来抵消补偿另外企业的劣势，大大减少资金运用的风险，形成互补关系，从而达到整体经济效益。这是单个企业所无法达到的优势。第五，强大的科技开发能力，企业联合所形成的规模实力为采取现金的技术创造了条件。企业若要提高技术必须进行科研开发，而科研开发往往耗资巨大，只有较大规模生产能力的企业才有能力为此预付大量的经费。第六，竞争力具有优势，企业集团能够在较大范围优化组合生产要素，能够综合利用新技术开发结果，能够加强企业在市场上的应变能力，能够使商品生产的各个环节更好地协同起来。

郭晓利（2002）指出，我国企业集团作为介于企业组织与市场机构之间中间组织，通过与企业组织、市场机制的相互替代，在四个方面发挥着重要作用：第一，调节、优化资源配置。企业集团是介于单个企业和市场之间的中间组织，具有独特的组织形态。企业集团可以利用其核心企业的辐射功能，模拟市场机制手段，将原来各企业间的纯市场关系变成一种准市场关系，调节资源的配置，使企业的许多购销活动在企业集团内部进行。集团内部的中小企业能够从银行得到比较稳定的贷款，核心企业也能从中小企业获得高质量、低价格的零部件，减少了一些不必要的中间环节，节约了市场组织交易成本，提高了经济效益。第二，加速技术进步。企业集团在技术进步的每一个种类和每一个阶段都起着决定性的作用，如所发明技术的高度与速度、创新的强度以及扩散率的大小，都与企业集团的实力呈正相关关系。在发明阶段，由于企业集团集聚了一定的财力和科技人才，在发明阶段比中小企业更占优势；在创新阶段，企业集团能从其原有其他项目的获利中取得风险的平衡，在筹措大量资本的能力方面，大企业集团较中小企业显然占有绝对的优势，可以迅速开拓市场，抢占市场份额，而中小企业一般只能追随大企业集团，在市场的缝隙中求生存。第三，适应和促进产业结构调整。当产业结构调整时，发展的重点和转移的重点往往都是在企业集团内部，企业集团可以通过调整生产或资本经营战略，在资金、技术和市场方面扶持需要发展的重点企业，收缩、转让或淘汰需要转移的企业，顺利地完成结构调整的任务。第四，增强市场竞争力。企业集团内部存在着一个"可行性竞争"的内部市场，表现在企业集团母公司可以将配套零部件交给成员配套企业去生产，配套企业必须保质、保量、保交货期，同时价格也要优惠，否则集团可能选择集团外的配套企业合作。

我国很多企业集团是在原国有企业的基础上改制而来的，成立企业集团的目标是优化资源配置、促进国有企业改革。刘小玄（2001）对我国20世纪90年代两家国有企业改制重组的案例进行了研究，这两家国有企业在面临严重亏损的情况下，通过组织创新实施资源优化配置从而实现了扭亏为盈。两家国有企业进行的组织创新是把各企业原下属分厂改制成为独立的法人公司，改制后最根本的改变就是原下属分厂"取得了独立的生产经营地位"，其生产经营不再局限于原厂范围而是越来越"诉诸市场交易"，从而实现了企业资源的优化配置。刘小玄进一步指出："这种分立式重组提高了企业的效率"，因而是"大中型国有企业改制的一种有效的组织模式"。通过改制，上述的案例研究中的原国有企业实际上成为独立法人公司的企业联合体，这正是企业集团的本质特征。于左（2009）认为："刘小玄所提出的分立式产权重组其实就是通过企业集团这种组织形式实现的。"①在国有企业改革的过程中，分立式重组后成立的企业集团实现了放权让利，节约了企业内部的组织和管理成本，调动了经营者的积极性，提高了集团成员的绩效。

根据交易成本经济学，新兴市场往往存在市场不完善导致的较高的交易成本，企业集团能够有效地解决替代不完善的市场降低交易成本从而提高成员绩效。Keister 是较早研究我国企业集团绩效的国外学者，Keister（1998）研究了 1988～1990 年的中国企业集团，得出结论，企业集团的董事兼任和财务公司提高了企业集团成员的绩效（利润以及人均产量）。她的实证研究涉及 40 家中国当时最大的企业集团以及这 40 家企业集团的 535 家成员公司，她的研究结论主要为：

（1）如果一家企业集团设有财务公司，那么其集团成员的绩效比没有设财务公司的企业集团的绩效好，生产率也更高。据 Keister 访谈的企业集团成员管理者称："许多集团成员不能独立地获得银行贷款，因此财务公司是不可或缺的"，在谈到生产率时，这位管理者称："企业集团设有财务公司，成员才能获得资金引进新的更有效率的生产方法。"实际上，企业集团财务公司替代了完善的金融市场。

（2）如果一家企业集团设有研究开发中心，那么其集团成员的

---

① 于左：《企业集团的性质、资源分配行为与公共政策》，中国社会科学出版社 2009 年版，第 38 页。

绩效比没有设研究开发中心的企业集团绩效好，生产率也更高。Keister 认为设有研发中心的企业集团成员能够节省在市场上购买研发成果的交易成本，无须独立进行研发活动就可以获得规模经济的收益。

（3）企业集团成员公司之间董事兼任比例越高，即董事兼任的成员公司占所有成员公司的百分比越高，那么此集团成员公司的绩效越好，生产率也越高。

Keister 认为以上三点都反映出发展中国家的企业集团成员公司能够得到某些资源，董事兼任能够使集团成员获得其他成员的信息和资源，财务公司能够提供资本和投资指导，研发机构协调研究开发活动，可以使集团成员获得未设研发机构的集团成员难以获得的技术，并使这些公司获得规模经济的好处。她还指出中国政策制定者应该促进企业集团的发展，从而提高中国公司的竞争优势并推动中国经济的发展。其他发展中国家可以从中国经济中获得的经验就是企业集团能够提高成员公司绩效。Keister 指出，企业集团的发展实践表明企业集团能够促进集团成员绩效的提高，但研究者很难实证检验两者之间的关系，因而对这两者之间的关系并没有明确的理解。

Guest 和 Sutherland（2010）根据是否属国家试点企业集团，把 1998～2004 年上市公司分为国家试点企业集团成员（69 家上市公司）和非国家企业集团成员（983 家上市公司），实证分析结果表明，国家试点集团成员上市公司取得了比非试点成员上市公司明显更好的绩效（包括托宾 Q 值、盈利能力以及股票回报率）。Guest 等因此得出结论，企业集团能够提高集团成员的绩效，并认为中国国有企业集团和非国有企业集团的数量增长表明企业集团具备竞争优势，这种竞争优势是由于企业集团能够克服转轨经济体普遍存在的市场不完善现象。Guest 等也指出由于分析方法并不能建立因果关系，因而分析结论是初步的。要深入分析这个问题，还需要详细分析是否国家试点企业集团上市公司获得了原材料、金融、投资等方面的优惠。Guest 等指出了分析的潜在问题，由于选择性问题的存在，与迄今的企业集团研究的实证研究都面临潜在的选择性偏差导致的内生性问题。

我国学者直接检验企业集团绩效效应的研究比较少，有部分学者针对企业集团内部市场开展了相关研究，郑国坚（2008）认为，企业集团内部市场是在我国特殊的制度环境下，由外部市场机制、大股东激励以及政府利益等各种内外部因素共同作用形成的，并对2000～2004年中国上市公司企业集团的内部市场进行了实证分析，研究结果说明，集团内部市场的交易数量与上市公司所在地区的市场化程度相关；集团内部市场同时存在提高成员绩效的"效率促进"效应和降低成员绩效的"掏空"效应，集团成员绩效（ROA）取决于这两种效应的大小。总体而言，由于集团内部市场的交易成本节约更为明显因而能够提高成员公司绩效。郑国坚指出其研究方法可能存在内生性问题，即集团成员绩效的改善可能是因为更好的企业选择成为企业集团的成员或者集团倾向于挑选最好的内部成员成为上市公司。

李艳荣（2008）认为，企业集团内部资本市场是介于企业内部和外部资本市场的一种资源配置方式，兼有市场竞争和企业科层组织的双重特征，研究对2000～2005年上市公司企业集团的内部资本市场交易进行了实证研究。研究结论是，不同类型的内部资本市场交易对上市公司的价值（市场收益率）影响不同。具体可分为以下几种情况：与集团母公司之间的资产置换会降低上市公司的价值；与子公司及其他关联方的关联交易会提高上市公司的价值；上市公司与母公司之间委托管理和资金往来对公司价值影响是中性的；难以确认购买母公司资产对公司的价值的影响。

除企业集团在弥补市场不完善方面的绩效效应外，还有一些学者针对企业集团替代新兴市场制度缺失从而提高集团成员绩效的作用进行了研究。Norlan 和 Wang（1999）研究了中国企业集团政策实施和企业集团发展的历程，认为在中国经济转轨过程中，针对中国特有的经济社会环境和市场环境，中国政府实施了包括组建企业集团等制度创新，政府的企业集团政策在国有大企业的重组和现代化过程中起到了积极的作用。

Ma，Yao 和 Xi（2006）对 2004 年 1119 家中国 A 股上市公司进行了实证分析，分析样本公司包括企业集团和非企业集团上市公司（企业集团上市公司占总体公司样本数的 67%），再根据是否国有对上述上市公司进行了细分。Ma 等使用最小二乘法回归的结果无法得出企业集团总体而言对于集团成员的绩效关系，但可以明确的是国有企业集团成员取得了比独立企业更好的绩效（托宾 Q 值）。实证研究结果说明，如果企业集团成员的控股股东是国有的，那么此集团成员的绩效能够大幅提高，即独立企业组建或加入国有企业集团就会提高其绩效。对于这一结果，Ma 等认为由于中国是新兴国家，存在新兴国家的市场不完善带来的制度缺失问题，他们认为这种制度缺失是指转轨期间中国企业产权制度缺失，由于政府部门缺乏激励机制和动力弥补此制度缺失，独立企业缺乏弥补此制度缺失的能力，因而企业集团弥补了存在的产权缺失。Ma 等进一步指出，由于实证结果证明国有企业集团的绩效效应为正，因而得出结论：尽管对于解决国有企业效率低下的问题，国有企业集团作为解决方案不是最优的也并非彻底的解决方案，但是在中国渐进制度转型期间，国有企业集团取得了相当好的效果。

企业集团资源观认为是否具备独特的竞争能力决定了企业集团的持续生存与健康发展，李平、陈萍（2001）对 20 世纪 90 年代辽宁省政府推动组建的 60 家企业集团的绩效变化进行了研究，1996 ~ 1999 年这 60 家企业建立企业集团后 3 年的绩效指标如销售收入、工业增加值都有较大幅度的提高。李平等认为企业集团组建完成后应当减少政府扶持，此外，还应当营造公平的竞争环境，使企业集团能够在市场竞争中提高竞争力。

Yiu，Bruton 和 Lu（2005）对 1998 年中国最大的 224 家企业集

团进行了调查并在此基础上开展了实证研究。根据企业集团资源观和我国新兴经济体的特点，他们把企业集团的资源分为两种，包括初始资源和努力获取的资源，初始资源指企业集团成立时即拥有的资源，努力获取的资源指企业集团成立后为提高市场竞争能力采取一系列战略而形成的企业独特的资源。实证结果显示，设备支出、研究开发支出以及市场营销支出等企业努力获取的资源提高了企业集团的绩效（ROA），因而 Yiu 等认为当经济体进入市场逐渐完善阶段，企业集团形成独特竞争力的能力对于集团绩效十分重要，能够适应新的市场环境和制度环境的企业集团能够获得更好的绩效。Yiu 等还指出集团及其成员拥有不同的资源和能力，应该深入研究相互之间的合作协调机制。

Seo，Lee 和 Wang（2010）研究了 1994～2003 年中国上市公司企业集团的相对绩效变化，企业集团上市公司占总体样本公司的 69%，Seo 等指出，由于 20 世纪 90 年代会计准则变化较大因而没有使用会计指标衡量绩效，论文使用的绩效指标是反映证券市场公司折价或溢价的指标（Excess 值[①]），回归结论是企业集团成员在中国制度相对缺失期间绩效也更好，但随着市场逐渐完善成员绩效表现出相对下降的趋势，集团成员的不相关多元化是绩效下降的原因，集团成员的不相关多元化的边际贡献呈不断下降趋势。Seo 等认为中国企业集团应该借鉴韩国企业集团过度不相关多元化的教训。

2.2.4　小结与述评

企业集团在新兴经济体和亚洲国家是一种较为普遍同时也是一种较为重要的企业组织形式（Ahlstrom and Bruton，2004；Guillen，2000；Khanna and Rivkin，2001），企业集团研究文献认为企业集团推

[①]　Excess 值的计算方法为：log（公司的真实市场价值/计算出的公司价值），如果此值>0，说明公司市场价值大于计算出的公司价值，因而可判断公司是溢价的。

动了东亚国家的经济增长和工业化进程①。20世纪80年代中期以后，为推动经济体制改革和企业制度创新，建立适应市场经济下的新型企业组织，中国开始引进企业集团这一企业运行机制②，经过20多年的发展培育，企业集团在我国从无到有发展壮大，成为我国工业化和经济发展的重要推动力量③。对企业集团绩效效应的深入研究具有重要的理论和政策意义，以上的理论综述系统回顾了独立企业组建或加入企业集团的绩效效应的理论和实证研究，也构成了本书研究的基本理论考虑和逻辑出发点。

交易成本经济学及其分析方法是企业集团绩效研究的基本分析框架，交易成本是与他人交易时按价格支付的货款以外的支出，如起草和履行合约的成本当使用一般价格理论进行分析时，交易成本采用交易成本之间的差异来解释为什么不同产业会有不同的结构、行为和绩效④。

Williamson（1973）指出，经济组织分析应该使用比较制度分析，在经济理论中价格是主要的交易协调机制，也有很多交易是在非价格协调的环境下发生的，公司和市场的区别在于公司内部的很多交易并非通过价格协调（Kali，1999），公司通过科层结构来协调交易。根据交易成本经济学，组织形式的异质性（内部化，外部化以及准市场等）是由最小化交易成本决定的。交易的最优治理结构取决于交易的特点和所处的制度环境，而交易的最优治理结构则决定了组织形式的异质性。如果存在市场不完善和制度缺失，使市场参与者对市场运行的结果不满意，它们就会通过创造"制度"来替代市场，这一制度就是企业集团。

---

① 20世纪60年代以来东亚国家取得了瞩目的经济增长，特别是韩国和新加坡等新兴工业化国家年均经济增长超过5%。
② 王键：《日本企业集团的形成与发展》，中国社会科学出版社2001年版，第3页。
③ 详见本书第3章相关内容。
④ ［美］丹尼斯·W.卡尔顿、杰弗里·M.佩洛夫著：《现代产业组织》，胡汉辉、顾成彦、沈华译，中国人民大学出版社2011年版，第5页。

交易成本经济学的核心在于指出了企业组织规模具有动态性。由于单体企业只具有一个企业法人的资格。随着单体企业组织规模的膨胀，规模递减规律会使企业组织成本日趋升高，并超过市场的交易成本，因此，企业不可能一直扩张下去。当企业扩张到这样的规模：以至于再多组织一项交易所引起的成本等于市场机制组织这项交易的成本时，企业与市场的界线就划定了，企业组织的规模就达到了。但这只是理论上实现的静态均衡。现实中有多种因素可能打破这一静态均衡，如技术革新可能是企业内部组织交易的成本下降，市场机制的完善则有可能降低市场交易的成本。市场和企业组织交易的成本变化将是企业与市场之间，企业与企业之间的格局重新作出调整，科斯指出："显然，动态因素也是相当重要的。"正因为如此，企业开始尝试不把交易都内部化，而是将某些作为其外部组织，并通过资金、技术或人员等纽带和它们保持较为密切的联系。这些企业仍然是独立的法人，但与主体企业又有密切的合作联系。企业在节约交易成本的同时，仍在一定程度上享有一体化组织的规模、范围和分散风险的经济性。这样，介于企业组织和市场组织之间的中间组织形式就产生了，这种被称为"准内部化组织"的新型企业组织形式就是企业集团。

企业集团既是对企业组织的一种替代，也是对市场交易的一种替代。因而，企业集团是介于企业与市场之间的一种企业组织形式。企业集团能通过市场协作替代企业内部协调，在降低企业组织成本的同时，又不增加市场交易费用，从而弥补了新兴经济体市场机制不完善的劣势，提高了经济运行的效率。根据交易成本经济学，随着一国经济增长和基础设施的不断完善，企业获取劳动力、资本和原材料等投入和出售产品的交易成本会下降，市场参与者创造制度替代市场的动机也会削弱，因而市场参与者应该会更多地选择市场来组织交易。然而企业集团并没有像有些学者预测的那样逐渐让位于"M"型的现代公司，指出 1997 年韩国金融危机之后，韩国政府实施了旨在削弱大企业集团的政策，并要求大企业集团削减资产负债率和多元化程度。

前 30 家大企业集团削减了规模或者清算，然而 2003 年韩国经济恢复增长后，前 4 大企业集团中的 3 家集团的子公司实际上增加了（Chang，2003）。此外，由于技术效率的提高（Choo et al.，2009），韩国企业集团在金融危机后绩效（生产效率）较金融危机发生前提高了。因此，交易成本经济学需要一定程度上的拓展，应该考虑企业集团在工业化不同阶段的绩效差别。

企业集团资源观能够对交易成本经济学作出必要拓展。工业化前期阶段后发国家技术水平远离世界技术前沿，由于不具备核心的知识产权的技术，这时若采取投资型的制度和政策，就能够使企业集团实现规模经济，并通过模仿世界前沿技术实现追赶发达经济体，在节省交易成本和模仿技术前沿的双重收益作用下，企业集团成员的绩效就会得到提高。但这种模仿技术的工业化过程包含一个悖论，企业集团学习越快越接近技术前沿时，就会越快耗尽"借用"提供的机遇①。在后发国家工业化的后期及完成阶段，后发展效应就会消失，企业集团成员提高绩效就会越来越困难。企业集团资源观认为，技术能力是很难通过市场交易获取的，在工业化的后期，企业集团需要形成特殊的难以模仿的竞争能力，才能使集团成员绩效提高，这一点是非常值得我国企业集团政策借鉴的。

对我国企业集团绩效的研究形成了很多重要的成果，Keister 的研究关注企业集团的内部劳动力和资本市场，指出这些内部化的准市场提高了集团成员绩效。刘小玄的研究剖析了我国国有企业改革的有效途径——分立式重组，这实际上从节约内部组织成本的角度准确指出了国有企业组建企业集团的自发动机，这种自发行为是企业对于其他改革方式的一种主动的、试错式的选择过程。Guest 和 Sutherland，Ma，Yao 和 Xi 的研究都指出国有企业集团成员的绩效更好，他们认

---

① Baumol J. William, Nelson R. Richard and Wolff N. Edward, Convergence of Productivity: Cross-National Studies and Historical Evidence, New York: Oxford University Press, 1994, P. 309.

为原因在于国有企业集团能够弥补市场不完善和制度缺失特别是产权缺失的功能。Yiu，Bruton 和 Lu 比较了企业集团初始资源禀赋和后期努力获取的资源禀赋，得出努力获取的资源禀赋能够极大地提高企业集团的绩效。李平、陈萍指出企业集团应该减少政府的支持，企业集团应当在市场竞争中提高绩效。Seo，Lee 和 Wang 的研究认为不相关多元化使得我国企业集团绩效下降，他们的研究指出了企业集团提高主业竞争力对于绩效的重要性。郑国坚指出，从企业集团内部市场总体来看效率提高效应大于"掏空"效应，因而提高了成员的绩效。李艳荣则对不同的内部市场交易对集团成员的价值改变进行了区分。

　　总体而言，对我国企业集团绩效的研究大体上可以分为交易成本经济学的应用，以及对企业集团竞争力分析两个方面。学者对于我国企业集团节约交易成本的绩效效应研究较充分且结论相对一致[①]，在对于企业集团的能力分析方面的研究相对较少。以上对我国企业集团绩效效应的分析方法也有差异，Guest 和 Sutherland，Ma，Yao 和 Xi 采取了企业集团成员和独立企业之间的比较方法[②]，其他方法主要是在企业集团内部的比较或者是在企业集团不同时期的绩效的比较。从前述研究的结论来看，对我国企业集团绩效效应的全面估计和研究还相对缺乏，如 Ma，Yao 和 Xi 没有得出独立企业组建或加入企业集团绩效的关系的明确结论，他们得出的是加入国有企业集团和公司绩效之间的关系的结论；Guest 和 Sutherland 得出的是国家试点企业集团成员和绩效提高之间的结论。因此，对我国企业集团政策效应作出可信的估计是十分必要的，只有通过比较企业集团成员加入企业集团前后的绩效差异，才能得出加入企业集团对于集团成员企业绩效的明确作用，并在此基础上培育促进企业集团技术创新能力发展的制度环境，实现我国企业集团的持续健康发展。

---

　　① 　Khanna（2000）新兴市场的企业集团是较为普遍的产业组织形式，目前的研究显示企业集团的绩效效用很明显而且基本是正面的。

　　② 　这也是企业集团研究文献研究集团绩效时采用的常见方法。

第3章 我国企业集团发展：政策沿革与发展现状

本章主要是在企业集团政策评价的基础上研究独立企业组建或加入企业集团的动机，从而对我国企业集团的竞争力（主要是自主创新能力）的加强和持续健康发展提出政策建议，对我国企业集团政策的实施沿革和我国企业集团的发展现状的回顾是十分必要的，不但能够提供对于企业集团政策的定性认识，而且能提供企业集团政策建议的实践基础。

3.1 我国支持企业集团发展的政策回顾

3.1.1 横向经济联合和企业集团形成阶段

（1）企业集团的前身——横向经济联合。

中国企业集团的兴起，可以说是企业间横向经济联合直接衍生的产物。改革开放之初，我国企业组织结构存在两个突出的问题：一是企业"大而全""小而全"，专业化水平低；二是各企业分散、重复生产低水平产品，达不到经济规模。组建和发展企业集团的作用，最直接体现在企业组织结构的优化调整上。

我国企业集团的前身——横向经济联合的出现带有自下而上的制度创新特点，为改变部门分割、条块分割，企业组织结构"大而全""小而全"高度分散的不合理的状况，扩大企业自主权，1979 年以后一些企业开展了改组联合试点①。针对企业改组联合试点的现象，国务院于 1980 年 7 月作出《关于推动经济联合的暂行规定》，指出了经济联合对于我国经济体制改革的必要性，"组织各种形式的经济联合，是调整好国民经济和进一步改革经济体制的需要，是我国国民经济发展的必然趋势"，为推动经济联合的发展，暂行规定特别强调横

---

① 邱靖基、陈佳贵：《企业集团：模式构想与道路选择》，经济管理出版社 1991 年版，第 24 页。

向经济联合不受行业、地区的限制，文中明确规定："组织联合，不受行业、地区和所有制、隶属关系的限制。但不能随意改变联合各方的所有制、隶属关系和财务关系。参加联合的各方原有的收入解缴关系以及同银行的债权、债务关系不得改变，如果需要改变时，应当征得财政部门和银行的同意。"

1984 年 5 月国务院发布了《关于进一步扩大国营工业企业自主权的暂行规定》，明确强调在"不改变企业所有制形式、不改变隶属关系、不改变财政体制"等"三不变"原则下，"企业有权参与或组织跨地区、跨部门的联合经营；有权择优选点，组织生产协作或扩散产品。"1984 年 10 月中共中央做出《关于经济体制改革的决定》[①]，明确指出了横向经济联合的重要性，"社会主义商品经济的发展是以横向经济联系和联合为特征和条件的，"并提出"要在自愿互利基础上广泛发展全民、集体、个体经济之间的灵活多样的合作经营和经济联合"，横向经济联合的成员企业有完全的经营自主权。

这一阶段成员企业的主要管理原则是不改变所有制、隶属关系和财政上缴渠道的"三不变原则"，在行政性公司改革过程中，在企业联合初期发展中，"三不变原则"对于防止因联合而引起部门之间、地区之间，以及部门和地区之间的矛盾，减少改革的阻力，起到了一定的作用[②]。如表 3－1 所示，这一阶段国家制定的促进企业间经济联合的政策推动了企业间经济联合的蓬勃发展，形成了以大中型企业为骨干、以名优产品为龙头、以产研结合为重点的经济联合体[③]，为

---

① 标志中国经济体制改革进入以国企改革为中心环节的城市经济体制改革阶段。根据刘霞辉、张平、张晓晶（2008）对于中国经济体制改革阶段的划分，1984～1992 年是改革的全面展开阶段，这一阶段着重推行了国有企业所有权和经营权两权分离的多种改革模式，国有企业股份制改革也开始进行试点。

② 左昌鸿、唐拥军：《中国企业集团组织与管理原理研究》，广西师范大学出版社 1992 年版，第 88 页。

③ 邱靖基、陈佳贵：《企业集团：模式构想与道路选择》，经济管理出版社 1991 年版，第 27 页。

下一阶段企业集团的形成奠定了组织基础。但这一阶段的企业联合体成员的关系主要靠联合协议、章程等来维系，约束力很弱，容易出现"有利则联、无利则散"的情况[1]。

表 3 - 1 我国企业间横向经济联合

途　径	目　标	横向经济联合实例
同行业企业及事业单位组成专业公司或联营公司	对所属企业实施人财物、产供销方面的统一管理	中国轻工业机械总公司、中国黄金总公司、中国电子器材总公司等
同行业相关企业组成联营公司	扩大名优产品发展	以第一汽车制造厂为主组成解放汽车工业联营公司、以第二汽车制造厂为主组成东风汽车联营公司、
打破隶属关系界限实行企业联合	综合利用资源、促进生产发展、提高经济效益	石油化学工业公司（上海高桥地区炼油、化工、轻工、电力等 7 家企业联合组成）
军工与民用企业跨行业、跨部门联合	贯彻"军民结合"方针	嘉陵牌摩托车经济联合体（7 个摩托车零部件相关的军工和民用企业组成）

资料来源：邱靖基、陈佳贵：《企业集团：模式构想与道路选择》第 25 页至第 27 页资料整理。

（2）企业集团形成阶段。

在企业间经济联合的实施过程中，企业集团成员相互关系较为松散，难以实现经济联合体内部资源的优化配置。在赴日本等国考察和借鉴国外企业组织管理的经验并提出组建企业集团的建议后，一些经济联合体先后改称为企业集团，如东风汽车工业集团、嘉陵集团和沈阳汽车工业集团等[2]。针对经济联合体向企业集团转变的现象，国务院于 1986 年 3 月发布《关于进一步推动横向联合经济联合若干问题的规定》，明确提出要在企业横向经济联合基础上按照"扬长避短、形式多样、互利互惠、共同发展"的原则，"逐步形成新型的经济联

---

① 中国企业集团促进会：《母子公司关系研究——企业集团的组织结构和管理控制》，中国财政经济出版社 2004 年版，第 41 页。

② 邱靖基、陈佳贵：《企业集团：模式构想与道路选择》第 28 页。

合组织"，"发展一批企业群体或企业集团"，这是我国政府在正式文件中首次提出"企业集团"这一名称，标志着企业集团这一企业组织形式在我国正式形成①。

1987年12月发布的《关于组建和发展企业集团的几点意见》（以下简称《意见》）中明确提出："企业集团是适应社会主义有计划商品经济和社会化大生产的客观需要而出现的一种具有多层次组织结构的经济组织……企业具有多层次的组织结构，一般由紧密联合的核心层、半紧密联合层以及松散联合层组成"，《意见》还强调企业集团的核心层是"自主经营、独立核算、自负盈亏、照章纳税、能够承担经济责任、具有法人资格的经济实体②"，为鼓励企业集团的发展，《意见》提出："国民经济中具有重要地位和作用的大型集团公司，可在国家计划中实行单列"，"经过中国人民银行批准，企业集团可以设立财务公司"。企业横向经济联合时期主要是放权让利式的企业改革，《意见》提出："企业集团可试行股份制，进一步探索所有权与经营权分离的形式"，1990年我国《国民经济和社会发展十年规划和"八五"计划》明确提出："要有计划地组建一批跨地区、跨部门的企业集团"。

如表3-2所示，我国企业集团的组建方式包括大型国有企业改制、改革国家行业性公司、政府行业主管部分机构改革以及组建国有资产经营公司等几种主要方式。我国企业集团绝大部分由原来的国有企业演变、组合而成，随着我国由计划经济向市场经济体制的转变而逐步深化，这是我国企业集团发展的显著特色③。与企业集团横向经

---

① 迟树功、杨渤海：《企业集团发展规模经济研究》，经济科学出版社2000年版，第5页。

② 这是政府文件对企业集团的含义、组建原则和条件等做出的明确的规定，标志着企业集团作为一种新型的企业组织形式得到了全面的肯定。原载于迟树功、杨渤海：《企业集团发展规模经济研究》，第5页。

③ 中国企业集团促进会：《母子公司关系研究——企业集团的组织结构和管理控制》，中国财政经济出版社2004年版，第44页。

济联合的企业间自发组织有所不同，企业集团政策的支持和鼓励我国企业集团的形成和组建十分关键，企业集团成为我国探索企业改革的企业组织形式。

表 3 - 2　　　　　　　　我国国有企业集团的组建方式和途径

组建方式	途　　　径	企业集团实例
大型国有企业改制	在 20 世纪 80 年代横向经济联合体和大型国有企业主辅分离改制的基础上，采取联合投资、并购、股权置换等方式，组建子公司从而成立企业集团；国家和地方政府部门对其中一部分改制成立的企业集团实行国有资产授权经营，由企业集团核心企业统一经营、管理	东风汽车集团、东方电气集团、中国重型汽车集团、第一汽车集团等
改革国家行业性公司	对石油化工、船舶、有色金属、航空、航天、海洋石油等全国性行业总公司所属企业进行公司制改革，将这些行业性公司逐步改组为控股公司，以资本为纽带建立母子公司体制，发展成为企业集团	中国石油化工总公司、中国有色金属工业总公司等
政府行业主管部门机构改革	分离原行业主管部门的行业管理职能和国有资产管理职能，组建国有控股公司，原下属企业改组为子公司，专职承担对子公司的所有者职能，形成企业集团	上海纺织国有控股经营公司和仪表国有控股经营公司
组建国有资产经营公司	一些地方政府组建了专职从事对改组为股份有限公司或有限责任公司的国有企业进行国有股权管理的国有资产经营公司，与被控股公司形成母子公司关系，形成企业集团	武汉市国有资产经营公司

　　资料来源：根据《母子公司关系研究——企业集团的组织结构和管理控制》第 44 页至第 45 页资料整理。

3.1.2　建立资本为纽带的企业集团

（1）企业集团实施股份制，建立资本联结纽带的必要性。

在支持企业集团组建和发展的政策鼓励下，各种形式的企业集团在我国迅速组建和发展起来。截至 1988 年年底，许多以横向经济联合为基础的企业联合体发育成为初具规模的企业集团，主要分布在机械、电子、轻工、纺织等行业。经地、市以上政府有关部门批准成立的企业集团有 1630 家①。这一阶段"三不变"原则逐渐成为企业集团深化与完善的障碍，给企业集团的生产经营带来许多难以解决的问题，这表现在企业集团的资金、物资不能统一调度使用，因此企业集团不能充分发挥其特有的集团效应②。从总体上看，1630 家企业集团多数靠行政手段成立，没有建立起资产联结纽带关系，80% 的企业集团没有紧密层企业。因此虽然企业集团数量上增长较快，实质上还是属于行政性公司或较紧密的经济联合体③。

在企业建立横向经济联合和组建企业集团的过程产生了我国股份制改革试点，国有大中型企业在建立企业间联合体的实践过程中，逐渐认识到企业集团成员间必须同时具有生产经营的分工协作和参股这种双重关系，才能真正形成利益共同体。表 3－3 说明，用股份制改造和规范企业集团，是引导企业集团冲出重重困境的根本出路④。

表 3－3　　　　　　　　企业集团实施股份制的必要性

目　标	途　径
建立新型产权关系和牢固的资金联结纽带	替代合同、协议等契约形式的行政管理模式，用股份制管理成员间的生产经营和协作配套关系
处理集团与地方的利益关系，打破条块分割的限制	界定国家、地方、集体和个人的资产数额、划分股份协调双方利益关系
冲破行政隶属关系束缚，有效解决政企职责分开问题	分离资产所有者的终极所有权和企业法人所有权，建立所有权组织和经营者组织，实行董事会领导下的经理负责制
强化企业集团投资中心功能	设立企业集团财务公司，为集团提供发展资金来源
建立有效的经营机制和风险机制	核心企业对成员公司发挥有效控制和主导作用

资料来源：《企业集团：模式构想与道路选择》第 72 页至第 75 页资料整理。

---

① 中国企业集团促进会：《母子公司关系研究——企业集团的组织结构和管理控制》，中国财政经济出版社 2004 年版，第 41 页。

② 左昌鸿、唐拥军：《中国企业集团组织与管理原理研究》，广西师范大学出版社 1992 年版，第 89 页。

③ 中国企业集团促进会：《母子公司关系研究——企业集团的组织结构和管理控制》，中国财政经济出版社 2004 年版，第 41 页。

④ 邱靖基、陈佳贵：《企业集团：模式构想与道路选择》，经济管理出版社 1991 年版，第 73 页。

（2）组建和形成以资本为联结纽带的企业集团。

鉴于初创期的我国企业集团大多数是横向联合性质的，规模不大，实力不强。为促进我国企业集团形成资本联结纽带，1986 年我国《关于明后两年经济体制改革的意见》中提出，"横向联合的企业群体和企业集团，明年可普遍推行股份制"。1987 年国家体改委和原国家经委发布了《关于组建和发展企业集团的几点意见》（即 18条），这是国家第一次发布关于企业集团问题的专门文件，这标志着企业集团的发展进入了调整期。1991 年 2 月在《国务院批转国家计委、国家体改委、国务院生产办公室关于选择一批大型企业集团进行试点请示的通知》以及《关于促进企业集团发展的意见》中规定了企业集团的组织方式为"不具备总体法人地位的法人联合组织，必须有多层次组织结构"，并在国务院的领导下，完成了第一批试点企业集团（55 家）的组建。按照上述企业集团政策中提到的"集团核心必须具有法人地位，具有一定优势和具有投资中心功能"，国务院有关部门制定了相关配套政策扶植试点企业集团。

1992 年召开的党的十四大第一次把社会主义市场经济确立为中国经济体制改革的目标模式，标志着中国的改革进入初步建立社会主义市场经济体制阶段[①]。1993 年 11 月发布的《中共中央关于建立社会主义市场经济体制若干问题的决定》明确提出国有企业改革的目标是建立现代企业制度[②]，要以产权为纽带组建企业集团："发展一批以公有制为主体，以产权联结为主要纽带的跨地区、跨行业、跨所有制和跨国的大型企业集团"，并指出企业集团在经济体制改革中的功能是："促进结构调整、提高规模效益、加强新技术、新产品开发，增强国际竞争能力。"随着我国经济体制改革的进程，发展企业

---

① 刘霞辉、张平、张晓晶：《改革年代的经济增长与结构变迁》，格致出版社，上海三联书店，上海人民出版社 2008 年版，第 120 页。

② 1994 年开始实施建立现代企业制度的试点，重点是企业公司制股份制改革，完善公司法人治理结构。

集团成为我国经济发展和经济结构调整的主要内容。1994 年 7 月 1 日颁布《公司法》标志着企业集团的发展进入法治轨道。《公司法》是我国第一部明确阐述企业性质，明确界定企业与市场、企业与政府职责的经济法。《公司法》对企业集团的核心企业的设立，以及集团中成员企业相互关系的处理都有相应规范，对企业集团的健康发展具有深远的历史意义。

20 世纪 90 年代中期后，在国有企业引入现代企业制度的同时，我国开始注重从战略上调整国有经济布局①，企业集团是我国调整国有经济战略布局的主要力量。1995 年中共十四届五中全会提出："调整国有经济布局和结构，'抓好大的，放活小的'，对国有企业实施战略性改组"。1996 年 3 月《关于国民经济和社会发展"九五"计划和二〇一〇年远景目标纲要的报告》中提出："抓好一千户国有大型企业和企业集团的改革与发展""以资本为纽带，联结和带动一批企业的改组和发展，形成规模经济。"1997 年 4 月发布的《关于深入大型企业集团试点工作的意见》，《关于企业集团建立母子公司体制的指导意见》明确提出："要建立以资本为主要联结纽带的母子公司体制"，同时批准了第二批国家试点企业集团（63 家），为支持试点企业集团发展，国务院相关部门给予了试点企业集团政策扶植，出台了针对试点企业集团发展的优惠政策②。

1997 年 9 月党的十五大明确提出："以资本为纽带，通过市场形成具有较强竞争力的跨地区、跨行业、跨所有制和跨国经营的大企业

---

① 刘霞辉、张平、张晓晶：《改革年代的经济增长与结构变迁》，格致出版社，上海三联书店，上海人民出版社 2008 年版，第 120 页。

② 优惠政策包括：（1）投资权：对外长期投资可超过净资产的 50%；（2）享有吸收外商投资、投资规模在 3000 万美元以下的生产性项目的投资决策权；（3）具备条件的试点企业集团母公司可享有对外融资权；（4）按照中国人民银行的规定，从事国际工程承包等国际经济合作业务的试点企业集团可享有对外担保权；（5）"拨改贷"资金本息余额转为国家资本金注入企业集团母公司；（6）享有国有企业兼并破产和职工再就业的优惠政策。原载于中国企业集团促进会：《母子公司关系研究——企业集团的组织结构和管理控制》，第 43 页。

集团"，并针对增强大企业集团的竞争力提出："推进企业技术进步，鼓励、引导企业和社会的资金投向技术改造，形成面向市场的新产品开发和技术创新机制"。1997 年 4 月，国家计委、国家经贸委和国家体改委发布《关于深入大型企业集团试点工作的意见》，提出要"建立以资本为主要联结纽带的母子公司体制"。随后，国家体改委发布《关于企业集团建立母子公司体制的指导意见》，明确提出企业集团要"确立母子公司的出资关系，建立资本联结纽带……" 1998 年 4 月国家工商行政管理局发布的《企业集团登记管理条例》明确给出了企业集团的定义为："企业集团是指以资本为主要联结纽带的母子公司为主体，以集团章程为共同行为规范的母公司、子公司、参股公司及其他成员企业或机构共同组成的具有一定规模的企业法人联合体。企业集团不具有企业法人资格。"

2000 年 10 月，《中共中央关于国有企业改革和发展若干重大问题的决定》提出"坚持'抓大放小'。要着力培育实力雄厚、竞争力强的大型企业和企业集团"，并提出发展企业集团时要避免行政手段的干预行为，并要求企业集团必须"突出主业、增强竞争优势""发挥资本营运、技术创新、市场开拓等方面的优势"，从而成为"国民经济的支柱和参与国际竞争的主要力量"。

3.1.3 培育有国际竞争力的大企业集团

进入 21 世纪以来，培育具有国际竞争力的大企业集团成为我国新时期企业集团政策的重要目标。提高产业集中度，实现企业集团规模经济效应；发展大企业集团和中小企业之间协调配合的产业组织结构；突出企业集团主业、发展技术创新能力，提高企业集团的持续发展和抗风险能力是 21 世纪以来企业集团政策的重点。

2001 年 3 月我国发布的《国民经济和社会发展第十个五年计划纲要》强调专业化分工协作的产业组织体系的重要性，提出"形成产业内适度集中、企业间充分竞争、大企业为主导、大中小企业协调发展的格局"，通过上市兼并以及联合重组等形式"形成一批拥有著名品牌和自主知识产权、主业突出、核心能力强的大公司和企业集团，提高产业集中度和产品开发能力"，并针对中小企业的发展提出："实行鼓励中小企业发展的政策，完善中小企业服务体系"，指出了中小企业的发展方向："促进中小企业向'专、精、特、新'的方向发展，提高与大企业的配套能力"。

2001年10月发布的《关于发展具有国际竞争力的大型企业集团的指导意见》明确提出："努力发展一批具有技术创新能力强、主业突出、拥有知名品牌和自主知识产权、市场开拓能力强、经营管理能力强、具有持续盈利能力和抗御风险能力的大公司和大企业集团"，强调新时期我国企业集团竞争力来自自主创新能力、品牌及市场开拓能力的形成，并突出了企业集团的持续健康发展和抗风险能力的重要性。为实现培育具有国际竞争力的大企业及大企业集团的目标，我国从2003年开始逐步成立各级国有资产监督管理机构①。

2005年10月发布的《中共中央关于制定国民经济和社会发展第十一个五年规划的建议》提出："加大国有经济布局和结构调整力度，进一步推动国有资本向关系国家安全和国民经济命脉的重要行业和关键领域集中，增强国有经济控制力，发挥主导作用"。2005年11月发布的《促进产业结构调整暂行规定》提出："优化产业组织结构，调整区域产业布局"，并就产业组织结构提出："提高企业规模经济水平和产业集中度""加快大型企业发展，形成一批拥有自主知识产权、主业突出、核心竞争力强的大公司和企业集团。"

2006年发布的《关于推进国有资本调整和国有企业重组指导意见》提出："加快国有大型企业的调整和重组，促进企业资源优化配置""依法推进国有企业强强联合"，并指出国有企业强强联合"要

---

① 2003年国务院成立国资委以后截至2005年年底，83%以上的市（地）组建了国有资产监管机构，其中单独成立国资委的占已组建机构的60%。

遵循市场规律，符合国家产业政策，有利于资源优化配置，提高企业的规模经济效应，形成合理的产业集中度，培育一批具有国际竞争力的特大型企业集团。"

2008 年下半年以来，国际金融危机对我国的经济影响日益明显，我国重点行业出现了增速下滑、生产经营状况恶化、行业效益大幅下降的情况①。对此根据国务院部署各相关陆续制定发布了 10 个重点行业产业调整和振兴规划②，规划期为 2009～2011 年，行业振兴的目的，主要是对一些传统行业如钢铁、汽车等行业进行产业调整，淘汰落后产能，进行行业改造，也对一些新生行业加大投资、扶植其发展③。重点行业调整和振兴规划强调提高产业集中度，优化资源配置以及大企业集团的兼并重组，如《船舶工业调整和振兴规划》提出："发展大型企业集团，促进船舶制造业和配套业协调发展"；《钢铁产业调整和振兴规划》提出："国内排名前 5 位钢铁企业的产能占全国产能的比例达到 45% 以上"；《汽车产业调整和振兴规划》提出："形成 2～3 家产销规模超过 200 万辆的大型汽车企业集团"等。

2010 年 10 月我国发布的《中共中央关于制定国民经济和社会发展第十二个五年规划的建议》强调："合理引导企业兼并重组，提高产业集中度，发展拥有国际知名品牌和核心竞争力的大中型企业"，并且针对我国企业组织结构提出："提升小企业专业化分工协作水平，促进企业组织结构优化"。

2011 年 12 月我国发布的《工业转型升级规划（2011～2015 年）》针对我国产业组织结构提出："在规模经济行业促进形成一批具有国际

---

① 中国社会科学院工业经济研究所：《中国产业发展和产业政策报告（2011）》，中信出版社 2011 年版，第 1 页。

② 包括船舶工业、电子信息产业、纺织工业、钢铁产业、汽车产业、轻工业、石化产业、有色金属产业、物流业和装备制造业等 10 个重点行业的调整和振兴规划，这些行业也是我国大企业集团较为集中的行业。

③ 张文魁：《中国大企业集团年度发展报告 2010》，中国发展出版社 2011 年版，第 57 页。

竞争力的大集团，扶持发展大批具有'专精特新'特征的中小企业，加快形成大企业与中小企业协调发展、资源配置更富效率的产业组织结构"，并提出："健全国有资本有进有退、合理流动机制，促进国有资本向关系国家安全和国民经济命脉的重要行业和重要领域集中"。

3.2 我国企业集团发展回顾及现状总结①

3.2.1 企业集团总体实力不断增强

（1）企业集团规模不断扩大。

1997~2008年企业集团单位数和从业人员数呈稳步增长，企业集团平均子公司变化不大，但企业集团资产总额变化明显，其年增长率远快于企业集团单位数的增长。在此期间企业集团资产总计占当年GDP的比重由1997年的约63%上升到2008年的131%，占我国国民经济的比重不断提高，说明企业集团在12年间资产规模不断扩大，平均每户企业集团的资产总额从1997年的21.25亿元增长到2008年的138.44亿元。

① 企业集团单位数（1997~2008年）。

图3-1说明，1997~2008年我国企业集团单位数量呈稳步增长态势，12年间全国企业集团单位数由1997年的2369家增加到2008年的2971家，增长了25%，平均年增长2.15%。

---

① 本部分数据如不注明均来自《中国大企业集团》各年版本，《中国大企业集团》是全面、系统地反映中国企业集团改革与发展状况的统计年鉴，该年鉴资料由中国国家统计局服务业调查中心调查提供，企业集团内部统计范围包括：企业集团的母公司、在中国境内和境外的全资子公司（单位）、绝对控股子公司（单位）和相对控股子公司（单位）；不包括参股和协作企业（单位）。由于国家统计局的内部机构改革调整，从2009年起，国家统计局不再从事先前的有关企业集团的调查统计工作，此年鉴资料从2009年起不再出版，因此本分析数据截至2008年年末。

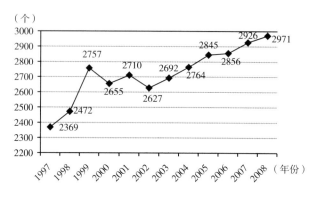

图 3 - 1　我国企业集团单位数

② 企业集团成员单位数。

表 3 - 4 说明，我国企业集团是母子公司体制的组织形式，每家企业集团有一个核心公司即母公司，因而企业集团单位数和母公司数是一致的。从企业集团成员单位数来看，子公司是成员单位的主要类型，这也说明我国企业集团的成员单位主要是子公司组成的，这也是我国的企业集团的组织特点。2003 ~ 2008 年，企业集团的平均子公司数变化不大，每家企业集团平均拥有十家子公司；企业集团成员单位数量变化也不大，这说明我国企业集团成员单位构成较稳定。

表 3 - 4　　　　　　　　　我国企业集团成员情况　　　　　　　　单位：个

单位数	2003 年	2004 年	2005 年	2006 年	2007 年	2008 年
企业集团	2692	2764	2845	2856	2926	2971
成员单位	28372	29251	30324	30806	32027	33135
母公司	2692	2764	2845	2856	2926	2971
子公司	25680	26487	27479	27950	29101	30164
平均成员单位	10.54	10.58	10.66	10.79	10.95	11.15
平均子公司	9.54	9.58	9.66	9.79	9.95	10.15

③ 企业集团资产总计。

图 3 - 2 说明，1997 ~ 2008 年，企业集团规模的主要指标资产总

额增长较快。由 1997 年的 50346.72 亿元增长到 2008 年的 411312.46
亿元，增长了 7.16 倍，平均年增长率为 21.2%。1997 年和 2008 年
的企业集团总资产占当年 GDP 的百分比分别为 63.75% 和 130.97%，
说明企业集团在我国经济中占有重要地位。

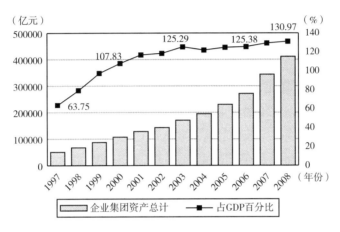

图 3 - 2 我国企业集团资产总计

④ 企业集团从业人员数。

图 3 - 3 说明，企业集团从业人员数稳步增长。1997 年为
1850.43 万人，2008 年增长到 3284.99 万人，分别占当年城镇就业人
员的 9.16% 和 10.87%，年均增长率为 5.47%。

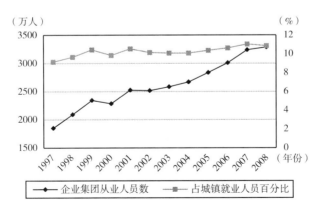

图 3 - 3 我国企业集团从业人员数

（2）企业集团盈利能力不断增强。

图 3 - 4 说明，1997 ~ 2008 年企业集团营业收入和利润总额有较大幅度的增长，营业收入总额由 1997 的 28205.22 亿元增长到 2008 年的 271871.02 亿元，分别占当年 GDP 的百分比为 35.72% 和 86.57%；企业集团利润总额占营业收入的百分比也增长较快，1997 年利润占营业收入总计的 4.34%，2007 年此百分比达 8.09%；此外，企业集团的出口销售收入由 1997 年的 2579.79 亿元增长到 2008 年的 17933.57 亿元，分别占全国出口销售总额约 17%。以上数据说明，在此期间企业集团营业收入增长较快，占我国 GDP 的比例大幅提高；利润总额占企业集团营业收入的比重也有较大提高，这说明我国企业集团盈利能力不断增强。

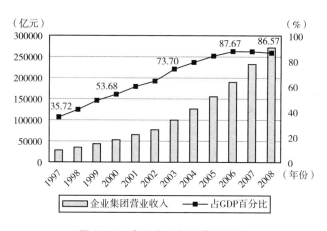

图 3 - 4　我国企业集团营业收入

（3）企业集团研发投入不断增加。

图 3 - 5 说明，随着企业集团规模和盈利水平的大幅增长，企业集团的研究开发费用也经历了持续的快速增长过程，1997 年企业集团的研究开发费用为 155.43 亿元，占营业收入的百分比为 0.55%。2002 年企业集团研究开发费用为 3190.74 亿元，占企业集团营业收入中的百分比大于 1%，2008 年这一比率为 1.17%。研究开发费用的增长说明我国企业集团的技术创新投入在不断增加，但比较国际大

企业平均5%的研发强度（即研发投入占营业收入的百分比）还有相当的距离。

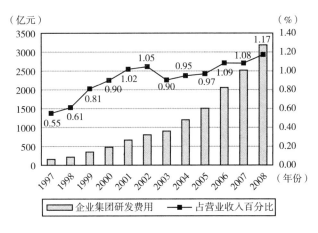

图3-5 我国企业集团研究开发费用

（4）企业集团主要比率。

表3-5说明，除2008年受到国际金融危机冲击外，企业集团盈利指标销售利润率由2003年的5.54%上升到2007年的8.09%，总资产报酬率由2003年的4.23%增长到2007年的6.53%；生产效率指标劳动生产率有较大幅度增长，1997~2008年，劳动生产率由38.71万元/人增长到82.76万元/人，以上数据说明我国企业集团盈利水平和效率水平均有明显提高，资产负债率指标上升幅度不大，同时偿债能力指标已获利息倍数表现出较快增长；企业集团创新能力指标新产品销售收入占营业收入百分约为10%，未出现较大变化，说明企业集团研发费用随营业收入增加而稳定增长。综合以上数据说明，我国企业集团在2003~2008年盈利能力增长较快同时运营相对稳健，盈利能力的增长与效率提高和研究开发投入增多等因素相关。

表 3 - 5　　　　　　　　　我国企业集团主要比率

比　　率	2003 年	2004 年	2005 年	2006 年	2007 年	2008 年
销售利润率（％）	5. 54	6. 56	6. 68	6. 9	8. 09	5. 36
总资产报酬率（％）	4. 23	5. 26	5. 48	5. 82	6. 53	4. 67
劳动生产率①（万元/人）	38. 71	47. 31	54. 84	63	71. 8	82. 76
资产负债率（％）	60. 19	61. 07	61. 62	62. 04	62. 29	64. 34
已获利息倍数（倍）	4. 35	5. 26	5. 61	5. 84	6. 19	4. 15
新产品销售收入占营业收入百分比②（％）	9. 64	9. 06	9. 61	9. 87	10. 15	9. 59

3.2.2　企业集团的集中趋势

　　在总量指标方面我国企业集团表现出规模不断扩大，盈利能力不断提高的态势，企业集团已成为我国的主要企业组织形式。与此同时，企业集团结构指标表现出明显的集中趋势，在控股类型方面集中趋势表现为国有控股企业集团特别是国家试点企业集团占主导地位；在企业集团的主营业务方面表现为第二产业企业集团特别是工业企业集团的集中趋势；在企业集团的所在地区方面表现为东部地区的企业集团占主导地位。

---

　　① 说明：劳动生产率为企业集团营业收入与从业人员平均人数的比率；已获利息倍数为企业集团息税前利润与利息净支出的比值，以下提到的企业集团劳动生产率含义与此相同。

　　② 按照《中国大企业集团》的定义，新产品销售收入是指企业集团在主营业务收入和其他业务收入中销售新产品实现的收入，新产品是经政府有关部门认定并在有效期内的产品；也括企业自行研制开发，未经政府有关部门认定，从投产之日起一年内的新产品。新产品是指采用新技术原理、新设计构思研制生产，或结构、材质、工艺等某一方面有所突破或较原产品有明显改进，从而显著提高了产品性能或扩大了使用功能，对提高经济效益具有一定作用的产品，并且在一定区域或行业范围内具有先进性、新颖性和适用性的产品。以下提到的企业集团新产品销售收入含义与此相同。

（1）企业集团母公司控股类型①的集中趋势。

其他类型企业集团（主要是私人控股的企业集团）单位数方面上升较快，截至 2008 年国有控股和其他控股企业集团单位数分别为 1291 个和 1361 个。在绝对量方面，国有控股企业集团在总资产、营业收入总额、出口销售总额、利润总额、研究开发费用和从业人员总数等方面均占据主要地位，截至 2008 年国有控股企业集团的相应百分比均接近或超过 80%；就增长率而言，其他类型企业集团（主要是私人控股的企业集团）大多数指标的年增长率都高于国有控股企业集团。

国有控股企业集团也表现出集中趋势，国家试点企业集团②单位数在国有控股企业集团单位数中所占百分比很低，截至 2008 年这一百分比为 3.30%，但却在全国企业集团中占据重要地位，国家试点企业集团的绝对量指标包括总资产、营业收入总额、出口销售总额和研究开发费用方面均占据国有控股企业集团的主要地位，分别占全国企业集团相应指标接近 30% 或以上的百分比，有些指标如利润总额则接近 40%。

① 不同母公司控股类型的企业集团单位数。

图 3 - 6 说明，其他类型企业集团③单位数增长较快，由 1997 年的 441 家增长到 2008 年的 1361 家，占全部企业集团单位数百分比由 1997 年的 18.62% 增加到 2008 年的 45.81%，这一百分比大于国有控

----

① 按照《中国大企业集团》的定义，指以法人企业作为分类对象，根据企业实收资本中某种经济成分的出资人的实际出资情况进行分类，并按出资人对企业的控股程度，分为绝对控股和相对控股。具体分类如下：公有控股经济：国有控股（国有绝对控股、国有相对控股），集体控股（集体绝对控股、集体相对控股）；非公有控股经济：私人控股（私人绝对控股、私人相对控股），港澳台商控股（港澳台商绝对控股、港澳台商相对控股），外商控股（外商绝对控股、外商相对控股）。从 2006 年年报开始，企业集团调查统计执行国统字〔2005〕79 号文，《关于统计上对公有和非公有控股经济的分类办法的通知》，年鉴中国有控股包括国有企业以及公司制企业中的国有绝对控股企业和国有相对控股企业，集体控股包括集体企业以及公司制企业中的集体绝对控股企业和集体相对控股企业。

② 国家试点企业集团是指 1991 年以来经国务院批准成立的试点企业集团，我国国家试点企业集团享受国家的系列优惠政策。

③ 即私人、港澳台商及外商控股企业集团。

股企业集团所占百分比（43.52%）。其他类型企业集团大部分为私人控股企业集团，截至2008年，其他类型企业集团单位数中私人控股企业集团为1290家，占全部其他类型企业集团单位数的94.78%；国有和集体控股企业集团单位数呈下降趋势，国有控股企业集团从1997年的1455家减少为2008年的1293家，占全部企业集团单位数的百分比分别为61.42%和43.52%。

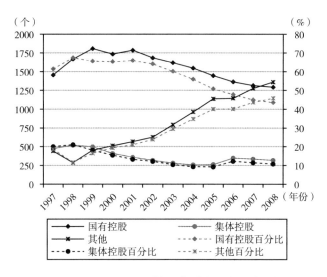

图3-6　不同母公司控股类型企业集团单位数

　　1997～2008年国家试点企业集团数目由119家减少为98家，占全国企业集团单位数的百分比由1997年的5.02%减少到2008年的3.30%；按母公司控股类型分，国家试点企业集团包括国有控股、集体控股和私人控股三种类型，其中国有控股企业集团占全部国家试点企业集团单位数的百分比由1997年的88.24%增加到2008年的95.92%，占我国国家试点企业集团的绝大部分。集体控股国家试点企业集团由1997年的3家减少到2008年的2家，私人控股国家试点企业集团由1997年的11家减少为2008年的2家。

　　② 不同母公司控股类型的企业集团资产总计。

　　图3-7说明，1997～2008年国有控股企业集团的总资产增长

较快，由 1997 年的 42952.83 亿元增长到 2008 年的 357525.33 亿元，年平均增长率为 21.59%，占全部企业集团资产总计的百分比较稳定，1997 年国有控股企业集团占全部企业集团总资产的 85.31%，2008 年这一百分比为 86.92%。其他类型企业集团约占全部企业集团总资产的 10%，年均增长率为 36.88%，这一比率快于国家控股企业集团的相应增长率；私人控股企业集团总资产占其他类型企业集团总资产的绝大部分，截至 2008 年年底私人控股企业集团总资产为 37669.45 亿元，占其他类型企业集团总资产的 90.48%。

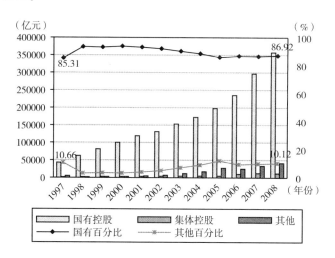

图 3-7　不同母公司控股类型企业集团资产总计

国家试点企业集团数在全国企业集团单位总数中所占百分比很少，2008 年所占百分比为 3.30%，但在全国企业集团资产总计中所占百分比较大。1997～2008 年，国家试点企业集团资产呈现快速增长。国家试点企业集团总资产占全国企业集团资产总计的比重在 1997 年为 45.86%，2008 年为 27.20%，占当年 GDP 的比重 1997 年为 29.23%，2008 年为 35.63%；按母公司控股类型划分，国有控股企业集团总资产占全部国家试点企业集团的百分比由 1997 的 90.01% 增长为 2008 年的 99.47%。

③ 不同母公司控股类型的企业集团营业收入合计。

图 3 - 8 说明，1997～2008 年各种类型企业集团营业收入均表现出较快增长，国有控股企业集团营业收入总计由 1997 年的 23288.50 亿元增长为 2008 年的 213069.40 亿元，平均年增长率为 22.39%，占全部企业集团营业收入总计的比重 1997 年为 82.57%，2008 年为 78.37%。其他控股类型企业集团营业收入总计由 1997 年的 3007.01 亿元增长到 2008 年的 46063.63 亿元，平均年增长率为 34.24%，占全国企业集团营业收入总计的百分比由 1997 年的 10.66% 增长到 2008 年的 16.94%；其他控股类型企业集团的营业收入的大部分为私人控股企业集团，截至 2008 年年底，私人控股企业集团的营业收入总计为 42447.52 亿元，占全部其他企业集团类型营业收入总计的 92.15%。

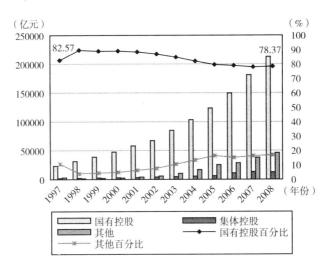

图 3 - 8　不同母公司控股类型企业集团营业收入

国家试点企业集团在全国企业集团营业收入总计中占较大份额，1997～2008 年国家试点企业集团营业收入总计快速增长，占全国企业集团资产总计的百分比 1997 年为 39.76%，2008 年为 31.02%。国家试点企业集团营业收入总计占当年 GDP 的比重由 1997 年的

14.20% 增长到 2008 年的 26.85%；按母公司控股类型划分，国有控股企业集团营业收入总计占全部国家试点企业集团的百分比由 1997 的 90.44% 增长为 2008 年的 99.04%。

④ 不同母公司控股类型的企业集团出口销售收入总计。

1997～2008 年，各种类型企业集团出口销售收入总计均表现出较快的增长，国有控股企业集团出口销售收入由 1997 年的 2139.80 亿元增长到 2008 年的 12382.53 亿元，平均年增长率为 17.55%，分别占全部企业集团出口销售收入的 82.94% 和 69.05%。其他类型企业集团出口销售收入 1997 年为 260.08 亿元，增长到 2008 年的 4208.28 亿元，平均年增长 35.54%，分别占当年全部企业集团出口销售收入的 10.08% 和 23.47%；截至 2008 年，私人控股企业集团出口销售收入占其他类型企业集团出口销售收入的 91.11%。

⑤ 不同母公司控股类型的企业集团利润总额。

图 3-9 说明，1997～2008 年各种类型企业集团利润总额均表现出较快增长，其中国有企业集团利润总额由 1997 年的 980.88 亿元增长到 2008 年的 11381.75 亿元，年均增长率为 28.57%，分别占全部企业集团利润总额的 80.22% 和 78.05%。其他类型的企业集团利润总额 1997 年为 116.33 亿元，增长到 2008 年的 2543 亿元，年均增长率为 39.79%，分别占当年全部企业集团利润总额的 9.51% 和 17.44%；截至 2008 年，私人控股企业集团占其他类型企业集团利润总额的百分比为 89.65%。

国家试点企业集团在全国企业集团利润总额中占较大比重，1997～2008 年国家试点企业集团利润总额增长较快，从 1997 年的 442.23 亿元增长到 2008 年的 5580.71 亿元，占全国企业集团利润总额的比重分别为 36.17% 和 38.27%，年平均增长率为 32.28%；截至 2008 年，国有控股企业集团占国家试点企业集团利润总额的百分比为 99.33%。

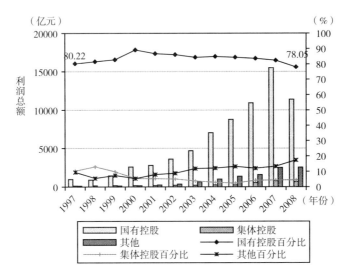

图 3 - 9　不同母公司控股类型企业集团出口销售收入

⑥ 不同母公司控股类型的企业集团研究开发费用总额。

国有、集体控股及其他类型企业集团研究开发费用增长较快，其中国有控股企业集团研究开发费用从 1997 年的 117.79 亿元增长到 2008 年的 2561.15 亿元，年平均增长率为 33.10%，占当年营业收入的百分比由 0.59% 增长到 1.20%，占全部企业集团研究开发费用的百分比分别为 75.78% 和 80.27%。其他类型的企业集团研究开发费用从 1997 年的 10.02 亿元增长到 2008 年的 471.11 亿元，年平均增长率为 41.97%，占当年营业收入的百分比分别为 0.76% 和 1.02%，占全部企业集团研究开发费用的百分比分别为 14.63% 和 14.76%；截至 2008 年，私人控股企业集团研究开发费用占其他类型企业集团的 91.72%。

国家试点企业集团在全国企业集团研发费用总额中所占百分比较大，1997～2008 年国家试点企业集团研究开发费用从 50.72 亿元增长到 1189.97 亿元，占全国企业集团研究开发费用总计的比重分别为 32.63% 和 37.29%；国有控股企业集团研究开发费用占全部国家试点企业集团的百分比由 1997 年的 77.68% 增长到 2008 年的 98.97%。

⑦ 不同母公司控股类型的企业集团从业人员总数。

1997～2008 年各种类型企业集团研究开发费用均表现出增长态势，国有控股企业集团从业人员从 1997 年的 1559.34 万人增长到 2008 年的 2505.28 万人，年均增长 4.66%，占全部企业集团从业人员的 84.27% 和 76.26%。其他类型企业集团从业人员 1997 年为 194.11 万人，增长到 2008 年的 624.64 万人，年均增长率为 17.94%，分别占当年全部企业集团从业人员的 10.49% 和 19.01%；截至 2008 年，私人控股企业集团占其他类型企业集团从业人员的百分比为 93.54%。

国家试点企业集团在全国企业集团从业人员中占有较大比例，1997～2008 年国家试点企业集团从业人员总数从 762.51 万人增长到 845.70 万人，占全国企业集团从业人员总数的百分比分别为 41.21% 和 25.74%；国有控股企业集团从业人员占全部国家试点企业集团的百分比由 1997 年的 91.06% 增长到 2008 年的 99.29%。

（2）企业集团的主营行业集中趋势。

不同主营行业的企业集团也表现出明显的集中趋势，第二产业企业集团特别是工业企业集团的规模和绩效指标都居主导地位。第三产业企业集团在总资产、利润总额和营业收入等指标方面表现出较快的增长态势，这与我国目前处于的工业化阶段相符合。

① 不同主营行业的企业集团单位数。

图 3-10 说明，按企业集团主营行业划分，1997～2008 年第二产业企业集团和第三产业企业集团单位数增长较快。第二产业企业集团单位数从 1816 家增长到 2082 家，平均年增长率为 1.34%，占全部企业集团单位数的 76.66% 和 70.08%。第三产业企业集团单位数从 516 家增长到 857 家，平均年增长率为 4.87%，占全部企业集团单位数的 21.78% 和 28.85%。由于交通运输、仓储和邮政业及房地产企业集团单位数增加较快，因而第三产业企业集团在企业集团单位数中比重上升。尽管建筑业企业集团单位数增加，但由于工业企业集团

在企业集团单位数中的比重逐渐下降，从 1997 年的 73.79% 减少为 2008 年的 61.53%，因而第二产业在企业集团单位数中所占比重略有下降。

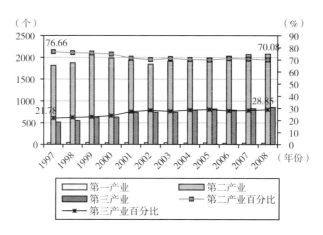

图 3-10 不同主营行业企业集团单位数

② 不同主营行业的企业集团资产总计。

图 3-11 说明，1997～2008 年第二产业和第三产业企业集团资产总计增长较快。第二产业企业集团的总资产由 1997 年的 38545.99 亿元增长到 2008 年的 251585.77 亿元，年增长率为 18.78%，分别占当年第二产业 GDP 总计的百分比为 102.67% 和 168.85%，占全部企业集团总资产的百分比为 76.56% 和 61.17%；第三产业企业集团的总资产由 1997 年的 10354.84 亿元增长到 2008 年的 157890.54 亿元，分别占当年第三产业 GDP 值的百分比为 38.37% 和 120.22%，占全部企业集团总资产的百分比为 20.57% 和 38.39%。在第二产业企业集团总资产中，工业企业集团占据最大份额，工业企业集团总资产从 1997 年的 36283.14 亿元增长到 2008 年的 229963.78 亿元，年平均增长率为 18.49%，分别占工业 GDP 总计的百分比为 110.21% 和 176.54%，占全部企业集团资产总计的百分比为 72.07% 和 55.91%。

表 3-6 和表 3-7 说明，工业企业集团在我国工业总资产中占重

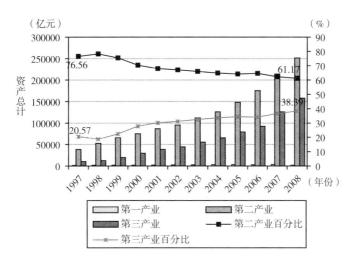

图 3 - 11　不同主营行业企业集团资产总计

要地位。工业企业集团单位数在全国规模以上工业企业单位数中所占
的百分比非常低，2008 年这一百分比仅占 0.43%，而且总体呈下降
趋势，但工业企业集团的资产总计占我国规模以上工业企业资产总计
半数以上，2008 年这一比例是 53.32%。在工业企业集团中采矿业企
业集团总资产上升较快，1997 年和 2008 年采矿业企业集团总资产分
别为 1158.12 亿元和 44671.70 亿元，占全部企业集团资产总计的百
分比从 1997 年的 2.30% 上升到 2008 年的 10.86%。制造业企业集团
总资产从 1997 年的 26088.36 亿元增长到 132956.34 亿元，占全部企
业集团总资产的百分比从 51.82% 下降到 32.32%。

表 3 - 6　　　　　　工业企业集团单位数（2003 ~ 2008 年）

	2003 年	2004 年	2005 年	2006 年	2007 年	2008 年
单位数（个）	1738	1756	1790	1806	1833	1828
全国规模以上工业企业单位数＊（个）	196222	276474	271835	301961	336768	426113
百分比（%）	0.89	0.64	0.66	0.60	0.54	0.43

注：＊数据来源于各年统计年鉴。

表 3 –7 工业企业集团资产总计（2003～2008 年）

	2003 年	2004 年	2005 年	2006 年	2007 年	2008 年
资产总计（亿元）	103608.41	117406.33	137806.54	162474.91	196341.19	229963.78
全国规模以上工业企业资产总计*（亿元）	168807.70	215358.00	244784.25	291214.51	353037.37	431305.55
百分比（%）	61.38	54.52	56.30	55.79	55.61	53.32

注：＊数据来源于各年统计年鉴。

③ 不同主营行业的企业集团营业收入合计。

图 3 – 12 说明，1997～2008 年第二产业和第三产业企业集团的营业收入合计增长较快。第二产业营业收入从 20810.27 亿元增长到 202496.82 亿元，年平均增长率为 23.11%，占全部企业集团营业收入的百分比为 73.78% 和 74.48%，占第二产业 GDP 值的百分比从 1997 年的 55.43% 增长到 2008 年的 135.90%。第三产业营业收入从 1997 年的 6627.09 亿元增长到 2008 年的 68044.74 亿元，年平均增长率为 24.26%，占全部企业集团营业收入的百分比为 23.50% 和 25.03%，占第一产业 GDP 值的百分比从 24.56% 增长到 2008 年的 51.81%。工业企业集团在第二产业营业收入中份额最大，工业企业集团营业收入从 1997 年的 19234.22 亿元增长到 2008 年的 181796.42 亿元，平均年增长率为 22.82%，占工业 GDP 总计的百分比从 63.21% 增长到 155.46%，占全部企业集团营业收入的百分比 1997 年为 68.19%，2008 年这一百分比为 66.87%。

表 3 –8 说明，工业企业集团的营业收入在我国工业企业营业收入中重要地位，截至 2008 年工业企业集团主营业务收入占全国规模以上工业企业主营业务收入的 36.36%，占全国规模以上工业企业工业总产值的 35.83%。工业企业集团中的采矿业企业集团营业收入增长较快，从 1997 年的 434.95 亿元增长到 2008 年的 29620.21 亿元，占全部企业集团营业收入的百分比从 1.54% 增长到 10.89%。工业企业集团中制造业企业集团营业收入在 1997 年和 2008 年分别为 15879.63 亿元和 128573.40 亿元，在全部企业集团营业收入中所占

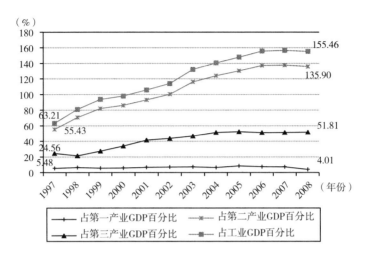

图 3 – 12　不同主营行业企业集团营业收入占 GDP 百分比

百分比由 56. 30% 降为 47. 29% 。

表 3 – 8　　　　　工业企业集团营业收入（2003～2008 年）

	2003 年	2004 年	2005 年	2006 年	2007 年	2008 年
主营业务收入（亿元）	65921. 49	80242. 78	103332. 08	128283. 75	156126. 78	181796. 42
占全国规模以上工业企业主营业务收入*（亿元）百分比（%）	46. 04	40. 34	41. 57	40. 91	39. 06	36. 36
占全国规模以上工业企业工业总产值*（亿元）百分比（%）	46. 34	39. 78	41. 07	40. 52	38. 53	35. 83

注：＊数据来源于各年统计年鉴。

④ 不同主营行业的企业集团出口销售收入合计。

1997～2008 年第二产业和第三产业出口销售收入总额均较快增长，第二产业的出口销售收入总额从 1997 年的 1443. 84 亿元增长到 2008 年的 13902. 89 亿元，平均年增长率为 23. 44% ，占全部企业集团出口销售收入的百分比从 1997 年的 55. 97% 增长到 77. 52% 。第三产业的出口销售总额从 1997 年的 1100. 58 亿元增长到 2008 年的

3970.43 亿元，平均年增长率为 12.81%，占全部企业集团出口销售收入的百分比从 1997 年的 42.66% 降为 22.14%。

在第二产业企业集团出口销售总额中，工业企业集团所占份额最大，工业企业集团出口销售收入从 1997 年的 1435.88 亿元增长到 2008 年的 13714.26 亿元，在全部企业集团出口销售收入总额中所占比重从 55.66% 增长到 2008 年的 76.47%。制造业企业集团在工业企业集团出口销售总额中占最大份额，分别占全部企业集团出口销售收入总额的 53.02% 和 72.36%。

⑤ 不同主营行业的企业集团利润合计。

1997~2000 年第一产业企业集团亏损，2000 年开始盈利但占全部企业集团利润总额份额较小；除 2008 年金融危机影响外，第二和第三产业企业集团利润总额增长迅速，第二产业企业集团利润总额从 1997 年的 966.97 亿元增长到 2008 年的 10009.83 亿元，平均年增长率为 26.10%，占全部企业集团利润总额的比重由 79.08% 降为 2008 年的 68.64%。第三产业企业集团利润总额从 1997 年的 286.10 亿元增长为 2008 年的 4557.18 亿元，平均年增长率为 40.45%，占全部企业集团利润总额的比重从 21.65% 增长到 31.06%。

表 3-9 和图 3-13 说明，在第二产业企业集团利润总额中，工业企业集团利润总额占据最大比例。工业企业集团利润总额从 1997 年的 942.75 亿元增长到 2008 年的 9441.56 亿元，平均年增长率为 25.81%，占全部企业集团利润总额的比重从 1997 年的 77.01 降为 64.74%。工业企业集团中制造业所占比重较大，分别占 1997 年和 2008 年全部企业集团利润总额 56.84% 和 37.77%。在第二产业企业集团利润总额中，采矿业企业集团利润总额增长较快，从 1997 年的 21.80 亿元增长到 2008 年的 3693.51 亿元，在全部企业集团利润总额中所占百分比从 1.87% 增长到 25.33%。

表 3 - 9   工业企业集团利润总额（2003～2008 年）

	2003 年	2004 年	2005 年	2006 年	2007 年	2008 年
利润总额（亿元）	4003.76	5849.83	7227.77	9127.17	12522.99	9441.56
全国规模以上工业企业利润总额[*]（亿元）	8337.24	11929.30	14802.54	19504.44	27155.18	30562.37
百分比（%）	48.02	49.04	48.83	46.80	46.12	30.89

注：*数据来源于各年统计年鉴。

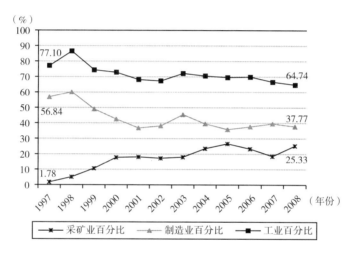

图 3 - 13   工业、采矿业、制造业利润占第二产业

企业集团利润总额百分比

⑥ 不同主营行业的企业集团研究开发费用合计。

1997～2008 年第二产业企业集团研究开发费用增长较快，从 1997 年的 149.45 亿元增长到 2008 年的 3025.96 亿元，占全部企业集团研究开发费用的百分比从 95.66% 略降为 2008 年的 91.23%。在工业企业集团中，制造业企业集团所占的研究开发费用份额最大，1997～2008 年制造业企业集团在全国企业集团中所占的百分比由 84.74% 降为 78.03%。此外，第二产业中采矿业企业集团研究开发费用所占比例由 7.26% 上升为 10.23%。

⑦ 不同主营行业的企业集团从业人员合计。

1997～2000 年第一产业企业集团从业人员减少，第二产业和第三产业企业集团从业人员增长，其中第三产业企业集团从业人数增长较快。第二产业企业集团从业人数从 1997 年的 1398.86 万人增长到 2008 年的 2402.76 万人，占全部企业集团从业人员的百分比分别为 75.60% 和 73.14%。第三产业企业集团从业人员从 1997 年的 204.35 万人增长为 2008 年的 729.27 万人，占全部企业集团从业人员的百分比由 1997 年的 11.04% 增长到 2008 年的 22.20%。

表 3 - 10 说明，工业企业集团占第二产业集团从业人员的最大份额，在 1997 年和 2008 年此百分比分别为 68.54% 和 59.19%，此外，工业企业集团从业人员占全国规模以上工业企业全部从业人员的百分比在 2003 年和 2008 年分别为 29.35% 和 21.97%。制造业企业集团从业人员占工业企业集团从业人员的最大百分比，1997～2008 年制造业企业集团占全部企业集团从业人员总数的百分比由 57.19% 降为 39.17%。建筑业和采矿业企业集团从业人员增长较快，建筑业企业集团占全部企业集团从业人员总数的百分比由 4.29% 增长到 13.90%，采矿业企业集团所占百分比由 7.06% 增长到 14.04%。

表 3 - 10　　　工业企业集团从业人数（2003～2008 年）

	2003 年	2004 年	2005 年	2006 年	2007 年	2008 年
从业人员（万人）	1687.06	1723.07	1786.3	1873.09	1920.6	1941.53
全国规模以上工业企业全部从业人员年平均人数*（万人）	5748.57	6622.09	6895.96	7358.43	7875.20	8837.63
百分比（%）	29.35	26.02	25.90	25.46	24.39	21.97

注：* 数据来源于各年统计年鉴。

（3）企业集团的地区①集中趋势。

1997～2008 年各地区企业集团的集团数、资产总计、营业收入总计、利润总额、研究开发费用和从业人员等各项规模、绩效指标来看，东部地区企业集团均占最大份额，反映出东部地区企业集团在全国企业集团中的重要地位。

① 不同地区的企业集团单位数。

1997～2008 年，除东北地区企业集团单位数下降外，东部地区、中部地区、西部地区企业集团单位数都呈增长态势。其中，东部地区企业集团单位数从 1997 年的 1479 增加到 2007 年的 1970，占全国企业集团数的比重从 62.43% 增加到 66.31%，占我国企业集团地区比重的最大份额。中部地区和西部地区企业集团单位数在全国所占比重类似，截至 2008 年，中部地区和西部地区企业集团单位数分别为 392 和 432，占全国企业集团单位数的百分比分别为 13.19% 和 14.54%，东北地区企业集团单位数为 177，占全国企业集团单位数的百分比为 5.96%。

② 不同地区企业集团资产总计。

图 3－14 说明，东部地区企业集团总资产增长较快。1997～2008 年东部地区企业集团总资产从 33427.79 亿元增长到 336542.22 亿元，年平均增长率为 23.71%，占全国企业集团资产总计的百分比从 66.40% 增长到 81.82%。中部地区企业集团总资产分别从 6008.83 亿元增长到 31267.75 亿元，西部地区企业集团从 5145.04 亿元增长到 29798.13 亿元，年平均增长率分别为 16.66% 和 17.61%。2008 年中部地区和西部地区的企业集团总资产分别占全国企业集团资产总计的 7.60% 和 7.24%。2008 年东北地区企业集团总资产为 13704.36 亿

①　东部地区包括北京、天津、河北、上海、江苏、浙江、福建、山东、广东、海南 10 个省和直辖市；中部地区包括山西、安徽、江西、河南、湖北、湖南 6 个省；西部地区包括内蒙古、广西、重庆、四川、贵州、云南、西藏、陕西、甘肃、宁夏、青海、新疆 12 个省、自治区和直辖市；东北地区包括辽宁、吉林、黑龙江 3 个省。

元，占全国企业集团总资产的比重为 3.33%。

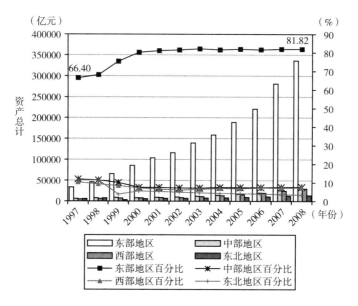

图 3 - 14 不同地区企业集团资产总计

③ 不同地区企业集团营业收入合计。

图 3 - 15 说明，1997～2008 年东部地区企业集团的营业收入从 19802.46 亿元增长到 216378.25 亿元，年平均增长率为 24.39%，占全国企业集团营业收入总计的百分比从 70.21% 增长到 79.59%。中部地区企业集团的营业收入分别从 3068.50 亿元增长到 25963.81 亿元，西部地区企业集团从 2806.71 亿元增长到 18533.94 亿元，年平均增长率分别为 22.06% 和 19.15%。2008 年中部地区和西部地区企业集团营业收入分别占全国企业集团营业收入总计的 9.55% 和 6.82%。2008 年东北地区企业集团营业收入总计为 10995.03 亿元，占全国企业集团营业收入总计的百分比为 4.04%。

④ 不同地区企业集团利润合计。

图 3 - 16 说明，1997～2008 年东部企业集团的利润总额从 946.12 亿元增长到 11512.39 亿元，年平均增长率为 29.42%，占全国企业集团利润总额的百分比从 77.38% 增长到 78.94%。中部企业

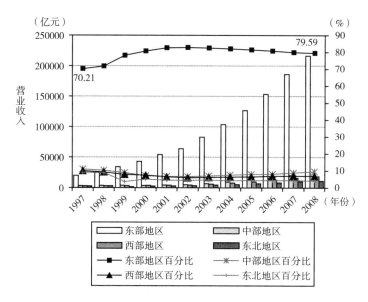

图 3 – 15　不同地区企业集团营业收入合计

集团利润总额分别从 104.89 亿元增长到 1428.55 亿元，西部地区企业集团从 130.55 亿元增长到 1075.22 亿元，平均年增长率分别为 30.33% 和 24.15%。2008 年中部地区和西部地区企业集团利润总额分别占全国企业集团利润总额的 9.80% 和 7.37%。2008 年东北地区企业集团利润总额为 567.20 亿元，占全国企业集团利润总额的百分比为 3.89%。

　⑤ 不同地区企业集团研发费用总计。

　1997~2008 年中部地区企业集团的研究开发费用从 107.06 亿元增长到 2428.86 亿元，年平均增长率为 34.23%，占全国企业集团研究开发费用的百分比从 68.88% 增长到 76.12%。中部地区和西部地区企业集团的研究开发费用分别从 17.67 亿元增长到 377.46 亿元，西部地区企业集团从 16.37 亿元增长到 238.99 亿元，年平均增长率分别为 34.52% 和 33.90%，2008 年中部地区和西部地区企业集团研究开发费用分别占全国企业集团研究开发费用的 11.83% 和 7.49%。2008 年东北地区企业集团研究开发费用为 145.47 亿元，占全国企业

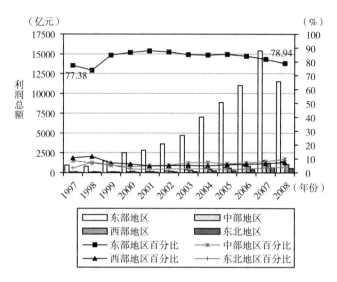

图 3-16　不同地区企业集团利润合计

集团研究开发费用的百分比为 4.56%。

⑥ 不同地区企业集团从业人员总计。

1997~2008 年东部地区企业集团的从业人数从 913.91 万人增长到 2308.96 万人，年平均增长率为 9.03%，占全国企业集团从业人数的百分比从 49.39% 增长到 70.29%。2008 年中部地区和西部地区企业集团的从业人数分别为 391.43 万人和 325.15 万人，分别占全部企业集团从业人数的百分比分别为 11.92% 和 9.90%。2008 年东北地区企业集团的从业人数为 259.46 万人，占全国企业集团从业人数的百分比为 7.90%。

3.3　小结与述评

从我国企业集团政策的发展沿革来看，企业集团这一企业组织形式是我国在经济体制改革的过程中引进、发展起来的。在这一历史时期，股份制试点、企业集团政策以及市场制度和法规建设是建立社会主义市场经济体制的几个相互联系的环节①。这三方面的改革举措存在很大程度上的相互作用和影响，在市场制度和法规建设不健全的背景下，企业集团的前身企业间经济联合就是为了打破经济体制条块分割下的"小而全""大而全"的现象，实现资源优化配置和企业竞争力的增强；股份制则是在企业集团的组建过程中，为促进政企分开，转换企业经营机制和积累社会资金②而积极试点推行的。通过在企业集团发展的不同阶段进行政策鼓励和引导，我国企业集团成员公司逐渐建立起了以资本为主要联结纽带的母子公司体制，并在发展壮大的过程中推动了我国的工业化进程和经济结构调整。

我国企业集团的发展现状说明，经过 20 多年的培育和发展，我国企业集团规模不断增长，盈利能力不断增强，成为我国的主导企业组织形式。从结构方面看，我国企业集团表现出了较明显的集中趋势，国有控股的企业集团、第二产业（主要是工业）企业集团以及东部地区企业集团在我国经济中占主导地位。我国其他类型的企业集团，主要是私营企业集团发展迅速，目前我国其他类型的企业集团单位数（主要是私营企业集团）已经超过国有控股的企业集团单位数。在总资产、销售收入、利润总额、出口销售收入以及研发投入等主要指标方面，私营企业集团的增长率较快。我国企业集团母公司控股类型的多元化趋势说明，在我国现阶段的经济社会环境和市场环境中，企业集团是一种有效率的企业组织形式。此外，我国第三产业企业集团的规模及盈利能力等指标均较快增长，这表明了我国处于工业化中期的阶段特征。

根据结构——行为——绩效分析方法，国家相关政策影响市场结构，从而决定了企业的行为和绩效。我国企业集团政策的实施沿革与企业集团的发展现状分析表明，我国企业集团政策对提高企业绩效，进而推动我国经济结构调整和工业化进程起到了重要作用，从而定性

---

①②　国家经济贸易委员会，中共中央文献研究室：《十四大以来党和国家领导人论国有企业改革和发展》，中央文献出版社 1999 年版，第 1 页。

地说明了实施企业集团政策的绩效效应。此外，我国企业集团的绩效效应是多重的，既包括克服市场不完善和制度缺失的交易成本节省效应，也表现为后发国家工业化的政策支持效应，特别是国家试点企业集团获得了较多的企业集团政策支持，因而我国企业集团表现出明显的结构特征。

第4章 分析框架和分析方法

在第 2 章和第 3 章研究的基础上，本章归纳和提炼出需要解决的三个主要问题，并详述了解决这三个问题所用的分析框架和分析方法：微观经济计量学反事实分析框架，以及准实验方法。本章是第 5 章和第 6 章的重要基础（第 5 章采用上述分析框架和分析方法，针对企业集团对公司绩效的影响做出了因果意义上的可信估计；在第 5 章实证分析结论的基础上，第 6 章采用案例分析方法，探索企业集团对公司绩效影响的决定因素和作用机制）。

4.1 需要解决的主要问题

第 2 章关于企业集团的国内外文献回顾说明，在不同的工业化阶段，企业集团对公司绩效的影响不同。在工业化早期，企业集团克服了新兴市场普遍存在的市场不完善和机制缺失问题，节约了交易成本从而提高了公司绩效；后发国工业化的发展历程说明，工业化中后期，企业集团的创新能力和技术水平逐渐取代交易成本的节约，成为影响公司绩效的决定因素。因此，工业化中后期企业集团对公司绩效的影响存在不确定性。根据企业集团资源观，只有成功实现核心能力转换的企业集团才能实现健康的可持续发展。因此，有必要结合所处的工业化阶段，准确估计企业集团对公司绩效的影响，并得出可信的因果意义上的结果，这是企业集团对公司绩效影响的决定因素和作用机制研究的前提，也是有针对性的政策建议的重要基础。

第 3 章我国企业集团发展沿革和现状说明，我国企业集团政策的实施有清晰的政策发展脉络。在企业集团政策的鼓励和引导下，企业集团在我国从无到有并发展壮大，规模和绩效等主要指标增长较快，成为我国主导的企业组织形式；与此同时，我国企业集团表现出明显的结构特征。国有控股企业集团在各主要指标包括总资产、营业收入合计和利润总额占主导地位，1997 ~ 2008 年，国有企业集团上述指标保持了年均 20% 以上的高速增长率，其中规模指标（总资产）增速快于集体控股和其他类型企业集团。其他类型企业集团（主要是私营企业集团）单位数增长较快（私营企业集团单位数已超过国有控股企业集团），营业收入和利润等绩效指标的年均增长率快于国有控股企业集团。我国企业集团的发展现状说明，企业集团（特别是国有控股企业集团）的规模保持了较快的增长，同时越来越多的私营企业选择加入或组建企业集团，企业集团的控股类型多元化趋势逐渐加强。

我国目前处于工业化中期阶段，作为我国主导的企业组织形式，企业集团面临提高创新能力和竞争力的挑战。在我国企业集团规模不断增长，多元化趋势不断增强的同时，有必要考察公司绩效的相应变化及其影响因素。目前对我国企业集团与公司绩效之间关系的直接检验还比较少见，而且得出的结论不是因果意义上的，因而难以把加入企业集团作为公司绩效变化的直接原因。此外，对独立企业加入企业集团的动机，以及针对独立企业加入集团前后绩效变化的影响因素及决定机制的研究也较为少见，这方面的研究对探索企业集团对公司绩效影响决定因素和具体作用链条十分必要，是有针对性的政策建议的重要基础。基于以上考虑，本书研究主要解决以下三个问题：

问题一：结合当前我国所处的工业化阶段，估计企业集团对公司绩效的影响，并得出因果意义上的结论。这意味着加入企业集团是导致公司绩效变化的原因，剔除其他因素导致的独立企业加入集团后绩效的变化，从而克服独立企业加入企业集团的选择性偏差[①]。

问题二：针对我国企业集团规模不断扩大的现状以及呈现出的结构特征，分析独立企业加入企业集团的动机，分析不同控股类型公司加入企业集团的选择是否存在不同，以及相关的政府政策和制度环境如何影响独立企业加入企业集团的选择。

---

① 选择性偏差的具体含义见第 4 章 4.2 节。

问题三：分析独立企业加入企业集团前后的绩效变化原因及其作用机制，探索企业集团对公司绩效影响的决定因素和具体作用机制。

4.2 微观经济计量学反事实分析框架

根据本书研究要解决的主要问题，首先要估计企业集团对公司绩效的影响，才能在此基础上进一步研究企业集团对公司绩效影响的决定因素，及其具体作用机制。第 2 章关于企业集团的国内外文献综述说明，目前对企业集团和公司绩效之间的研究受到内生性问题的干扰，得出的结论并不是因果意义上的。内生性问题主要表现在，独立企业加入企业集团的选择并不是完全随机的，可能受到各种因素的影响。因此，无法把独立企业加入企业集团后的绩效变化完全归因于加入企业集团的选择，难以建立独立企业加入企业集团和绩效变化之间的因果关系。

对此，微观经济计量学近年来的较新发展（反事实分析框架）提供了建立因果关系的可行途径。近年来，随着微观经济计量学理论和相关计算机算法的迅速发展，反事实分析框架成为经济学和其他社会科学因果关系研究的主流分析框架。

4.2.1 鲁宾因果模型

微观经济计量学反事实分析框架把个体选择是否参与的某个项目①视为一项处理（Treatment），个体选择参与此项目即称为参与处

---

① 项目一词与中文的含义不同，此词是作者从微观经济计量学对应英文 program 译来，目前在国内文献中还没有此词广为接受的对应中文翻译，国外文献一般认为项目与处理或某项干预含义类似，指个体或组织面临是否参与的一项二元选择，因而项目的含义较广。

理，参与处理后个体的状态变化称为处理结果。微观经济计量学反事实分析框架关注参与处理对个体产生的影响，即个体参与或不参与处理两种状态下的结果差异，即处理效应。在具体观测研究中，只有一个结果能被观测得到，这个结果称为事实结果；如果处理的实际参加者并未参加，在这种情况下此参加者的结果就是处理的反事实结果[①]。微观经济计量学反事实分析框架的实质是：比较某个体参与处理的事实结果和反事实结果之间的平均差异，从而估计出平均处理效应。由于无法观测到反事实结果，微观经济计量学反事实分析框架的基本问题实际上就是缺失数据问题，这也是微观经济计量学反事实分析框架的关键问题。

对反事实研究的先驱是 Neyman（1923），其后 Fisher（1935）致力于对观测数据进行因果分析的反事实分析框架，并对此做出了开创性的贡献。在 Fisher 研究的基础上，Cochran 和 Cox（1950），Kempthorne（1952），Cox（1958）做了进一步的发展，由于微观经济计量学反事实分析框架的现代分析原则是由 Rubin（1974）开创的，从 20 世纪 70 年代早期开始，Rubin（1973a，1973b，1974，1977，1988）的系列研究成果奠定了观测研究的因果关系分析方法，他认为因果关系是事实结果与潜在结果之间的比较，即某个体参与和不参与处理这两种状态下的结果比较。微观经济计量学反事实分析框架通常称为鲁宾因果模型 RCM（Rubin Causal Model）[②]。

微观经济计量学反事实分析框架对社会科学因果关系研究意义重大，普遍认为与格兰杰因果关系相比较，微观经济计量学反事实分析框架得出的结论更为可信。对格兰杰因果关系的使用，李雪松指出："格兰杰提出的一个变量 x 能否引起另一个变量，主要是看 x 在多大

---

① 对此，反事实分析框架的表述一般为：个体 i 的反事实（潜在结果）记为 y_i^1 和 y_i^0，上标 1 表示处理组，上标 0 表示控制组（即对照组）。由于对于某个个体 i 而言，y_i^1 和 y_i^0 在理论上都是存在的，反事实框架关注 y_i^1 和 y_i^0 之间的差异，通常记为 $y_i^1 - y_i^0$。

② Holland（1986）称 Robin 的分析方法为鲁宾因果模型。

程度上能被过去的 y 所解释……一般而言，格兰杰因果关系检验可以为真实的因果方向提供有用的证据，并不一定能够推断一个因果方向"①。与格兰杰因果关系检验不同的是，微观经济计量学反事实分析框架采用实验方法，通过比较个体参与或不参与某项处理的两种状态下的结果差异，得出可信的因果关系结论。对此，陈强指出："大多数实证检验分析的目的是揭示变量之间的因果效应，然而，一般的经济数据并不足以有说服力地证明因果关系，除非是实验数据。实验方法是研究因果关系的有力工具。"②

RCM 模型最为重要的就是处理分配③和潜在结果（反事实结果）之间的关系，其最大的优势在于无须设定特定的参数模型，因而是现代经济计量学和统计学分析方法的重要标志。RCM 模型在统计学和经济计量学领域都是估计处理效应的标准方法，并成为现代处理效应研究文献的基本分析框架。经过 Heckman（1974，1978，1979，1989，1992，2000）和 Manski（2003）的进一步发展之后，RCM 模型成为统计学、经济学分析中的主流模型，在社会学、心理学和政治科学等社会科学领域也得到越来越广泛的使用。

4.2.2 平均处理效应估计与选择性偏差

（1）平均处理效应。

微观经济计量学反事实分析框架的目的是估计平均处理效应，平均处理效应 ATE（Average Treatment Effect）指处理参与者的实际结果（事实结果）与潜在结果（反事实结果）之间的差异。正的平均处理效应说明，个体或组织参与处理状态下的结果好于不参与处理状

---

① 原载于李雪松编：《高级经济计量学》，中国社会科学出版社 2008 年版，第 143 页。

② 原载于陈强编：《高级经济计量学及 Stata 应用》，高等教育出版社 2010 年版，第 223 页。

③ 在微观经济计量学中，处理分配指指派特定的个体或组织参与处理的机制。

态下的结果，参与者获得了处理收益。以下采用 Cameron 和 Trivedi（2005）的研究说明 ATE 的估计原理：

Δ 代表处理参与者 i 的结果差异：

$$\Delta = y_1 - y_0 \tag{4.1}$$

其中，y_1 表示处理参与者 i 参与处理的结果，y_0 表示不参与处理的结果。X 表示处理参与者可观测到的特征，在给定 X 时处理参与者的结果差异（即参与处理的收益）为：

$$\begin{aligned} \text{ATE} &= E[\Delta \mid X = x] = E[y_1 - y_0 \mid X = x] \\ &= E[y_1 \mid X = x] - E[y_0 \mid X = x] \end{aligned} \tag{4.2}$$

估计 ATE 时的重要假设是条件独立性假设，即在给定 x 的情况下，处理参与者 i 的处理结果与参与处理无关①，采用 D 代表个体或组织是否参与某项处理的选择，条件独立性假设表述为：y_0，$y_1 \perp D \mid x$。

根据条件独立性假设：

$$E[y_1 \mid X = x] - E[y_0 \mid X = x] = E[y_1 \mid x, D = 1] - E[y_0 \mid x, D = 0] \tag{4.3}$$

其中，$E[y_1 \mid x, D = 1]$ 可以使用处理参与者的样本估计得出，$E[y_0 \mid x, D = 0]$ 表示如果实际参与者没有参加处理的结果。由于无法同时观测到同一参与者参与和不参与处理两种状态下的结果，$E[y_0 \mid x, D = 0]$ 无法观测得到。微观经济计量学反事实分析框架借鉴医学和生物学的研究方法②，即构造控制组（即处理组的对照组），并采取控制组③样本作为处理组反事实结果的代理变量，由此估计出 $E[y_0 \mid x, D = 0]$，从而得到平均处理效应的一致估计量。

---

① 也称为处理分配的可忽视性，指个体或组织参与某项处理的决策是完全自发的行为。

② 平均处理效应（Average Treatment Effect）有时又称为平均因果效应（Average Causal Effect），这一方法早期主要在医学领域使用，很多术语（如处理组和控制组）都来自早期的运用（Wooldridge, 2010）。

③ 微观经济计量学也称控制组为对照组。

（2）选择性偏差。

当估计平均处理效应时，条件独立性假设是非常重要的。满足条件独立性假设即保证处理组和控制组之间不存在差异，在理想的随机实验中，实验组与控制组的成员指派机制是完全随机的，不受个体特征和其他可能影响实验结果的因素影响，因此，保证条件独立性假设成立，从而避免了平均处理效应估计量不一致的问题（即选择性偏差）。因此，在随机实验中"因果效应有着清晰的定义，在理想的随机实验中，x 对 y 的因果效应表现在条件期望的差别，即 $E[y_1|x, D = 1] - E[y_0|x, D = 0]$，也称为'实验效应'"①。

如果控制组和处理组在接受处理指派前就存在差异，而且两者的差异与处理结果相关时，说明参与处理的选择并不是完全自发的，其直接后果是无法把控制组和处理组的结果差异归于处理本身，因而导致 ATE 的估计结果有偏，微观经济计量学反事实分析框架称为选择性偏差。选择性偏差分为两种：一种是明显偏差（Overt Bias）又称可观测变量导致的选择性偏差，这种偏差是数据本身表现出来的特征（即个体的特征）导致控制组和处理组之间存在差异；另一种是隐藏偏差（Hidden Bias）又称不可观测变量（即其他可能影响实验结果的因素）导致的选择性偏差，隐藏偏差一般是无法观测到的。

以下采用 Cameron 和 Trivedi（2005）的研究来说明选择性偏差的产生：

假设处理组的结果方程是：

$$y_1 = E[y_1|x] + u_1 = \mu_1(x) + u_1 \qquad (4.4)$$

控制组的结果方程是：

$$y_0 = E[y_0|x] + u_0 = \mu_0(x) + u_0 \qquad (4.5)$$

式（4.4）和式（4.5）中 $\mu_1(x)$ 和 $\mu_0(x)$ 分别是处理组和控制组的条件均值函数，u_1 和 u_0 分别对应不同方程的误差，并假设

---

① 陈强：《高级经济计量学及 Stata 应用》，高等教育出版社 2010 年版，第 223 页。

$E[u_1|x] = E[u_0|x] = 0$。

记观测到的处理参与者 i 的处理结果是：

$$y = D y_1 + (1 - D)y_0 \qquad (4.6)$$

其中 D 为虚拟变量，取 0（不参与处理）或 1（参与处理）。

把处理组和控制组的结果方程代入式（4.6）得：

$$y = D(\mu_1(x) + u_1) + (1 - D)(\mu_0(x) + u_0)$$
$$= \mu_0(x) + D(\mu_1(x) - \mu_0(x) + u_1 - u_0) + u_0 \qquad (4.7)$$

其中，$\mu_1(x) - \mu_0(x)$ 表示可观测变量导致的处理结果的差异，$u_1 - u_0$ 表示不可观测变量导致的处理结果的差异。根据式（4.7），参与者的可观测（Observables）的个体特征和不可观测（Unobservables）特征都可能影响 D（是否参与处理的决策）。由于参与处理的决策不是完全自发的，参与处理的决策与处理结果相关，导致选择性偏差的产生。

在现实中，随机指派某个体或组织参与处理是难以做到的，当影响个体或组织参与某项处理的因素同时影响处理结果时，选择性偏差就会产生。在这种情况下，估计出的平均处理效应就是有偏差的。因此为得到可靠平均处理效应估计结果，必须克服选择性偏差问题。克服选择性偏差主要包括两种方法：实验和准实验方法。

4.3　微观经济计量学准实验方法

本书研究的主要目的是运用反事实分析框架，估计我国独立企业加入企业集团的平均处理效应，从而得到企业集团和公司绩效之间的因果关系结论，并探索我国独立企业加入企业集团的动机。反事实分析框架的因果效应估计主要通过运用实验方法来实现，实验方法包括随机实验方法和准实验方法①。一般认为随机实验方法②是最为稳健的处理效应估计方法（Burtless，1995），但随机化实验在运用中有很大的局限性③。

在现实处理效应估计时，研究数据往往不是来自随机化实验，而是来自非随机的观测研究④（Observational Studies）又称准实验方法。由于难以克服选择性偏差，20 世纪统计学家更青睐随机化实验，对准实验方法的关注较少（Shadish，Cook and Campbell，2002）。20 世纪 80 年代以来，统计学家在克服选择性偏差，以及准实验方法的研究领域做出了重要贡献，平均处理效应估计的准实验方法取得了较大进展，在实证中使用较多的两种准实验方法包括：倾向得分匹配法和样本选择模型。

4.3.1 倾向得分匹配法（PSM）

倾向得分匹配法假设选择性偏差是由可观测变量导致的，因此倾向得分匹配法的实质是控制处理组和控制组可观测变量方面的差异。倾向得分匹配法是估计平均处理效应较为重要的方法，是匹配法与倾向得分的综合运用。

---

① 社会科学中的实验包括随机化实验和准实验（又称观测研究），实验组（Experimentals）指参与处理组，控制组（Controls）指不参与处理组。实验方法通过比较实验组和控制组的平均结果差异，得到平均处理效应的一致估计量。

② 随机化实验通过随机抽取的方法构造处理组和控制组，因而满足条件独立性假设，随机分配产生的控制组与处理组可以保证两者是无差异的（可观测特征和不可观测特征的分布相同，不会对处理决策 D 产生影响），因此克服了选择性偏差。比较处理组与控制组之间的平均结果差异可以得到平均处理效应的一致估计量。

③ 与医学和生物学实验不同，社会实验的参与者具有个人的偏好，不是被动的随机化处理的接受者；控制组个体失去了获取处理带来的收益的机会，因而随机分配可能会产生伦理问题（Hausman and Wise，1985；Heckman and Smith，1995）。此外，White 和 Lakey（1992）指出，使用随机分配的个体的调查数据也会产生大量的调查前的分配损耗。

④ 实验和观测研究的目标都是估计参与处理的平均处理效应，实验和观测研究之间的明显区别在于处理参与者的指派机制是否是随机的，即处理参与的决策是否完全自发。

（1）匹配法。

与实验方法不同，准实验研究没有试验控制，无法识别出反事实结果，因此缺乏处理组的直接对照组（Counterpart）来估计平均处理效应。微观经济计量学准实验方法采用匹配法克服可观测因素引起的选择性偏差（Selection on Observables），从而一致地估计出平均处理效应。匹配法的关键在于控制影响处理参与决策的个体特征（即可观测因素），用控制组个体的结果来构造缺失的反事实结果（Imbens and Wooldridge，2008）。具体而言，从没有参加处理的个体中选取与处理组具备类似可观测特征的个体，构造出控制组并作为反事实结果的代理变量。在控制了可观测变量后，匹配法消除了处理组和控制组结果比较的偏差，处理组和控制组之间的平均结果差异即平均处理效应的一致估计量。

（2）倾向得分。

由于通常面临较多的可观测变量，同时基于多个变量进行匹配十分困难。随着匹配涉及的个体特征量增多，发现适合匹配的可能性就会下降。对于较大的样本，难以实现基于 n 维的特征矩阵的匹配，这成为匹配法使用时面临的实际限制。Rosenbaum 和 Rubin（1983）的研究结果克服了这一困难，Rosenbaum 和 Rubin 提出使用倾向得分匹配法 PSM（Propensity Score Matching）消除观测研究中估计平均处理效应时可能的偏差，具体做法是把多个可观测变量降维为一个单一指数即倾向得分（Propensity Score），并借助倾向得分实现处理组与控制组之间的匹配。倾向得分是在给定可观测变量矩阵的情况下，某个体参加某项处理的条件概率，因而是衡量个体参与处理的可能性的指数，倾向得分的具体形式为：

$$P(x) = Pr\{D = 1 | X\} = E\{D | X\} \tag{4.8}$$

其中，$D = \{0,1\}$ 是参加处理的虚拟变量，X 是参与处理之前个体特征的多维矩阵。倾向得分函数是未知的，其函数形式可以通过观测数据估计出来。在给定可观测变量 x 的情况下，倾向得分匹配法最明显的优势是使用单维度的匹配替代高维度的匹配，从而估计出平均处理效应。倾向得分匹配法首先对控制组个体进行倾向得分的排序，采取与处理组个体最为接近的控制组个体作为此处理组个体的匹配对象。倾向得分匹配法早期在医学研究中使用，随着微观经济计量学准实验方法的发展，倾向得分匹配法在经济学等研究领域得到了广泛的运用。

（3）PSM 估计原理。

通过控制可观测变量，倾向得分匹配法使结果的对比是在尽可能类似的处理组和控制组之间进行。Rosenbaum 和 Rubin（1983）指出，大样本和小样本理论都表明倾向得分可以消除可观测变量造成的选择性偏差，以下是 Rosenbaum 和 Rubin 对 PSM 的估计原理的研究。

根据给定倾向得分 p(x)时的条件独立性[①]：

$$y_0, y_1 \perp D \mid p(x) \tag{4.9}$$

式（4.9）说明在给定倾向得分 p（x）时，处理 D 独立于 y_0，y_1[②]。

Rosenbaum 和 Rubin（1983）在大样本的条件下证明，在具有相同的参与处理的倾向得分的前提下，对于处理组成员和控制组成员，参与处理的决策是完全自发的，处理组和控制组具备类似的影响处理分配的可观测因素，即满足平衡性条件：

$$D \perp x \mid p(x) \tag{4.10}$$

Rubin（1990）称式（4.10）表示的参与处理机制为明晰分配[③]（Unconfounded Assignment）。由式（4.10）可知：

---

① 又称为明晰性条件（Imbens，2008）。

② 即个体是否参与处理的决策与处理结果的分布无关，这使参与处理的决策成为外生变量。

③ 这种假设及其变形在微观经济计量学中有各种称呼，包括基于可观测变量的选择、外生性、条件独立性以及可忽视性等。

$$E(y_1 \mid p(x), D = 1) - E(y_0 \mid p(x), D = 0)$$

$$= E(y_1 \mid p(x)) - E(y_0 \mid p(x)) \tag{4.11}$$

用 $E_{p(x)}$ 表示给定倾向得分下的总体期望值，可以得出：

$$E_{p(x)} \left[E(y_1 \mid p(x), D = 1) - E(y_0 \mid p(x), D = 0) \right]$$

$$= E_{p(x)} \left[E(y_1 \mid p(x)) - E(y_0 \mid p(x)) \right] \tag{4.12}$$

因此，在给定倾向得分 $p(x)$ 的条件独立性时，可从未参加处理的个体中采取具备同样倾向得分 $p(x)$ 的个体，构造与处理组对照的控制组，得到处理组的反事实结果的估计量。由此，平均处理效应可以通过比较处理组和控制组之间的条件期望的差异估计出来，从而得到平均处理效应的一致估计量。

4.3.2　样本选择模型

根据式（4.7），影响参与者是否决定参与处理的不可观测因素也可能影响处理结果，即不可观测变量导致的选择性偏差，这一问题类似于缺失数据问题，微观经济计量文献使用 Tobit 模型来处理缺失数据问题。Tobit 模型最初指审查或截断数据模型，它是由托宾（Tobin）于 1958 年首先提出来的。后来"Tobit 模型又有许多拓展，拓展之一是样本选择模型"[1]。当被解释变量 y_i 的断尾[2]与另一变量 D_i 有关（称 D_i 为选择变量），即选择变量（即参与处理的虚拟变量）与处理结果有关时，就产生了断尾数据问题。这被称为"偶然断尾"（Incidental Truncation）或样本选择（Sample Selection），也被称为 Tobit[3]

---

① 陈强：《高级经济计量学及 Stata 应用》，高等教育出版社 2010 年版，第 218 页。

② 即数据缺失现象。

③ 雨宫健（2010）指出 Tobit 模型是因变量的取值范围受到某种方式限制的截取（censored）或断尾（trancated）回归模型，Tobin 将自己的模型称为受限因变量模型，因为这个模型与 probit 模型的相似性，Tobin 的模型及其各种拓展模型称为 Tobit 模型。这类模型的其他众所周知的名称是截取或断尾的回归模型，断尾模型是在特定取值范围外丢失全部样本数据的模型，而截取模型是至少可以观察到特定取值范围的外生变量的数据模型。

第二类模型。

20 世纪 70 年代末期，Heckman 对样本选择模型进行了较早的研究，Heckman 对二元内生变量（Dummy Endogenous Variables）的相关研究，特别是他的 λ（Lambda）方法普遍运用于社会科学研究中，因此样本选择模型又称为 Heckman 选择估计法，微观经济计量学准实验方法使用样本选择模型克服不可观测因素导致的选择性偏差，以下采用 Morgan 和 Winship（2007）的研究来说明样本选择模型的估计原理：

样本选择模型包括选择方程和结果方程，其中选择方程的具体形式为：

$$D^* = \beta X + U \tag{4.13}$$

其中 D^* 是隐藏变量，X 是影响处理选择的变量，β 是影响处理选择的变量的系数，U 包括两个部分，其一是无法观测到的影响处理选择的变量（Unobservables），其二是影响处理选择的完全随机的变量（Unknown Variables）。

隐藏变量 D^* 与处理选择虚拟变量 D 的关系为：

$$D = 1 \text{ 如果 } D^* > 0 \tag{4.14}$$

$$D = 0 \text{ 如果 } D^* \leq 0 \tag{4.15}$$

由于 U 包括无法观测的变量影响了处理选择虚拟变量 D，使平均处理效应估计出现偏差。为克服由此带来的选择性偏差，Heckman（1979）提出了两步法[①]估计平均处理效应。根据选择方程，一般地，假设 U 服从正态分布。令 $f(.)$ 表示正态密度函数，$F(.)$ 表示相应的累积分布函数，根据标准正态分布的断尾期望公式可以得出：

$$E[U \mid \beta X, D = 1] = \frac{f(\beta X)}{[1 - F(\beta X)]} \tag{4.16}$$

---

① Heckman 两步估计法也称为 Heckit，Heckman 因此于 2000 年获得诺贝尔经济学奖。

式 (4.16) 即样本选择问题中缺失变量的估计值即逆米尔斯比 λ_i[①]。

Heckman 两步法的估计原理是：首先对选择方程进行 Probit 估计，得出逆米尔斯比的估计量 $\hat{\lambda}_i$；其次，把 $\hat{\lambda}_i$ 作为一个控制变量加入结果方程，从而得出平均处理效应的一致估计量（Heckman，1979）。

4.4 本章小结与述评

本书研究的主要目的是克服企业集团和公司绩效研究的内生性问题的困扰，估计独立企业加入企业集团对公司绩效的影响，得到两者之间因果意义上的可信结论，并在此基础上探索企业集团对公司绩效影响的决定因素以及具体作用机制。

20 世纪 60 年代以来微观经济计量学取得了瞩目的发展，发展出了一系列较为成熟的研究方法，本书研究则采用了近年来微观经济计量学较新发展的方法作为分析工具和依据。

在微观经济计量学反事实分析框架下，运用准实验方法能够可信地估计参与处理与处理结果之间的因果关系。Morgan 和 Winship（2007）指出，大多数社会科学实证工作的目标可以归结为揭示变量之间的因果关系。反事实分析框架的实质在于，可以在保持其他相关条件不变的情况下，考察参与处理的效应。因此，反事实分析框架使因果关系分析突破了传统分析方法，有效地克服了诸如遗漏变量等问题，发展了社会科学因果关系分析方法，使因果关系的分析更为可信（Morgan and Winship，2007）。

由于很难实现完全的随机化实验，微观经济计量学通常采用准实

---

① 也称为 Heckman 的 λ。

验方法估计平均处理效应。准实验方法主要包括两种：方法的选用取决于可以获得的数据。如果可以得到参加者参与处理前后结果的面板数据，可以使用一阶差分方法 DID[①]（Difference In Difference）来克服选择性偏差；如果无法得到参与处理前后的数据，一般采取横截面方法，主要包括 PSM 和样本选择模型。根据选择性偏差的不同成因，微观经济计量学准实验方法一般使用 PSM 克服可观测变量造成的选择性偏差；采用样本选择模型克服不可观测变量造成的选择性偏差。

PSM 是一种非参数估计方法，在控制了可观测因素影响的情况下，匹配过程类似于创造出实验数据，从而有效地克服了可观测变量导致的选择性偏差。相对于随机化实验方法，PSM 最大的优势在于避免了随机抽取控制组可能导致的伦理问题。相对于其他的准实验方法，PSM 也有相当程度上的优势，PSM 在两个方面优于标准的回归方法：首先，匹配法估计量要求满足平衡性条件，即处理组和控制组之间具备相似的个体特征，这能够保证因果关系估计的可信性。传统方法依靠函数形式外推，当平衡性条件不满足时，估计结论的稳健性就值得怀疑（Dehejia and Wahba，1998；Smith and Todd，2000）；其次，PSM 是非参数方法，不需要对结果方程的函数形式做出假设。传统回归方法的参数估计量需要对变量之间的关系做出特定的假设，才能保证估计量具有优良的性质，如一致性和渐进正态性。但"有时经济理论并不能提供准确的函数关系，而且一旦函数形式误设，这些估计量将不再是一致的。"[②]

PSM 的缺陷在于，只考虑可观测因素引起的选择性偏差，因此无法保证处理组和控制组在不可观测变量方面是类似的。因此，在估计平均处理效应的实际运用中，准实验方法中 PSM 通常与样本选择

---

① 由于我国企业集团大多是 20 世纪 90 年代组建的，许多上市公司上市之前就已经是企业集团成员，独立企业加入企业集团前后的详细数据难以获取，本书使用横截面方法，因而没有对 DID 方法做介绍。

② 李雪松：《高级经济计量学》，中国社会科学出版社 2008 年版，第 45 页。

模型结合使用，以矫正不可观测因素导致的选择性偏差。Heckman 两步法对样本选择模型的贡献在于，通过两步法的使用突破了传统方法对遗漏变量（Omitted Variables）或设定误差（Specification Bias）的处理，获得了平均处理效应的一致估计量。

综上所述，本书研究采取微观经济计量学反事实分析框架和准实验研究方法，把独立企业加入或不加入企业集团的二元选择视为一项处理，通过比较上述两种状态下的平均绩效差异，估计加入企业集团对公司绩效的影响即平均处理效应。如果平均处理效应为正，说明加入企业集团对公司绩效的影响就为正，独立企业加入企业集团状态下的绩效（事实结果）好于不加入企业集团状态下的绩效（反事实结果），从而建立了企业集团和公司绩效之间的因果关系；同时通过研究独立企业加入企业集团的动机，以及不同控股类型企业加入企业集团的倾向差异，并且结合独立企业加入企业集团后绩效变化的原因分析，研究我国企业集团对独立企业绩效影响的决定因素和作用机制。

第5章　企业集团对公司绩效的影响
——实证分析

在前 4 章研究的基础上，本章采用微观经济计量学反事实分析框架和准实验研究方法，使用企业集团上市公司作为处理组，采用独立上市公司（控制组）作为处理组反事实结果的代理变量，比较企业集团上市公司的事实结果（加入企业集团状态下的绩效）和反事实结果（不加入企业集团状态下的绩效）的差异，从而估计出独立上市公司加入企业集团的平均处理效应，并对其加入企业集团的动机进行深入分析。

5.1　实证分析样本数据及说明

5.1.1　总体数据来源及选取规则

本章分析使用 2009 年、2010 年和 2011 年我国 A 股上市公司的截面数据，样本数据来自 Wind 数据库、深圳证券交易所、上海证券交易所网站、各上市公司网站以及证监会指定信息披露网站巨潮资讯网等。在收集到的数据样本中，首先剔除金融行业上市公司①，以及发行 B 股，H 股和 N 股的上市公司②；剔除绩效严重异常的特别处理（ST）和特别转让（PT）公司。经过以上处理，2009 年共有样本公司 1486 家，其中，企业集团 1032 家（国有集团 727 家，非国有集团 305 家），非企业集团 454 家；2010 年共有样本公司 1830 家，其中，企业集团 1140 家（国有集团 764 家，非国有集团 376 家），非企业集团 690 家；2011 年共有样本公司 2109 家，其中，企业集团 1208 家

---

　　①　金融业上市公司与其他行业上市公司的会计准则不同，考虑到因此可能带来的上市公司绩效差异，在数据分析样本中剔除金融业上市公司。

　　②　B 股指中国上市公司发行的人民币特种股票，H 股指在中国内地注册的公司在香港上市发行的外资股，N 股指在中国内地注册的公司在纽约上市发行的外资股。外资股东可能会影响上市公司的治理结构和绩效，为保证上市公司绩效的可比性，因而剔除同时发行 B 股、H 股或 N 股的 A 股上市公司。

（其中国有集团 788 家，非国有集团 420 家），非企业集团 901 家。

在判断上市公司是否属企业集团时，主要依据中国国家统计局《中国大企业集团》的名录，同时参考上市公司网站、年报以及其他公开披露的资料。具体判断规则为，如果上市公司满足下列情形之一则判断此上市公司为企业集团：第一，上市公司本身是企业集团；第二，上市公司的第一大股东是企业集团；第三，上市公司的实际控制人①是企业集团。

此外，在判断上市公司控股类型属国有或非国有时，判断依据为：若上市公司实际控制人为中央国家机关、国资委、地方政府、地方国资委、中央国有企业、行政事业单位等之一则判断此上市公司为国有控股类型；实际控制人不属于上述范围之内的，此上市公司为非国有控股类型。

5.1.2　绩效指标及说明

在对企业集团研究的文献中，绩效指标的选取主要有两类：第一类指标是盈利能力指标（Profitability），常用的如总资产净利率（ROA）、净资产利润率（ROE）等；第二类指标为托宾 Q 指标（Tobin's Q）。本章选取的绩效指标是总资产净利率（ROA），以下就现阶段各绩效指标的优劣势以及选取原因做出说明。

（1）托宾 Q 指标。

托宾 Q 指标是指公司的市场价值与其重置成本之比，若某公司的托宾 Q 值大于 1，表明此公司的市场价值高于其重置成本，说明市场对该公司的估价水平较高；反之若某公司的托宾 Q 值小于 1，说明

---

①　除收购股份成为上市公司的控股股东外，个人或组织还可以通过其他方式和安排实际控制上市公司。因此上市公司的控股股东与实际控制人有可能存在差异，我国证监部门相关管理规则都要求上市公司披露实际控制人及其变动情况，根据披露情况看，上市公司实际控制人包括法人、自然人及其他组织等几种类型。

对此公司的估价水平较低，导致公司的市场价值低于其重置成本。通常，"人们用总资产的账面价值替代重置成本，普通股的市场价格和债务的账面价值之和表示市场价值。"[①] 托宾 Q 指标的计算一般采取：(上市公司的权益的市场价值 + 负债的账面价值)/公司总资产的账面价值。

托宾 Q 指标对比公司的市场价值与重置成本，反映公司的盈利能力和公司的价值。由于市场价值是托宾 Q 指标的主要判断依据，证券市场是否有效、能否真实地反映公司的价值是托宾 Q 指标能否准确衡量上市公司绩效的关键。如果证券市场经常发生较大的波动，特别是市场投机性炒作导致的非理性涨跌往往会导致托宾 Q 值无法真实地反映公司的盈利能力和价值。如中国资本市场 2007 年和 2008 年股票价格发生过较大幅度波动，"2007 年 12 月 28 日，上证综合指数收盘价为 5261.56 点，而 2008 年 12 月 31 日上证综合指数收盘价仅为 1911.79 点"[②]。最近的研究如梁成（2012）认为中国证券市场波动幅度大，非理性投资行为明显，李良新（2012）指出中国证券市场仍处于有效性不断增强的发展过程，因此，在市场波动作用下，采取托宾 Q 指标衡量我国现阶段上市公司绩效可能会出现不合理的高估或低估的现象。

托宾 Q 指标衡量公司绩效和价值时还有另一个前提条件，即公司的股票必须是全流通的，这样上市公司的市场价值才能真实全面地反映出市场对于上市公司盈利能力的评价。由于证券市场发展的历史原因，我国上市公司存在相当大部分的非流通股。为解决这一问题，2005 年 4 月 29 日中国证监会发布《关于上市公司股权分置改革试点有关问题的通知》启动股权分置改革，截至 2007 年股权分置改革基本完成[③]。但在股权分置改革的过程中，产生了上市公司

---

①② 张先治、陈友邦编：《财务分析》，东北财经大学出版社 2010 年版，第 188 页。

③ 截至 2007 年 12 月 31 日，沪深两市共 1298 家已完成或进入股改程序的上市公司市值占应改革上市公司总市值的比重达到 98%，股权分置改革基本完成。

的限售流通股①。

表5-1显示的是我国股权分置改革完成后限售流通股的变化情况，截至2011年12月31日限售流通股数占我国A股总股本达到44.55%，占我国总股本的近一半。

表5-1 我国A股流通情况（按股份数量划分）

截止日期	A股总股本（亿股）	本期开始流通股数合计（亿股）	无限售条件股份数量（亿股）	限售流通股份数量（亿股）	限售流通股/A股总股本（%）
2007年12月31日	17522.32	989.36	5148.97	12373.34	70.61
2008年12月31日	17325.85	1370.57	6132.64	11193.21	64.60
2009年12月31日	14312.51	6802.10	12024.10	2288.41	15.99
2010年12月31日	20506.13	4173.98	14679.23	5826.90	28.42
2011年12月31日	11782.19	1992.20	6533.56	5248.64	44.55

资料来源：笔者根据Wind数据库，上海证券交易所及深圳证券交易所相关资料整理。

如表5-2所示，从限售流通股市值来看，截至2011年12月31日我国A股限售流通股市值占A股总市值的百分比达38.89%。

表5-2 我国A股流通情况（按股份市值划分）

截止日期	A股总市值（亿元）	本期开始流通市值合计（亿元）	无限售条件股份市值（亿元）	限售流通股份市值（亿元）	限售流通股份市值/A股总市值（%）
2007年12月31日	234455.25	15828.78	86850.93	147604.32	62.96
2008年12月31日	230010.79	18543.98	74243.02	155767.77	67.72
2009年12月31日	127988.54	49122.70	103202.33	24786.20	19.37
2010年12月31日	194275.48	52084.13	144355.38	49920.10	25.70
2011年12月31日	114555.70	20712.20	70007.16	44548.54	38.89

资料来源：笔者根据Wind数据库，上海证券交易所及深圳证券交易所相关资料整理。

---

① 在2006年6月19日"新老划断"之前所存在的没能上市公开流通的股份，通过股改而持续上市的可以按历史惯例称之为"非流通股"。而2006年6月19日"新老划断"之后，新发行上市的公司所带来的尚未上市公开流通的股份，目前市场上更普遍地将它们称为"流通权限限售股票"，简称为"限售股"。"限售股"将在公司上市之后的1~3年期间限制出售，过了1~3年的限售期，它们将自动解除禁止出售的限制。原载于陆一：《谈股论经：中国证券市场基本概念辨误》，上海世纪出版股份有限公司远东出版社，第88~90页。

由于我国上市公司存在限售流通股，而且随着新的公司发行上市，证券市场限售流通股的数量还会不断增加。由于市场价值没有反映出上市公司的整体股本，因此托宾 Q 指标难以整体反映上市公司盈利能力和公司价值。

（2）盈利能力指标。

衡量企业盈利能力的主要指标包括总资产净利率 ROA 和净资产收益率 ROE，企业集团绩效研究文献常用的指标是总资产净利率 ROA。

$$净资产收益率 = \frac{净利润}{平均净资产} \times 100\% \tag{5.1}$$

$$总资产净利率 = \frac{营业收入}{平均总资产} \times \frac{净利润}{营业收入} \times 100\% \tag{5.2}$$

ROE 指标反映的是企业净资产的盈利能力，而 ROA 指标衡量的是企业总资产的经营能力。由于净资产是企业资产减去负债之后的余额，ROE 指标会受到企业资本结构的影响。当企业资产负债率上升时，会导致其负债与所有者权益的比例提高，净资产收益率也会随之提高。因此 ROE 指标可能掩盖盈利企业的财务风险。

与 ROE 指标相比，ROA 指标衡量公司总资产的经营能力。总资产净利率越高，说明公司资产的运用效率较高，也意味着公司的资产盈利能力越强，总资产净利率可以做以下分解：

总资产净利率的影响因素包括：$\frac{营业收入}{平均总资产}$ 即总资产周转率，可用于说明企业资产的运用效率，是企业经营效果的直接体现；$\frac{净利润}{营业收入}$ 是销售净利率，反映企业生产产品的盈利能力，产品盈利能力越强，销售净利率越高。因此，总资产净利率指标综合反映了上市公司运用公司资产的效率和生产产品的盈利能力（张先治、陈友邦，2010）。

综上所述，本章采取盈利能力指标 ROA 来作为上市公司的绩效指标，ROA 的计算采取上市公司 2009 年、2010 年、2011 年各年的净利润除以各年的平均总资产，平均总资产采取当年年初总资产与年末总资产的算术平均值。

5.2 实证分析模型

根据第 4 章对分析框架和分析方法的研究综述，本章建立反事实分析框架来可信地估计平均处理效应，从而建立加入企业集团与公司绩效之间的因果关系。反事实分析框架的实质是在保持其他影响因素不变的情况下，考察参与处理的结果。在本章研究设计中，使用企业集团上市公司作为处理组，独立上市公司作为控制组；采用独立上市公司的绩效来构造处理组的反事实结果，即企业集团上市公司不加入集团情况下的绩效。

根据导致选择性偏差的不同成因，本章使用倾向得分匹配法克服上市公司的可观测特征导致的明显偏差；同时采取样本选择模型克服上市公司的不可观测特征导致的隐藏偏差。在控制了上述潜在的内生性问题后，通过 PSM（非参数方法）和样本选择模型（回归方法）的结合使用，获得企业集团平均处理效应的一致估计量。

5.2.1 采用倾向得分匹配法（PSM）的估计模型

倾向得分匹配法的隐含假设是：在控制了企业集团上市公司（处理组）和独立上市公司（控制组）之间在可观测因素方面存在的差异后，使用控制组绩效构造处理组的反事实结果；比较企业集团上市公司事实结果和反事实结果之间的平均绩效差异，即得到独立上市公司加入企业集团的平均处理效应估计量。

（1）Logit 模型及倾向得分估计。

倾向得分匹配法使用 Logit 模型估计上市公司选择加入企业集团的概率，即估计加入企业集团的倾向得分（Propensity Score）。Logit 模型的具体形式如式（5.3）所示：

$$Pr\{D_i = 1 \mid X_i\}$$
$$= F(\alpha + \beta_i X_i + \varepsilon) \tag{5.3}$$

其中，P_r 表示上市公司选择加入企业集团（即 $D_i = 1$）的概率，X_i 表示影响上市公司加入企业集团的第 i 种影响因素，β_i 表示影响因素的回归系数，ε 表示误差项。

Logit 模型的被解释变量是企业集团虚拟变量，表示上市公司选择加入企业集团的决策，是一个 0 ~ 1 型虚拟变量，1 表示上市公司选择加入企业集团，0 表示选择不加入企业集团。在已有的研究[①]的基础上，结合本章研究对我国企业集团政策及实施效果的相关分析，Logit 模型的解释变量 X_i 包括：

上市公司规模：根据我国企业集团政策和企业集团发展的集中趋势，特别是随着我国培育有竞争力的大企业集团以及相关支持政策的实施，公司规模是影响上市公司选择加入企业集团的重要变量；此外，公司规模也是影响上市公司绩效的重要因素，本章把对上市公司总资产取对数作为公司规模的代理变量。

上市年限：我国企业集团政策的实施和企业集团的发展经历了股份制改革，以及建立资本为纽带的企业集团，并鼓励符合条件的企业集团上市融资。如图 3 - 1 所示，1997 年我国企业集团单位数为 2369 家，2008 年企业集团单位数为 2971 家，这说明我国大多数企业集团是在 20 世纪 90 年代组建形成的，上市年限越长的公司越有可能加入企业集团，因此上市年限也是影响上市公司选择加入企业集团的重要

---

① 解释变量的设置参考了 Keister（1998），Guest 和 Sutherland（2010），Ma，Yao 和 Xi（2006），Yiu，Bruton 和 Lu（2005）Seo，Lee 和 Wang（2010）对我国企业集团绩效效应的实证研究。

因素。本章的上市年限通过分别计算上市公司上市年与 2009 年、2010 年、2011 年之间的年限之差得出。

成长能力：根据交易成本经济学理论并结合我国所处的工业化阶段，当前我国企业集团政策的实施使企业集团成员能够获得资金、人力资源、技术等市场交易成本较高的重要资源，考虑到成长能力较快的企业可能选择加入企业集团来实现自身的进一步发展；同时处于扭亏的目的，成长能力较差的企业也有可能加入企业集团。为控制成长能力对加入企业集团决策的影响，本章使用年营业总收入同比增长率作为上市公司成长能力的代理变量。

资本结构：根据财务理论，资本结构与公司绩效存在密切的联系。在我国当前的金融体制下，大企业特别是大企业集团更有可能获得银行贷款和上市融资的机会，因而资金是上市公司加入企业集团的重要考虑之一，这也决定了企业资本结构是影响上市公司加入企业集团的重要因素。本章使用上市公司各年资产负债率作为资本结构的代理变量。

股权集中度：根据公司治理理论，股权集中度是决定公司绩效的因素之一。为控制股权集中度对上市公司加入企业集团决策的影响，同时考虑到我国上市公司的股权集中度较高的现实，本章使用前三大股东持股比例之和计算上市公司股权集中度。

国有控股虚拟变量：根据我国企业集团的集中趋势，无论是总量指标还是增长率指标，国有控股企业集团在我国企业集团中都占主导地位。因此，企业的控股类型不但与绩效密切相关，也是影响上市公司加入企业集团的因素之一。本章引入国有控股虚拟变量来识别上市公司的控股类型，这一变量是一个 0～1 型虚拟变量，如果上市公司属国有控股取值为 1，反之取值为 0。

行业虚拟变量：我国企业集团发展现状的集中趋势之一表现在行业集中趋势，为控制行业对上市公司加入企业集团决策的影响，本章引入了行业虚拟变量，这一变量是一个 0～1 型虚拟变量，把带有垄断及自然垄断特征的行业包括电力、煤气及水的生产与供应业，采掘业，有色金属采掘及石油业记为 1；将其他行业记为 0。

ROA（总资产净利率）：总资产净利率是上市公司绩效指标，有关部门可能在绩效较好的企业的基础上组建企业集团，或者鼓励绩效较好的企业加入企业集团，从而获得资金、技术等资源的支持，实现这些企业较快的发展。同时出于扭亏的考虑，绩效较差的企业也有可能加入企业集团，因此企业绩效也是影响上市公司加入企业集团决策的重要因素之一。

（2）基于倾向得分的匹配。

用 Logit 模型估计出上市公司加入企业集团的倾向得分后，根据倾向得分，PSM 采取独立上市公司个体的绩效构造企业集团上市公司的反事实结果，并比较企业集团上市公司事实结果和反事实结果的平均差异，比较的具体形式为：

$$Y_i^T - \sum_{j \in C} W_{N_i^C, N^T}(i, j) Y_i^C \tag{5.4}$$

其中，C 和 T 分别代表独立上市公司与企业集团上市公司集合，企业集团上市公司集合 T 即处理组，独立上市公司集合 C 即控制组。用 $i \in T$ 代表企业集团上市公司，独立上市公司用 $j \in C$ 代表。Y_i^T 表示企业集团上市公司的绩效，Y_j^C 表示独立上市公司的绩效。式（5.4）中 $W_{N_i^C, N^T}(i, j)$ 是正的加权权重函数，N_i^C 是对应 C 的独立上市公司个体数，N^T 是对应 T 的企业集团上市公司个体数。倾向得分匹配法通过选择不同的权重函数，对独立上市公司个体赋予不同的权重构造企业集团上市公司的反事实结果。在实证分析中，较为有代表性的匹配法是近邻匹配法和核函数匹配法，两种方法的区别在于权重函数的不同，在实证研究中往往同时使用并比照两者的估计结果，本分析也同时采取这两种方法。

① 最近邻匹配法（Nearest Neighbor Matching）。

最近邻匹配法（Heckman et al., 1998；Dehejia and Wahba, 2002，Lee, 2005）使用控制组中与处理组最为接近的个体构造反事

实结果。对于企业集团上市公司 $i \in T$，根据与控制组个体倾向得分的类似程度，最近邻匹配法选择独立上市公司集合中与企业集团上市公司倾向得分最为类似的对应匹配 $C(i)$，$C(i)$ 的具体形式为：

$$C(i) = \min_j |p_i - p_j| \tag{5.5}$$

其中，p_i 表示企业集团上市公司 i 加入企业集团的倾向得分，p_j 表示独立上市公司 j 加入企业集团的倾向得分，$\min_j |p_i - p_j|$ 表示 p_i 和 p_j 之间高度的类似程度，因此 $C(i)$ 是独立上市公司集合中具备与企业集团上市公司 i 最为类似的倾向得分的个体，因而是与企业集团上市公司 i 最为近似的匹配。最近邻匹配法计算出的平均处理效应估计量为：

$$T^N = \frac{1}{N^T} \sum_{i \in T} \left[Y_i^T - \sum_{j \in C(i)} w_{ij} Y_j^C \right] \tag{5.6}$$

$$= \frac{1}{N^T} \left[\sum_{i \in T} Y_i^T - \sum_{i \in T} \sum_{j \in C(i)} w_{ij} Y_j^C \right] \tag{5.7}$$

$$= \frac{1}{N^T} \sum_{i \in T} Y_i^T - \frac{1}{N^T} \sum_{j \in C} w_j Y_j^C \tag{5.8}$$

式（5.6）中 N^T 代表处理组个体数即企业集团上市公司单位数，Y_i^T 是企业集团上市公司个体 i 的绩效（事实结果），$W_{ij} Y_j^C$ 是对应的反事实结果，T^N 代表最近邻匹配法平均处理效应估计量，式（5.8）中 $w_j = \sum_i w_{ij}$，对于任何一个企业集团上市公司个体 $i \in T(i)$，最近邻匹配法将为其寻找倾向得分最为接近的独立上市公司作为匹配对象，如果此上市公司是控制组个体 $j \in C(i)$，将赋予这家独立上市公司 j 的权重为 w_{ij}；反之，最近邻匹配法将赋予其权重为零。近邻匹配法估计的平均处理效应估计量的方差为：

$$\mathrm{Var}(T^N) = \frac{1}{(N^T)^2} \left[\sum_{i \in T} \mathrm{Var}(Y_i^T) + \sum_{j \in C} (W_j)^2 \mathrm{Var}(Y_j^C) \right]$$

$$= \frac{1}{(N^T)^2} \left[N^T \mathrm{Var}(Y_i^T) + \sum_{j \in C} (w_j)^2 \mathrm{Var}(Y_j^C) \right]$$

$$= \frac{1}{N^T} Var(Y_i^T) + \frac{1}{(N^T)^2} \sum_{j \in C} (w_j)^2 Var(Y_j^C) \qquad (5.9)$$

② 核匹配法（Kernel matching Method）。

核匹配法（Heckman, Ichimura, Smith and Todd, 1997, 1998）与最近邻匹配法的区别在于，对于企业集团上市公司 $i \in T$，核匹配法根据与处理组个体倾向得分的近似程度，对控制组的每一个个体赋予不同的权重，近似程度越高的控制组个体将被赋予更高的权重，反之则赋予较低的权重，从而得到一个综合匹配对象的倾向得分。核匹配法的平均处理效应估计量为：

$$T^K = \frac{1}{N^T} \sum_{i \in T} \left\{ Y_i^T - \frac{\sum_{j \in C} Y_j^C G\left(\frac{p_j - p_i}{h_n}\right)}{\sum_{k \in C} G\left(\frac{p_j - p_i}{h_n}\right)} \right\} \qquad (5.10)$$

其中 $G(.)$ 是核函数[①]，核估计量是应用最广泛的非参数密度估计量。核函数 $G(.)$ 实质上是一个权重函数（李雪松，2008）。在估计核匹配法平均处理效应 T^K 时，与企业集团上市公司倾向得分 p_i 差异越大的独立上市公司倾向得分 p_j 被赋予的权重越小。对于任何企业集团上市公司 $i \in T$，Y_i^T 表示其绩效（事实结果），

$\dfrac{\sum_{j \in C} Y_j^C G\left(\frac{p_j - p_i}{h_n}\right)}{\sum_{k \in C} G\left(\frac{p_j - p_i}{h_n}\right)}$ 是核匹配法对应的综合的匹配对象的绩效计算结

果，即企业集团成员反事实结果的估计量。

对每一个企业集团上市公司，核匹配法都要对所有控制组个体赋予权重并计算综合匹配对象的倾向得分，因此核匹配法的计算量较

---

① 本章的核函数采取高斯核即标准正态核，核函数为 $\frac{1}{\sqrt{2\pi}} exp\left(-\frac{1}{2}\Psi^2\right)$。$h_n$ 是窗宽参数，窗宽参数 h 称为"窗宽""平滑参数"或者"带宽"，它是 n 的一个正函数 $h(n)$，$h \to 0$。

大，但其优势也是明显的。最近邻匹配法有可能无法找到与企业集团上市公司最接近的独立上市公司匹配对象，核匹配法使用所有控制组成员计算综合匹配对象，使每一个企业集团上市公司都能找到对应的独立上市公司匹配对象。由于我国企业集团上市公司的数量比独立企业上市公司多，出于样本数量的考虑，核匹配法具备相当的优势。

5.2.2　以样本选择模型为基础的估计

PSM 能够消除 C 和 T 可观测的个体特征导致的选择性偏差，为克服不可观测因素造成的选择性偏差，本章采用样本选择模型即 Heckman 两步估计法，从而得到较为可信的加入企业集团的平均处理效应。样本选择模型包括两个方程：选择方程和结果方程，分析采用的估计步骤为：

（1）估计选择方程（Selection Equation）。

选择方程又称为参与方程（Participation Equation），用来说明某个上市公司是否选择加入企业集团，一般地，选择方程是标准的 Probit 模型，说明上市公司加入企业集团的决策，选择方程的具体形式为：

$$D_i = \beta_1 x_{1i} + \varepsilon_{1i} \tag{5.11}$$

其中，D_i（企业集团虚拟变量）是 Probit 模型的被解释变量，表示上市公司是否加入企业集团的决策，D_i 是一个 0 ~ 1 型虚拟变量，1 表示上市公司选择加入企业集团，0 表示上市公司选择不加入企业集团。上市公司是否加入企业集团的选择受解释变量 x_{1i}（即影响上市公司选择加入企业集团的可观测变量）的影响，系数为 β_1。分析采用的解释变量 x_{1i}[①]包括：

上市公司规模：对上市公司总资产取对数作为公司规模的代理

---

① 与 PSM 中的 Logit 模型中的解释变量设置类似，此处不再重复设置原因，只解释变量含义。

变量。

上市年限：分别计算上市公司上市年与 2009 年、2010 年、2011 年之间的年限之差得出。

成长能力：使用年营业总收入同比增长率作为上市公司成长能力的代理变量。

资本结构：使用上市公司各年资产负债率作为资本结构的代理变量。

股权集中度：使用前三大股东持股比例之和计算上市公司股权集中度。

国有控股虚拟变量：识别上市公司的控股类型，如果上市公司属国有控股取值为 1，反之取值为 0。

ROA：上市公司绩效指标总资产净利率。

行业虚拟变量①：为控制行业固定效应，按照证监会行业分类，本章将上市公司分为 21 个行业②。

地区虚拟变量：为控制地区固定效应，本章根据上市公司所在地将上市公司地区划分为 31 个省（自治区/直辖市）③。

（2）估计结果方程（Outcome Equation），又称为水平方程（Level Equation）。

$$Y_i = \alpha + \beta_2 x_{2i} + \gamma D_i + \varepsilon_{2i} \tag{5.12}$$

其中，结果方程的被解释变量是 Y_i，表示上市公司的绩效 ROA。D_i 是企业集团虚拟变量，结果方程的解释变量 x_{2i} 是影响 Y_i 的上市公

---

① 由于样本数的限制，为保证匹配效果，PSM 中 Logit 模型中的行业虚拟变量设置与此处设置存在差异。

② 按证监会的分类方法，共包括：传播与文化产业，电力、煤气及水的生产与供应业，房地产业，建筑业，交通运输、仓储业，批发和零售贸易，社会服务业，信息技术业，综合类，采掘业，农、林、牧、渔业和制造业，制造业下又细分为：电子业，纺织、服装、皮毛业，机械、设备、仪表业，金属、非金属业，木材、家具业，其他制造业，石油、化学、塑胶、塑料业，食品饮料业，医药、生物制药业和造纸印刷等行业。

③ 由于样本数的限制，为保证匹配效果 PSM 未设地区虚拟变量。

司可观测变量，包括上市公司规模、上市年限、成长能力、资本结构、股权集中度、国有控股虚拟变量、行业虚拟变量[①]、x_{2i} 的系数是 β_2。

通常假设选择方程和结果方程的误差（ε_{1i}，ε_{2i}）服从期望为 0，方差为 σ_1^2，σ_2^2，协方差为 σ_{12} 的联合正态分布即假设：

$$\begin{pmatrix} \varepsilon_{1i} \\ \varepsilon_{2i} \end{pmatrix} \sim N\left(\begin{pmatrix} 0 \\ 0 \end{pmatrix}, \sum \right) \tag{5.13}$$

$$\sum = \begin{pmatrix} \sigma_1^2 & \sigma_{12} \\ \sigma_{12} & \sigma_2^2 \end{pmatrix} \tag{5.14}$$

$$\begin{pmatrix} Y_i \\ Di \end{pmatrix} \sim N\left(\begin{pmatrix} x_{1i}\beta_1 \\ x_{2i}\beta_2 \end{pmatrix}, \sum \right) \tag{5.15}$$

由式（5.13）、式（5.14）和式（5.15），可以推导出：

$$E\{Y_i \mid D_i = 1\} = \beta_2 x_{2i} + E\{\varepsilon_{2i} \mid D_i = 1\} \tag{5.16}$$

$$= \beta_2 x_{2i} + \frac{\sigma_{12}}{\sigma_1^2} E\{\varepsilon_{2i} \mid \varepsilon_{1i} > -\beta_1 x_{1i}\} \tag{5.17}$$

根据（ε_{1i}，ε_{2i}）服从正态分布，可知 $E\{\varepsilon_{2i} \mid \varepsilon_{1i}\} = \left(\dfrac{\sigma_{12}}{\sigma_1^2}\right) \varepsilon_{1i}$，因此：

$$\beta_2 x_{2i} + \frac{\sigma_{12}}{\sigma_1^2} E\{\varepsilon_{2i} \mid \varepsilon_{1i} > -\beta_1 x_{1i}\} = \beta_2 x_{2i} + \frac{\sigma_{12}}{\sigma_1^2} E\{\varepsilon_{1i} \mid \varepsilon_{1i} > -\beta_1 x_{1i}\} \tag{5.18}$$

由于 $\sigma_1^2 = 1$，可以得到：

$$\beta_2 x_{2i} + \frac{\sigma_{12}}{\sigma_1^2} E\{\varepsilon_{1i} \mid \varepsilon_{1i} > -\beta_1 x_{1i}\} \tag{5.19}$$

---

① 上述变量含义与估计选择方程中的解释变量相同，在此不再重复。

$$= \beta_2 x_{2i} + \sigma_{12} \frac{\phi(x_{1i}\beta_1)}{\Phi(x_{1i}\beta_1)} \tag{5.20}$$

由式（5.20）可知，只有在 $\sigma_{12} = 0$ 时，即 ε_{1i} 和 ε_{2i} 独立的情况下，$E\{\varepsilon_{1i} | \varepsilon_{1i} > -\beta_1 x_{1i}\} = E(\varepsilon_{1i}) = 0$，条件期望结果 $E\{Y_i | D_i = 1\}$ 等于 $\beta_2 x_{2i}$。在选择方程和结果方程的误差 ε_{1i} 和 ε_{2i} 相关的情况下，由于遗漏了非线性项 $\sigma_{12} \frac{\phi(x_{1i}\beta_1)}{\Phi(x_{1i}\beta_1)}$，直接对结果方程式（5.12）进行 OLS 估计会导致不一致的估计量，即不可观测因素导致的选择性偏差，$\frac{\phi(x_{1i}\beta_1)}{\Phi(x_{1i}\beta_1)}$ 即逆米尔斯比（λ）[1]，其系数是 σ_{12}。

由 $E\{Y_i | D_i = 1\} = \beta_2 x_{2i} + \frac{\sigma_{12}}{\sigma_1^2} E\{\varepsilon_{1i} | \varepsilon_{1i} > -\beta_1 x_{1i}\}$，可得出[2]：

$$\beta_2 x_{2i} + \frac{\sigma_{12}}{\sigma_1} E\left(\frac{\varepsilon_{1i}}{\sigma_1} \Big| \frac{\varepsilon_{1i}}{\sigma_1} > -\frac{x_{1i}\beta_1}{\sigma_1}\right) \tag{5.21}$$

$$= \beta_2 x_{2i} + \frac{\sigma_{12}}{\sigma_1^2} \lambda\left(-\frac{\beta_1 x_{1i}}{\sigma_1}\right) \tag{5.22}$$

Heckman（1979）两阶段估计法对不可观测因素导致的选择性偏差的处理方法包括两个阶段的回归，第一阶段回归是估计选择方程，用 D_i 对 x_{1i} 作 Probit 回归，即如估计式（5.11）所示的选择方程 $D_i = \beta_1 x_{1i} + \varepsilon_{1i}$，根据式（5.22），可以得到估计量 $\hat{\beta}_1$，并计算出 $\lambda(-\hat{\beta}_1 x_{1i})$ 即 λ 的估计值；第二阶段回归是把 λ 的估计值 $\lambda(-\hat{\beta}_1 x_{1i})$ 加入如式（5.12）所示的结果方程，并做最小二乘回归。因此式（5.12）所示的结果方程变化为：

$$Y_i = \alpha + \beta_2 x_{2i} + \gamma D_i + \sigma_{12} \lambda + \varepsilon_{2i} \tag{5.23}$$

根据式（5.23）可以得到估计量 $\hat{\beta}_2$ 及 $\frac{\sigma_{12}}{\sigma_1}$，因为 σ_1 等于 1，所

---

① Heckman（1979）定义了逆米尔斯比，此项又称为 Heckman 的 λ。
② 李雪松：《高级经济计量学》，中国社会科学出版社 2008 年版，第 203 页。

以可以推算出 $\hat{\sigma}_{12}$。根据式（5.20），$\hat{\sigma}_{12}$ 是第二阶段回归方程中逆米尔斯比的系数。

由于 $\sigma_{12} = \mathrm{Cov}(\varepsilon_1, \varepsilon_2)$，如果逆米尔斯比估计系数 $\hat{\sigma}_{12}$ 显著，说明参与方程与结果方程中的随机扰动项相关，存在未观测变量导致的选择性偏差（存在影响上市公司绩效的没有观测到的变量，同时这些没有观测到的变量也影响了上市公司加入企业集团的选择）。因而可以判断对不可观测因素导致的样本选择偏差进行校正是必要的；第二阶段回归将得到 D_i 的系数 γ 的估计量，此估计值即克服了选择性偏差情况下的加入企业集团的平均处理效应，因而是较为可信的，从而建立了企业集团与上市公司绩效之间的因果关系。

5.3　实证分析结果

5.3.1　倾向得分匹配法（PSM）的估计结果

（1）上市公司加入企业集团的 Logit 估计结果。

表 5 – 3 显示的估计结果说明：

表 5 – 3　　　　　上市公司加入企业集团的 Logit 估计结果

企业集团虚拟变量	2009 年		2010 年		2011 年	
	系数	Z 绝对值	系数	Z 绝对值	系数	Z 绝对值
上市公司规模	0.6293 *** (0.1497)	4.20	—		—	
上市年限	0.0841 *** (0.0147)	5.73	0.0937 *** (0.0127)	7.40	0.1028 *** (0.0117)	8.78
成长能力	—		– 0.0001 (0.0005)	– 0.16	0.0002 (0.0006)	0.39
资本结构	0.0114 *** (0.0034)	3.32	0.0183 *** (0.0032)	5.79	0.0205 *** (0.0030)	6.81

续表

企业集团 虚拟变量	2009 年		2010 年		2011 年	
	系数	Z 绝对值	系数	Z 绝对值	系数	Z 绝对值
股权集中度	0. 0028 (0. 0046)	0. 61	0. 0121 *** (0. 0040)	3. 04	0. 0134 *** (0. 0037)	3. 61
国有控股 虚拟变量	0. 9348 *** (0. 1365)	6. 85	1. 2163 *** (0. 1240)	9. 81	1. 2940 *** (0. 1186)	10. 91
行业虚拟 变量	0. 2560 (0. 1490)	1. 72	0. 1488 (0. 1583)	0. 94	0. 3138 ** (0. 1222)	2. 57
ROA	− 0. 0034 (0. 0106)	− 0. 32	0. 0175 (0. 0117)	1. 50	0. 0259 (0. 0110)	1. 35
常数项	− 4. 4481 *** (0. 7296)	− 6. 10	− 2. 2246 *** (0. 2656)	− 8. 38	− 2. 7328 *** (0. 2514)	− 10. 87
Pseudo R^2	0. 1566		0. 2018		0. 2391	
Log likelihood	− 771. 3570		− 967. 8828		− 1095. 3116	
观测值个数	1486		1830		2109	
LR chi2	286. 46 （p = 0. 000）		489. 35 （p = 0. 000）		688. 22 （p = 0. 000）	

注： *** 表示 Z 值在 1% 的显著水平上显著， ** 表示 Z 值在 5% 的水平上显著， * 表示 Z 值在 10% 的水平上显著；2009 年的成长能力变量，以及 2010 年和 2011 年的总资产变量由于无法满足平衡性条件①，所以在计算倾向得分时予以删去。

① 上市公司规模的代理变量是总资产变量，此变量 2009 年系数为正，而且 Z 值在 5% 的显著水平上显著，说明在 2009 年规模越大的上市公司越有可能加入企业集团。

② 上市年限变量 2009 年、2010 年和 2011 年三年的系数均为正，

---

① PSM 假设，在具有相同的倾向得分的前提下，企业集团上市公司（处理组）和独立上市公司（控制组）的可观测变量不存在差异，因而可以直接比较两者之间的绩效差异，即满足平衡性条件：$D \perp x | p(x)$，其中 D 为企业集团虚拟变量，x 是影响加入企业集团决策的可观测变量，p(x) 是加入企业集团的倾向得分。具体算法是，首先用 Logit 模型计算加入企业集团的倾向得分，检验各个分区中的企业集团上市公司和独立上市公司的倾向得分是否相同，如果不相同则再细分各个分区并检验倾向得分；倾向得分相同的情况下，匹配算法继续检验平衡性条件是否满足，直到每一个分区内具有相同倾向得分的企业集团上市公司和独立上市公司都具备同样的可观测变量。

而且 Z 值均在 1% 的显著水平上显著。说明在这三年上市年限越长的上市公司越有可能加入企业集团。

③ 成长能力的代理变量是年营业总收入同比增长率，2010 年和 2011 年此变量的系数均不显著，说明在这两年成长能力并未对上市公司加入企业集团的决策产生明显的影响。

④ 上市公司资本结构的代理变量是资产负债率，此变量在 2009 年、2010 年和 2011 年三年的估计系数均为正，而且 Z 值均在 1% 的显著水平上显著，说明在这三年资产负债率越高的上市公司越可能加入企业集团。

⑤ 从股权集中度变量来看，2009 年、2010 年和 2011 年 3 年的系数均为正，除 2009 年的系数不显著以外，2010 年和 2011 年此变量的估计系数均在 1% 的显著水平上显著，说明在这三年股权集中度越高的上市公司越有可能加入企业集团。

⑥ 国有控股虚拟变量的参照组是非国有控股上市公司，此变量 2009 年、2010 年和 2011 年三年的系数均为正，而且 Z 值均在 1% 的显著水平上显著。说明在这三年国有控股上市公司更有可能加入企业集团。

⑦ 行业虚拟变量指标的参照组是除电力、煤气及水的生产与供应业，采掘业，有色金属采掘及石油业等行业之外的其他行业，行业虚拟变量的回归系数在 2009 年、2010 年和 2011 年均为正，除 2011 年的估计系数在 5% 的显著水平上显著外，2009 年的回归系数和 2010 年的回归系数均不显著。说明相对于其他行业，这些行业中的上市公司在 2011 年更有可能加入企业集团。

⑧ 行业虚拟变量指标的参照组是除电力、煤气及水的生产与供应业，采掘业，有色金属采掘及石油业等行业之外的其他行业，行业虚拟变量的回归系数在 2009 年、2010 年和 2011 年均为正，除 2011 年的估计系数在 5% 的显著水平上显著外，2009 年的回归系数和 2011 年的回归系数均不显著。说明相对于其他行业，这些行业中的上市公司在 2011 年更有可能加入企业集团。

⑨ ROA 变量系数在 2009 年、2010 年和 2011 年的系数均不显著，说明在这三年总资产净利率并未对上市公司加入企业集团的决策产生明显的影响。

（2）上市公司加入企业集团的倾向得分估计结果。

表 5 - 4 显示的估计结果说明，2009 年所有上市公司加入企业集团的最小倾向为 21.52%，最大为 99.86%，平均而言，所有上市公司有 69.73% 的可能性加入企业集团；2010 年所有上市公司平均加入企业集团的可能性是 62.52%，可能性最小的是 18.18%，可能性最大的是 99.76%；在 2011 年所有上市公司中，加入企业集团的可能性最大的是 95.87%，平均而言，加入企业集团的倾向是 57.37%，可能性最小的是 13.30%。2009~2011 年，上市公司倾向得分的最小值到最大值之间跨度非常大，此外，上市公司倾向得分的中位数、75 分位数、99 分位数都明显大于均值，这说明上市公司加入企业集团的倾向差异十分明显，上市公司加入企业集团的决策并非完全自发，因此有必要矫正由此导致的平均处理效应估计的选择性偏差问题。

表 5 - 4　　　　　上市公司加入企业集团的倾向得分估计结果

	2009 年	2010 年	2011 年
1% 百分位	0.2407	0.1923	0.1516
5% 百分位	0.2955	0.2319	0.1832
10% 百分位	0.3714	0.2583	0.2120
25% 百分位	0.5627	0.3941	0.2947
50% 百分位	0.7598	0.6909	0.6034
75% 百分位	0.8587	0.8439	0.8371
90% 百分位	0.9072	0.8997	0.9046
95% 百分位	0.9252	0.9155	0.9239
99% 百分位	0.9507	0.9366	0.9453
最小值	0.2152	0.1818	0.1330
最大值	0.9986	0.9976	0.9587
均值	0.6973	0.6252	0.5737
标准误	0.1948	0.2419	0.2697

（3）核匹配法平均处理效应估计结果。

表 5 - 5 显示的估计结果说明，2009 年、2010 年和 2011 年上市公司加入企业集团的核匹配法平均处理效应分别为 0.26、0.973 和 0.957，三年的平均处理效应均为正，除 2009 年外，2010 年和 2011 年的平均处理效应相当接近，这有可能是 2009 年全球金融危机对于上市公司绩效的冲击所致。此外，2010 年和 2011 年的平均处理效应均在 1% 的显著水平显著。这说明相比不加入企业集团情况下的绩效（反事实结果），上市公司加入企业集团后取得的绩效（事实结果）更好。独立上市公司加入企业集团后，取得了正面的处理收益。

表 5 - 5　　　　　　　　　　核匹配法平均处理效应估计结果

		2009 年	2010 年	2011 年
分区数		6	6	6
平衡性条件		满足	满足	满足
企业集团（家数）		1032	1140	1208
非企业集团（家数）		454	690	901
平均处理效应标准误（自助法①）	平均处理效应	0.26	0.973 ***	0.957 ***
	t 值	0.743	2.704	2.804
	标准误	0.3496	0.360	0.341
	抽样次数	100	100	100
	95% 置信区间	[-0.4340, 0.9534]	[0.2591, 1.6877]	[0.2799, 1.6347]
平均处理效应标准误（解析法）		否	否	否

注：*** 表示 t 值在 1% 的显著水平上显著，** 表示 t 值在 5% 的显著水平上显著，* 表示 t 值在 10% 的显著水平上显著。平均处理效应标准误（解析法）"否"表示，核匹配法无法使用解析法计算平均处理效应的标准误，因而使用自助法经 100 次抽样后计算得出，同时计算出标准误的 95% 的置信区间。

---

① 倾向得分匹配法估计倾向得分和匹配时会使方差发生较大的变异，因此必须计算估计量的标准误（Heckman, Ichimura and Todd, 1988）。倾向得分匹配法估计量的标准误的计算十分复杂，一般使用自助法（Bootstrapping）来完成。

（4）最近邻匹配法估计结果。

表 5 - 6 说明，2009 年、2010 年和 2011 年近邻匹配法的平均处理效应估计量均为正。自助法和解析法估计的 t 值表明，除 2009 年外，2010 年和 2011 年的平均处理效应均在 1% 的显著水平显著。2009 年的近邻匹配法平均处理效应估计量为 0.278，2010 年的相应估计量为 1.485，2011 年为 1.056。结合表 5 - 5 和表 5 - 6 的估计结果，核匹配法和最近邻匹配法平均处理效应的估计结果得出了类似的结论，上市公司加入企业集团后取得的绩效（事实结果）好于不加入企业集团情况下的绩效（反事实结果）。因此，加入企业集团后，独立上市公司取得了正面的处理收益。

表 5 - 6 最近邻匹配法估计结果

		2009 年	2010 年	2011 年
分区数		6	6	6
平衡性条件		满足	满足	满足
企业集团（家数）		1032	1140	1208
独立企业（家数）		260 (194)	352 (238)	383 (518)
平均处理效应（自助法）	平均处理效应	0.278	1.485 ***	1.056 ***
	t 值	0.560	3.425	2.646
	标准误	0.497	0.433	0.399
	抽样次数	100	100	100
	95% 置信区间	[- 0.7078, 1.2644]	[0.6246, 2.3446]	[0.2640, 1.8480]
平均处理效应（解析法）	平均处理效应	0.278	1.485 ***	1.056 ***
	t 值	0.478	3.099	2.428
	标准误	0.582	0.479	0.435

说明：*** 表示 t 值在 1% 的显著水平上显著，** 表示 t 值在 5% 的显著水平上显著，* 表示 t 值在 10% 的显著水平上显著；与核匹配法不同，最近邻匹配法是为每一个企业集团上市公司找到一个倾向得分相同的独立上市公司作为匹配对象，这一算法有可能找不到合适的独立上市公司匹配对象。从 2009 年的计算结果来看，相比较核匹配法下 454 家独立企业，近邻匹配法只有 260 家适合的独立上市公司匹配对象，括号内为不适合的匹配对象 194 家；2010 年和 2011 年适合的独立上市公司匹配对象为 352 家和 383 家。

5.3.2 样本选择模型的估计结果

（1）样本选择模型选择方程回归结果。

表 5-7 显示的估计结果说明：

表 5-7   样本选择模型选择方程估计结果

企业集团 虚拟变量	2009 年		2010 年		2011 年	
	系数	Z 绝对值	系数	Z 绝对值	系数	Z 绝对值
上市公司 规模	0.4483 *** （0.0906）	4.95	0.4704 *** （0.0866）	5.43	0.5175 *** （0.0859）	6.03
上市年限	0.0625 *** （0.0098）	6.34	0.0664 *** （0.0084）	7.87	0.0685 *** （0.0078）	8.84
成长能力	- 0.0002 （0.0001）	- 1.49	0.0001 （0.0003）	0.27	0.0003 （0.0004）	0.68
资本结构	0.0054 *** （0.0019）	2.71	0.0045 ** （0.0021）	2.10	0.0040 * （0.0022）	1.77
股权集中度	0.0028 （0.0027）	1.02	0.0055 ** （0.0024）	2.21	0.0062 *** （0.0023）	2.67
行业	是	是	是	是	是	是
地区	是	是	是	是	是	是
国有控股 虚拟变量	0.6471 *** （0.0903）	7.17	0.7109 *** （0.0833）	8.54	0.7855 *** （0.0792）	9.92
ROA	- 0.0033 （0.0065）	- 0.51	0.0060 （0.0044）	1.37	0.0026 （0.0066）	0.39
常数项	- 3.1184 *** （0.5971）	- 5.22	- 3.3352 *** （0.5453）	- 6.12	- 3.8199 *** （0.5284）	- 7.23

注：*** 表示 Z 值在 1% 的显著水平上显著，** 表示 Z 值在 5% 的水平上显著，* 表示 Z 值在 10% 的水平上显著；括号内是估计系数的标准误；在选择方程回归中包括行业和地区虚拟变量以控制地区和行业固定效应，由于 2009 年、2010 年和 2011 年的行业和地区虚拟变量的回归系数大部分不显著，因此未列出回归结果。

① 上市公司规模的代理变量是总资产变量，2009 年、2010 年和 2011 年总资产变量的回归系数均为正，同时在 1% 的显著水平显著，说明在这三年总资产越大的上市公司更有可能加入企业集团，规模是影响上市公司加入企业集团决策的重要因素。

② 上市年限变量的回归结果表明，2009～2011 年三年的上市年限回归系数均为正，同时在 1% 的显著水平显著，说明上市年限越长的上市公司越有可能加入企业集团。

③ 成长能力的代理变量是年营业总收入同比增长率，此变量 2009 年、2010 年和 2011 年的回归系数均不显著，说明在这三年成长能力并未对上市公司加入企业集团产生明显影响。

④ 资本结构的代理变量是资产负债率，此变量 2009～2011 年回归系数均为正，而且变量系数分别在 1%、5% 和 10% 的显著水平显著，说明这三年资产负债率越高的上市公司越有可能加入企业集团，资本结构是影响上市公司加入企业集团的重要因素。

⑤ 股权集中度变量 2009～2011 年的回归系数均为正，而且变量系数 2010 年和 2011 年分别在 5% 和 1% 的显著水平显著，说明 2010 年和 2011 年股权集中度越高的上市公司越有可能加入企业集团。

⑥ 国有控股虚拟变量的参照组是非国有控股上市公司，2009 年、2010 年和 2011 年国有控股虚拟变量的回归系数均为正，而且都是在 1% 的显著水平显著，说明国有控股上市公司更有可能组建或加入企业集团。

⑦ ROA 变量 2009 年、2010 年和 2011 年的回归系数均不显著，说明在这三年上市公司绩效并未对其加入企业集团产生明显影响。

（2）样本选择模型结果方程估计结果（加入逆米尔斯比 λ）。

表 5-8 显示的样本选择模型结果方程估计结果说明：

表 5 - 8　　样本选择模型结果方程估计结果（加入逆米尔斯比）

被解释变量：ROA	2009 年		2010 年		2011 年	
	系数	Z 绝对值	系数	Z 绝对值	系数	Z 绝对值
上市公司规模	1. 2057 *** (0. 4213)	2. 86	- 1. 4582 ** (0. 6228)	- 2. 34	1. 1603 *** (0. 3461)	3. 35
上市年限	- 0. 0712 (0. 0539)	- 1. 32	- 0. 2076 *** (0. 0730)	- 2. 84	- 0. 0628 (0. 0388)	- 1. 62
成长能力	0. 0021 ** (0. 0010)	2. 08	0. 0014 (0. 0022)	0. 63	0. 0037 *** (0. 0012)	2. 99
资本结构	- 0. 0072 (0. 0077)	- 0. 93	- 0. 0915 *** (0. 0152)	- 6. 02	- 0. 1393 *** (0. 0082)	- 16. 93
股权集中度	0. 0518 *** (0. 0123)	4. 20	0. 0423 ** (0. 0172)	2. 45	0. 0296 *** (0. 0088)	3. 34
行业	是	是	是	是	是	是
国有控股虚拟变量	- 0. 9173 * (0. 5404)	- 1. 70	- 4. 6207 *** (0. 7913)	- 5. 84	- 2. 6082 *** (0. 4467)	- 5. 84
企业集团虚拟变量	- 5. 2141 *** (1. 7945)	- 2. 91	13. 9518 *** (2. 4138)	5. 78	6. 7483 *** (1. 3132)	5. 14
逆米尔斯比（λ）	3. 0219 *** (1. 0647)	2. 84	- 8. 0928 *** (1. 4217)	- 5. 69	- 3. 9033 *** (0. 7722)	- 5. 05
常数项	- 2. 8554 (2. 5391)	- 1. 12	16. 4395 *** (3. 5423)	4. 64	3. 3438 * (1. 9572)	1. 71
观察值个数	1486		1830		2109	
Wald chi2	409. 50 （p = 0. 000）		586. 83 （p = 0. 000）		1067. 47 （p = 0. 000）	

注：*** 表示 Z 值在 1% 的显著水平上显著，** 表示 Z 值在 5% 的水平上显著，* 表示 Z 值在 10% 的水平上显著；括号内是估计系数的标准误；在结果方程回归中包括行业虚拟变量以控制行业固定效应，由于 2009 年、2010 年和 2011 年的行业虚拟变量的回归系数大部分不显著，因此未列出回归结果。

① 控制选择性偏差的逆米尔斯比 λ 的回归系数 2009 年、2010 年和 2011 年均在 1% 的显著水平上显著，这说明样本选择模型包含的两个方程（选择方程和结果方程）的随机扰动项高度相关，影响上市公司加入企业集团决策的不可观测变量同时影响了上市公司的绩效，因此上市公司加入企业集团的决策并不是完全自发，说明有必要

采取 Heckman 两阶段分析法矫正不可观测因素导致的选择性偏差。

② 企业集团虚拟变量的参照组是独立上市公司，此变量回归系数除在 2009 年为负外，2010 年和 2011 年的回归系数均为正，而且在 1% 的显著水平显著。说明在控制了不可观测因素造成的选择性偏差之后，相比不加入企业集团情况下的绩效（反事实结果），上市公司加入企业集团后的绩效（事实结果）更好，加入企业集团的平均处理效应为正。

③ 资本结构的代理变量是上市公司资产负债率，此变量在 2009 年、2010 年和 2011 年的回归系数均为负，而且 2010 年和 2011 年的回归系数均在 1% 的显著水平显著，说明资产负债率对上市公司的绩效具有明显的负面影响。

④ 国有控股虚拟变量的对照组是非国有控股上市公司，此变量 2009～2011 年的回归系数均为负，除 2009 年的回归系数在 10% 的显著水平显著外，2010 年和 2011 年的回归系数均在 1% 的显著水平显著，说明相对于国有控股上市公司，非国有控股上市公司的绩效更好。

⑤ 上市公司规模的代理变量是总资产，此变量除在 2010 年回归系数为负外，2009 年和 2011 年的回归系数均为正并且在 1% 的显著水平显著，说明上市公司规模对公司绩效具有正面的影响。

⑥ 2009 年、2010 年和 2011 年股权集中度变量的回归系数均为正，且分别在 1%、5% 和 1% 的显著水平显著，说明在这三年期间股权集中度越高的上市公司平均而言取得了更好的绩效。

⑦ 成长能力的代理变量是年营业总收入同比增长率，此变量 2009～2011 年回归系数均为正，2009 年和 2011 年的回归系数分别在 5% 和 1% 的显著水平显著，说明成长能力对上市绩效有正面影响。

⑧ 2009 年、2010 年和 2011 年上市年限变量的回归系数均为负，2010 年此变量在 1% 的显著水平显著，表明上市年限对上市公司绩效有负面的影响。

5.4　本章小结与述评

本章采用准实验方法（PSM 和样本选择模型）估计上市公司加入企业集团的平均处理效应，实证分析使用 PSM 克服可观测因素造成的选择性偏差；使用样本选择模型克服不可观测因素造成的选择性偏差，克服了 Khanna（2000）指出的企业集团与公司绩效实证研究中潜在的内生性问题。实证分析得出的平均处理效应估计结果说明，上市公司加入企业集团的平均处理效应估计量为正，说明上市公司加入企业集团后取得的绩效（事实结果）好于不加入企业集团情况下的绩效（反事实结果）。因此，独立上市公司加入企业集团与其绩效提高之间存在因果关系。就上市公司加入企业的倾向性而言，上市公司加入企业集团的倾向得分存在较大差异，说明上市公司加入企业集团的选择并不是完全自发，具体表现为以下特征。

（1）资产负债率越高的上市公司越有可能加入企业集团，说明企业集团内部资本市场具备较强的资金供给能力。在我国当前的金融体制下，大企业特别是大企业集团在获取银行贷款和上市融资方面更具优势，因而企业集团内部资本市场是独立企业选择加入企业集团的重要考虑。独立企业面临的财务风险和加入企业集团后面临的财务风险存在明显不同，资产负债率高的上市公司在独立经营时，高度的资产负债率可能导致其巨大的财务风险，在市场环境变化时资不抵债进而破产倒闭的风险较大。独立企业加入企业集团后，企业集团内部资本市场提供的资金支持使独立企业高负债经营带来的破产风险大为减少。因此，资产负债率高的企业加入企业集团的偏好可能带来两种后果：高负债经营进行产业研发和技术创新的独立企业，加入企业集团后集团内部的资金调剂可有效缓解其资金困难并支持其经营发展，从而摆脱困境走入良性的发展轨道，这一点对于外部资金市场不完善的新兴市场意义重大，支持了交易成本经济学解释；但如果独立企业的高负债是源于无视经营风险的盲目扩张行为，企业集团的内部资金支持就有可能掩盖其财务风险，从而在整体上加大企业集团整体财务风险。

（2）国有控股类型上市公司更有可能加入企业集团，这说明不同控股类型上市公司加入企业集团的选择存在不同。20世纪90年代以来，在我国促进国有企业改革、国有经济战略布局调整等相关政策推动下，国有资本逐渐向"关系国家安全和国民经济命脉的重要行业和重要领域集中"。我国上市公司呈现明显的行业结构特征，在国家相关政策的引导和推动下，国有控股上市公司更为有可能向带有垄断和自然垄断特征的行业集中，如电力、煤气和水的生产与供应业，采掘业，有色金属采掘以及石油等行业，国有控股大企业和大企业集团占较大比例；在竞争相对充分的行业如制造业，国有控股企业和企业集团所占比例较低[1]。国有控股上市公司选择加入企业集团后，更为有可能进入国有控股企业较为集中的垄断和自然垄断行业经营，并带来绩效的提高。

（3）规模较大的上市公司加入企业集团的可能性更高，以及上市年限较长的公司更有可能加入企业集团的结论与我国企业集团的整体发展历程相关，我国企业集团大多是在20世纪90年代形成和组建的，我国企业集团的发展伴随我国股份制改革和证券市场的发展历程。为提高产业集中度，以及形成合理的产业组织结构，我国企业集团政策鼓励发展大企业和大企业集团，很多企业集团是在原有较大型企业的基础上改制而来。与此同时，我国企业集团政策给予大型企业集团在银行贷款的优惠政策，并鼓励符合条件的企业集团上市融资。

---

① 截至2011年12月31日，电力、煤气和水的生产供应业A股上市公司共有67家，其中60家为国有控股类型。采掘业A股上市公司共有48家，其中40家为国有控股类型；竞争较为充分的行业如食品饮料业A股上市公司共有75家，其中41家为国有控股类型。电子行业A股上市公司共有112家，其中36家为国有控股类型。

在上市融资和银行贷款等政策支持下，许多规模较大的企业和上市较早的企业更有可能组建和发展成为大型的企业集团。

以上实证分析结论回答了第4章提出的本章要解决的主要问题一和问题二。首先，正的加入企业集团的平均处理效应说明，独立上市公司加入企业集团的绩效好于不加入企业集团的绩效，我国企业集团与公司绩效提高之间存在因果关系。其次，实证研究结论说明，我国独立上市公司加入企业集团的选择并不是完全自发的，呈现明显的结构差异和政府偏好。我国企业集团政策对独立上市公司加入企业集团的选择具有较明显的影响，在我国当前的金融体制和产业组织政策引导下，资产负债率较高的独立上市公司和国有控股上市公司更有可能选择加入企业集团，这反映了企业集团内部资本市场的资金优势以及大型国有企业集团所处的行业特征。结合我国企业集团控股类型多元化趋势的现状，这说明在我国新兴加转轨的经济社会环境下，独立上市公司加入企业集团的动机呈现多重化。

第6章　企业集团对公司绩效的影响
——基于典型上市公司案例

在实证分析部分，经济计量模型的分析结论说明企业集团政策具有正面的绩效效应。存在不可观测因素同时影响上市公司加入集团的选择和绩效，即存在选择性偏差，上市公司加入企业集团并非是随机决定的。根据企业集团资源观，工业化不同阶段企业集团的核心能力不同，只有深入分析企业集团政策绩效效应背后的具体作用机制，以及独立企业加入或组建企业集团的具体动机，才能把握企业集团核心能力的来源及其变化，这是完整的企业集团政策评价所需要的，也是进一步完善和调整企业集团政策的重要依据。由于我国企业集团分析数据的限制，本章采用案例分析方法，直接对组建或加入企业集团后绩效有明显提高的上市公司进行深入分析，从中提炼出绩效提高的影响因素和作用机制。

6.1 分析步骤及说明

首先，对截至 2011 年 12 月 31 日所有 A 股上市公司中的企业集团进行追溯式分析，其中企业集团 1208 家（其中国有集团 788 家，非国有集团 420 家），独立企业组建或加入企业集团的时间判断依据为：上市公司本身、第一大股东或实际控制人其中之一组建或加入企业集团的时间。其次，以加入年为分界点，对追溯出的 2000 年后加入企业集团的上市公司分别计算加入前后三年的绩效（总资产净利率 ROA）。以 t 代表加入年，$t-1$，$t-2$，$t-3$ 表示加入前三年，t，$t+1$，$t+2$ 分别表示加入后三年。通过计算 $t-1$，$t-2$，$t-3$ 年的平均绩效，并与 t，$t+1$，$t+2$ 三年的平均绩效对比，选出组建或加入企业集团后三年的平均绩效增长率与加入前三年平均绩效增长率之差大于 5% 的上市公司作为分析样本。

经过以上两个步骤，共筛选出 19 家符合条件的上市公司，以下对这 19 家上市公司组建或加入企业集团前后绩效增长的影响因素进行识别，并进行分类分析。分析的目的是对我国企业集团绩效效应的作用机制和影响因素进行更为深入的分析，从而为我国企业集团政策的进一步完善与调整提出有针对性的政策建议。

6.2　对 19 家案例公司的总体分析

如表 6 - 1 所示，为总体描述这 19 家上市公司组建或加入企业集团前后 3 年的总体变化，主要采取以下指标来说明：使用流动比率来衡量变现能力；总资产周转率衡量资产管理水平；资产负债率衡量财务杠杆高低；使用总资产净利率衡量盈利能力；总资产衡量公司规模；股权集中度衡量公司持股的集中程度；预收账款是指公司销售商品或提供劳务时先收款后再发货或提供劳务，预付账款则是指公司采购商品或劳务时先付款再获取商品或劳务，因此预收账款减去预付账款的余值可以表明公司在销售和采购环节是否处于相对强势的市场地位；应付账款减去应收账款的余值可以表明公司占用客户流动资金的能力。

从加入前后 3 年的各项指标的均值变化来看，加入企业集团后，平均而言，19 家加入企业集团的上市公司的经营绩效有大幅上升（14.43%）；同时规模明显扩大，平均总资产增长了 118056.76 万元；平均股权集中度上升 7.69%；资产负债率下降了 18.65%，表明上市公司长期偿债能力增强；平均总资产周转率上升 0.33，表明上市公司整体资产管理水平加强；流动比例上升了 0.39，表明上市公司的流动性及短期偿债能力有很大改善；加入企业集团的上市公司预收账款减去预付账款的均值和应收账款减去应付账款的均值均为正，分别为 7255.11 万元和 6057.33 万元，说明上市公司净占用了客户的资金，在采购和销售环节处于相对强势的市场地位。

以上分析结果表明，加入企业集团后，上市公司绩效上升，规模

表6—1　加入企业集团前后指标变化汇总

名称	国有控股*	总资产净利率变化（%）	股权集中度变化（%）	总资产周转率变化（次）	资产负债率变化（%）	总资产变化（万元）	流动比率变化	预收减预付变化（万元）	应付减应收变化（万元）
华意压缩	是	5.89	-8.53	0.56	1.70	52255.78	0.12	114.02	22487.90
民生投资	否	5.03	-0.44	-0.10	0.36	1475.54	1.17	6880.90	5212.61
广州浪奇	是	7.25	-11.69	0.23	3.63	9497.61	-0.23	448.14	472.26
海马汽车	否	12.63	-2.12	1.94	-15.19	-11456.68	0.27	3400.35	1605.78
苏宁环球	否	23.18	2.19	0.31	-10.59	126186.67	0.97	81203.69	1005.79
罗牛山	否	6.36	-8.10	0.13	-1.21	8385.41	-0.20	1914.32	1443.89
平庄能源	是	20.21	13.68	0.09	-43.34	118614.18	0.72	14920.95	-13599.73
鑫茂科技	否	26.24	-7.48	0.15	7.03	5420.33	0.43	11226.78	5225.49
潍柴重机	是	28.87	0.13	0.25	-40.96	-22066.65	0.78	3951.28	3475.59
新和成	否	5.71	-3.07	-0.18	-36.28	295697.72	2.51	2289.15	2325.42
银鸽投资	是	11.56	-9.93	0.32	17.85	56451.89	-0.25	-3677.22	1011.24
广晟有色	是	13.83	6.40	-0.11	-23.06	65918.18	0.53	-2347.32	8333.60
大有能源	是	17.12	54.34	1.05	33.14	1005628.40	-5.89	52997.81	86459.09

续表

名称	国有控股*	总资产净利率变化（%）	股权集中度变化（%）	总资产周转率变化（次）	资产负债率变化（%）	总资产变化（万元）	流动比率变化	预收减预付变化（万元）	应付减应收变化（万元）
时代出版	是	9.51	24.75	0.37	-21.32	261122.90	2.00	-5518.48	-16326.70
均胜电子	否	26.99	31.66	0.42	-39.74	14578.25	0.50	-1433.01	-616.24
西藏旅游	否	8.84	4.47	0.50	11.15	8794.20	0.67	-3790.35	-758.92
正和股份	否	9.23	39.24	-0.54	-118.98	168356.04	1.83	-2171.29	4141.04
第一医药	是	13.29	2.66	0.07	-4.96	103733.88	1.24	-22304.22	-313.02
星湖科技	是	22.45	17.92	0.88	-73.64	-25515.14	0.18	-258.33	3504.15
均值		14.43	7.69	0.33	-18.65	118056.76	0.39	7255.11	6057.33

注：* 国有控股是针对上市公司组建或加入的企业集团控股股类型，"是"表示此企业集团第一大股东或其实际控制人属国有控股。
资料来源：上市公司各年年报数据整理。

扩大，资产管理水平加强；流动性更为充裕，短期和长期偿债能力增强，而且对负债经营的依赖减少；上市公司的市场地位上升，在采购和销售环节占有较强的优势。

6.3 典型上市公司案例分析

对这 19 家上市公司组建或加入企业集团前后 3 年各指标的分析表明，企业集团的绩效效应表现在公司盈利水平、运营效率、流动性和偿债能力以及市场竞争地位等各方面。为更进一步地分析企业集团绩效效应的具体作用机制，以及独立企业组建或加入企业集团的动机。本部分将对这 19 家上市公司进行了深入的分析，对每家上市公司加入企业集团前后公司概况以及绩效变化情况进行了追溯式的分析，为更为有效地反映企业集团的绩效效应，本章对组建或加入后的公司绩效的研究截至 2011 年 12 月 31 日，所选用的绩效指标包括净利润、总资产净利率、总资产周转率、主营业务利润以及销售毛利率等，将企业集团绩效效应作用机制划分为以下八方面的原因。

6.3.1 主营业务变更，盈利能力根本改变

在以上的 19 家公司中，组建或加入企业集团后涉及主营业务变更的公司有 10 家，按照组建或加入企业集团后主营业务的行业类型，可把这 10 家公司分为以下六类。

6.3.1.1 第一类：汽车或汽车零部件制造业

（1）海马汽车。

① 加入企业集团前公司概况。

如表 6-2 所示，加入企业集团前，海南金盘实业股份有限公司

（海南金盘）是一家以工业开发区的开发建设经营厂房出租出售为主并同时进行工业项目投资的综合性开发型企业，主营业务：矿泉水销售、房地产销售、物业收入，控股股东为海口市财政局。截至2002年12月31日，已连续两年亏损，股票简称"ST金盘"从海南金盘的资本结构来看，2000年、2001年和2002年公司资产负债率高达71.11%、90.35%和99.29%，已获利息倍数为：1.11、-25.07和-25.07。公司2002年年报称，"公司债务高企，除了海南上恒投资有限公司的债务外公司仍有近3亿元的银行直接负债或有负债而且大部分已逾期化解债务风险工作仍很艰巨；公司原有的投资项目因市场原因加之经营不善盈利能力差；新的利润增长点仍然缺乏盈利能力还需大力加强。"鉴于公司主营业务失去持续经营能力，已无偿债可能，海南金盘2002年的年报称："力争早日寻求新的利润增长点使公司步出亏损的局面"。

表6-2　　　　　　　　　　加入企业集团前公司概况

加入集团时间	原公司名称	原公司主营业务	原股票简称	原控股股东	原持股性质
2003年	海南金盘实业股份有限公司	矿泉水销售、房地产销售、物业收入	ST金盘	海口市财政局	发起人国家股

②　加入企业集团后概况。

根据海口市中级人民法院裁定，海口市财政局将持有的海南金盘国家股8323.96万股以每股0.40元的价格转让给海南海马投资有限公司（以下简称"海马公司"）冲抵海口市财政局欠海马公司的3329.58万元的债务，转让后股份性质变更为社会法人股，公司实际控制人为个人，海马公司持有海南金盘社会法人股8323.96万股占公司总股本的38.55%成为公司第一大股东，海口市财政局不再持有公司股份。2006年11月27日，海马汽车集团股份有限公司（以下简称"海马汽车"）向海南汽车有限公司

（以下简称"海南汽车"）发行 2.96 亿股的人民币普通股购买海南汽车的相关资产，公司总股本由 2.16 亿股增至 5.12 亿股。海马汽车控股股东由海马投资变更为海南汽车，定向增发完成后公司实际控制人未发生变化。2007 年公司名称由"海南金盘实业股份有限公司"变更为"海马投资集团股份有限公司"；经交易所核准，自 2007 年 1 月 12 日起，公司股票简称由"金盘股份"变更为"海马股份"，自 2011 年 5 月 12 日起，公司名称由"海马投资集团股份有限公司"变更为"海马汽车集团股份有限公司"，简称变更为"海马汽车"。原海南金盘成为海南汽车集团企业，主营业务变更为汽车及汽车发动机的研发、制造、销售、物流配送及相关业务，如表 6 - 3 所示。

表 6 - 3　　　　　　　　加入企业集团后公司概况

现公司名称	现公司主营业务	现股票简称	现控股股东	实际控制人
海马汽车集团股份有限公司	汽车及汽车发动机的研发、制造、销售、物流配送及相关业务	海马汽车	海南汽车有限公司	个人

表 6 - 4 说明，主营业务发生了根本改变后，原海南金盘的经营业绩实现了扭亏为盈，从盈利能力来看，盈利能力增长迅速，主营业务利润从 2003 年的 2431.76 万元迅速增长到 2011 年的 98452.38 万元，净利润从 2003 年的 954.50 万元增长到 2011 年的 55049.81 万元；总资产净利率从 2003 年的 1.30% 增长到 2011 年的 4.26%，期间最高曾达 2007 年的 15.81%，说明公司投入产出水平较高，资产运营较为有效，成本费用的控制水平较高。总资产周转率从 2003 年的 0.09% 增长到 2011 年的 0.87%，最高曾达 2010 年的 0.98%，说明公司总资产周转速度较快，销售能力较强，资产利用效率较高。总体而言，海南金盘加入企业集团后，由于主营业务的转换绩效得到了较大提升，获得了持续经营能力。

表 6 - 4　　　　　　　　加入企业集团后公司绩效情况

	2003 年	2004 年	2005 年	2006 年	2007 年	2008 年	2009 年	2010 年	2011 年
净利润（万元）	954.50	4320.11	7839.38	12273.27	87053.30	255.39	-51214.09	50947.90	55049.81
总资产净利率（%）	1.30	6.45	11.60	7.07	15.81	0.04	-7.18	4.92	4.26
总资产周转率（%）	0.09	0.40	5.55	2.13	1.54	0.84	0.88	0.98	0.87
主营业务利润（万元）	2431.76	4395.87	14915.85	18849.32	61731.48	8227.19	1839.31	78067.43	98452.38
销售毛利率	42.68	19.12	4.17	5.44	12.19	6.20	4.99	11.81	13.02

（2）均胜电子。

① 加入企业集团前公司概况。

如表 6 - 5 所示，加入企业集团前，辽源得亨股份有限公司（以下简称辽源得亨）是一家以纺织原料：涤纶和氨纶为主营业务的公司，控股股东是辽源市财政局。纺织工业是受国际金融危机影响最早的行业，我国已连续多年是世界第一大纺织品生产国和出口国，2007 年金融危机爆发前我国纺织工业企业数量为 4.52 万家，工业总产值 31023 亿元，出口额 1756 亿美元。2000～2007 年，工业增加值年均增长 20.09%，利润总额年均增长 23.47%，出口总额（可比价）年均增长 14.63%。从 2007 年下半年开始，纺织工业高速增长的态势发生改变，增速大幅放缓，困难日趋严重，纺织工业的发展面临重大挑战。2008 年第四季度以后由于辽源得亨主营业务，即纺织原料涤纶及氨纶市场急剧恶化，两大主营业务先后停限产。2008 年和 2009 年辽源得亨连续两年亏损，2009 年公司净资产为 -1.72 亿元，资产负债率高达 121.13%，已获利息倍数为 -3.4645。辽源得亨 2009 年的年报发布可能对公司持续经营能力导致重大变化的不确定的因素："截至 2009 年 12 月 31 日，公司累计未弥补亏损 540946630.62 元，逾期银行借款本金 406527924.50

元，应付银行利息 226644451.05 元，流动负债超过流动资产 347545039.01 元，股东权益为 - 172378144.45 元，已不能偿付到期银行债务，当期亏损 353608853.17 元"，并说明："由于公司所处行业衰退，已经丧失了盈利能力，仅仅依靠自身力量无法摆脱困境。"

表 6 - 5　　　　　　　　加入企业集团前公司概况

加入集团时间	原公司名称	原公司主营业务	原股票简称	原控股股东	原持股性质
2010 年	辽源得亨股份有限公司	纺织原料：涤纶和氨纶	辽源得亨	辽源市财政局	国有股

② 加入企业集团后概况。

宁波均胜投资集团有限公司以 2.14 亿元受让辽源得亨全体股东让渡的 4053.5 万股；同时辽源得亨分别向宁波均胜投资集团有限公司（以下简称均胜集团）及其一致行动人，宁波市科技园区安泰科技有限责任公司和骆建强非公开发行 1.73 亿股、3131.15 万股及 229.8 万股股份，作为对价均胜集团向辽源得亨置入汽车零部件研制、生产和销售相关资产。公司名称更名为辽源得亨股份有限公司，主营业务由纺织原料变更为汽车零部件研制、生产和销售，如表 6 - 6 所示。

表 6 - 6　　　　　　　　加入企业集团后公司概况

现公司名称	现公司主营业务	现股票简称	现控股股东	实际控制人
辽源得亨股份有限公司	汽车零部件研制、生产和销售	ST 得亨	宁波均胜投资集团有限公司	个人

表 6 - 7 说明，置入毛利率较高的主营业务后，原辽源得亨的经营绩效实现了根本改变，从盈利能力来看，主营业务利润和净利润分别达 29506.97 万元和 17688.81 万元，实现了扭亏为盈。从资本结构来看，公司资产负债率为 51.25%。总资产净利率和总资产

周转率分别为12.92%和1.07%，说明资产运营较为有效，资产利用效率较高。总体而言，由于主营业务由纺织原料转换为汽车零部件研制、生产和销售，原辽源得亨实现了扭亏为盈，获得了持续经营能力。

表6-7　　　　　　　　加入企业集团后公司绩效情况

总资产净利率（%）	总资产周转率（%）	净利润（万元）	主营业务利润（万元）	资产负债率（%）	销售毛利率（%）
12.92	1.07	17688.81	29506.97	51.25	20.55

6.3.1.2　第二类：煤炭、有色金属采掘业

（1）平庄能源。

① 加入企业集团前公司概况。

如表6-8所示，加入企业集团前，内蒙古草原兴发股份有限公司（以下简称草原兴发）为一家主营业务为肉羊、肉鸡、牦牛及其系列产品的生产、加工和销售的公司。2004年和2005年分别巨额亏损-3.62亿元和-4.74亿元，2005年草原兴发资产负债率高达91%，当年已获利息倍数为-5.82。截至2006年12月31日，草原兴发以部分固定资产和土地使用权向银行抵押借款5.14亿元，逾期借款9.37亿元，2004~2006年公司带息债务分别达20.07亿元、20.53亿元和17.43亿元。赤峰市元宝山区人民政府给予草原兴发财政补贴3亿元，公司在2006年实现净利润256万元。草原兴发2006年年报称："截至2006年12月31日，本公司累计经营性亏损达133661.27万元，流动负债超过流动资产115489.21万元。此外，本公司以部分固定资产和土地使用权向银行抵押借款51431万元，逾期借款93761万元。由于本公司巨额亏损及无法获得正常经营所需资金，生产经营受到严重影响，可能在正常的生产经营过程中无法变现资产、清偿债务。"

表6-8   加入企业集团前公司概况

加入集团时间	原公司名称	原公司主营业务	原股票简称	原控股股东	实际控制人
2007 年	内蒙古草原兴发股份有限公司	肉羊、肉鸡、牦牛及其系列产品的生产、加工和销售	ST 兴发	赤峰市银联投资有限责任公司	自然人

② 加入企业集团后概况。

在地方政府的主导下，2007 年草原兴发的三大法人股股东：赤峰市银联投资有限责任公司、赤峰大兴经贸有限责任公司、赤峰万顺食品有限责任公司所持股份协议转让给内蒙古平庄煤业（集团）有限责任公司（以下简称平煤集团）；同时草原兴发向控股股东平煤集团定向发行 4 亿股，定向发行后公司总股本为 10.14 亿股，平煤集团持有公司 6.22 亿股，占公司总股本的 61.42%，成为公司绝对控股股东。草原兴发更名为内蒙古平庄能源股份有限公司（以下简称平庄能源），实际控制人为赤峰市经济委员会。2008 年，赤峰市经济委员会向中国国电集团公司（以下简称国电集团）无偿划转 3% 股权，国电集团通过股权转让及无偿划转方式累计持有平煤集团 51% 的股权，国电集团因此成为平煤集团的实际控制人。国电集团是经国务院批准，于 2002 年 12 月 29 日在原国家电力公司部分企事业单位基础上组建的国有企业，是电力体制改革后国务院批准成立的五大全国性发电企业集团之一，是经国务院同意进行国家授权投资的机构和国家控股公司试点企业。国电集团控制煤炭储量 150 亿吨。2010 年，国电集团入选世界"500 强"企业。截至 2011 年 12 月 31 日，国电集团可控装机容量 1.06 亿千瓦，资产总额 6459.6 亿元，产业遍布全国 31 个省、市、自治区；控制煤炭资源量 150 亿吨，年煤炭产量 6505 万吨，如表 6-9 所示。

表 6 – 9　　　　　　　　　　加入企业集团后公司概况

现公司名称	现公司主营业务	现股票简称	现控股股东	现实际控制人
内蒙古平庄能源股份有限公司	煤炭生产、洗选加工、销售	平庄能源	内蒙古平庄煤业（集团）有限责任公司	中国国电集团公司

在主营业务变更为煤炭生产、洗选与加工业后，原草原兴发扭亏为盈，获得了持续经营能力。表 6 – 10 说明，在主营业务变更为煤炭生产、洗选与加工业后，原草原兴发扭亏为盈，获得了持续经营能力。主营业务发生了根本改变后，原草原兴发的经营业绩实现了扭亏为盈，从盈利能力来看，盈利能力增长迅速，主营业务利润从 2007 年的 33548.54 万元迅速增长到 2011 年的 153103.58 万元，净利润从 2007 年的 12461.12 万元增长到 2011 年的 90235.75 万元；总资产净利率从 2007 年的 3.95% 增长到 2011 年的 17.08%，说明公司投入产出水平较高，资产运营较为有效，成本费用的控制水平较高。销售毛利率从 2007 年的 27.89% 增长到 2011 年的 41.30%，说明公司盈利能力强。总体而言，原草原兴发加入企业集团后，由于主营业务的转换绩效得到了较大提升，获得了持续经营能力。

表 6 – 10　　　　　　　　　　加入企业集团后公司绩效情况

	2007 年	2008 年	2009 年	2010 年	2011 年
净利润（万元）	12461.12	51725.08	46861.06	64775.41	90235.75
总资产净利率（%）	3.95	14.77	11.53	13.38	17.08
总资产周转率（%）	0.42	0.75	0.66	0.67	0.75
主营业务利润（万元）	33548.54	98761.25	84705.30	112638.93	153103.58
销售毛利率（%）	27.89	40.26	34.33	37.59	41.30

（2）广晟有色。

① 加入企业集团前公司概况。

如表 6 – 11 所示，加入企业集团前，海南兴业聚酯股份有限公司

（以下简称"兴业聚酯"）是一家主营聚酯切片及化纤等化工产品的公司。公司控股股东为海南华顺实业有限责任公司，股票简称为"ST聚酯"。公司的年报称，"由于国际原油价格不断上涨，主要原料PTA、EG价格仍处高位，造成聚酯企业运行成本升高，导致聚酯产品毛利率大幅下降，聚酯行业整体盈利水平下降。加之国内聚酯化纤产能扩张过快，聚酯产品整体供大于求的矛盾依旧突出，产品需求减速，市场竞争激烈；此外，中国纺织品贸易形势严峻，国内聚酯行业经营环境困难"。兴业聚酯2005年和2006年连续两年巨额亏损，2005年、2006年和2007年海南聚酯的资产负债率高达92.26%、99.86%和99.59%。

表6-11　　　　　　　　　　加入企业集团前公司概况

加入集团时间	原公司名称	原公司主营业务	原股票简称	原控股股东	实际控制人
2008年	海南兴业聚酯股份有限公司股票	涤纶长丝、聚酯产品	ST聚酯	海南华顺实业有限责任公司	海南省政府国有资产监督管理委员会

②加入企业集团后概况。

2007年12月11日，广东广晟有色金属集团有限公司（以下简称"有色集团"）协议受让兴业聚酯前三大股东，海南华顺实业有限责任公司，中国东方资产管理公司海口办事处，澄迈盛业贸易有限公司持有的兴业聚酯法人股8876万股；2008年兴业聚酯以扣除银行负债后的全部资产和负债置换广晟有色持有的稀土、钨等相关资产，兴业聚酯向广晟有色定向增发3600万股支付资产置换差额2.4亿元，定向增发完成后，有色集团成为广晟有色的控股股东，合计持有本公司12476万股股份，占公司总股本的50.02%。主营业务范围发生实质变化，主要经营产品已由聚酯切片及化纤等化工产品转为稀土、钨精矿等有色金属产品，如表6-12所示。

表6－12　　　　　　　　加入企业集团后公司概况

现公司名称	现公司主营业务	现股票简称	现控股股东	现实际控制人
广晟有色金属股份有限公司	稀土、钨精矿等有色金属产品	广晟有色	广东广晟有色金属集团有限公司	广东省人民政府国有资产监督管理委员会

表6－13说明，在主营业务变更为有色金属行业后，原兴业聚酯实现了扭亏为盈，获得了持续经营的能力。主营业务利润从2008年的－211.27万元迅速增长到2011年的50389.78万元，净利润从2008年的551.26万元增长到2011年的22121.78万元；总资产净利率从2008年的0.58%增长到2011年的10.94%，说明公司投入产出水平较高，资产运营较为有效，成本费用的控制水平较高。总资产周转率从2003年的0.60%增长到2011年的1.10%，说明公司总资产周转速度较快，销售能力较强，资产利用效率较高。总体而言，原兴业聚酯加入企业集团后，由于主营业务的转换绩效得到了较大提升，获得了持续经营能力。公司的年报称："公司成功转型成为一家有色金属的开采、加工与销售的资源类上市公司，公司从而获得了持续经营的资产，恢复了公司盈利能力。"

表6－13　　　　　　　加入企业集团后公司绩效情况

	2008 年	2009 年	2010 年	2011 年
净利润（万元）	551.26	2964.21	5500.98	22121.78
总资产净利率（%）	0.58	2.45	3.77	10.94
总资产周转率（%）	0.60	0.56	0.77	1.10
主营业务利润（万元）	－211.27	10888.52	18200.94	50389.78
销售毛利率（%）	－0.10	16.70	16.82	23.69

（3）大有能源。

① 加入企业集团前公司概况。

如表6－14所示，加入企业集团前，南京欣网视讯科技股份有限公司（以下简称"欣网视讯"）是一家主营软件产品、系统集成、通信工程及增值服务的公司。原控股股东是上海富欣投资发展有限公司，股票简称为"欣网视讯"。

表 6 – 14   加入企业集团前公司概况

加入集团时间	原公司名称	原公司主营业务	原股票简称	原控股股东	实际控制人
2011 年	南京欣网视讯科技股份有限公司	软件产品、系统集成、通信工程及增值服务	欣网视讯	上海富欣投资发展有限公司	上海贝尔工会

如表 6 – 15 所示，欣网视讯 2003 年上市以来的年报显示，公司资产负债率一直较低（2003～2010 年的平均值为 19.77），而流动比率较高（2003～2010 年的平均值为 7.95），这说明欣网视讯的资金较为充足。

表 6 – 15   加入企业集团前公司绩效情况

	2003 年	2004 年	2005 年	2006 年	2007 年	2008 年	2009 年	2010 年
净利润（万元）	1228.72	939.18	883.26	1131.17	2569.58	4349.16	5798.84	902.23
总资产净利率（%）	5.80	2.60	2.16	3.17	8.03	11.54	12.95	2.14
总资产周转率（%）	0.82	0.72	0.59	0.61	0.62	0.81	0.72	0.58
主营业务利润（万元）	3925.90	3645.25	3849.49	4226.28	7555.13	12411.78	14863.12	9568.09
销售毛利率（%）	24.03	14.81	16.91	21.68	41.89	44.18	49.69	43.68
资产负债率（%）	22.34	35.15	34.01	6.33	11.95	15.75	21.40	11.24
流动比率	4.54	2.84	2.94	22.46	9.23	6.62	4.93	10.02

据公司历年年报显示，欣网视讯选择变更主营业务从而加入企业集团的原因在于：

第一，近年来通信行业整体利润率下降，公司传统产业业务量不断萎缩。电信运营商投资规模增速放缓使公司软件业务面临激烈的市场竞争，软件产品的盈利空间不断缩小；同时，随着移动运营商、内容提供商向服务提供商的渗透，公司无线增值业务的发展面临着巨大的竞争压力；通信工程服务业务受到运营商投资规划的影响较大，利润率的下降给整个通信服务行业都带来了负面影响。第二，公司新拓展的业务方向受相关产业政策影响。由于募集资金到位较晚，计划投资项目难以取得预计投资回报，欣网视讯两次改变募集资金投向，其一是投向宽带增值业务方面，即网络电视IPTV业务。在以电视为终端的IPTV业务方面，国家广电总局采取基于电视终端的IPTV的许可证管理，截至2005年12月31日仅向上海文广发放了唯一的一张许可证，这使"整个IPTV产业的发展速度变慢，以宽带运营商为主导的IPTV业务模式迟迟未能形成，我们无法通过与宽带运营商进行业务合作而成为一个IPTV业务平台的供应商，IPTV业务法迅速实现收益"，因此欣网视讯把业务方向从以电视为终端的IPTV业务转向行业性的流媒体技术应用业务。但"从目前江苏一些地区的使用情况来看，行业性流媒体技术应用业务的实际运营情况并不理想"。第三，试图收购南京广电风尚传媒有限公司39%股权，根据2005年4月13日颁布的《国务院关于非公有资本进入文化产业的若干规定》（国发〔2005〕10号）第九条的规定"非公有资本不得经营报刊版面、广播电视频率频道和时段栏目。"新网视讯2005年年报称，由于收购南京广电风尚传媒有限公司39%股权的项目无法获得有关主管部门的批准，经协商同意上述项目终止。由于在2002年和2003年因为资金未能如期到位，研发投入不足，公司丧失了不少市场机会，加之电信行业近几年来的发展突飞猛进，通信技术和运营方式的变化非常快，考虑到整体的市场需求进度和竞争对手的技术快速更新，目前公司在某些项目上已经没有明显的竞争优势，要想在市场中处于领先地位、取得较高的投资回报难度较大。

② 加入企业集团后概况。

如表 6 – 16 所示，2011 年欣网视讯控股股东上海富欣投资发展有限公司出售全部资产及负债，同时向义马煤业集团股份有限公司（以下简称"义煤集团"）发行 7.06 亿股股份购买其持有的煤炭业务相关资产。公司名称变更为河南大有能源股份有限公司，控股股东由上海富欣投资发展有限公司变更为义马煤业集团股份有限公司，持股比例为 84.71%，义煤集团主营煤炭开采、洗选加工和批发。

表 6 – 16 加入企业集团后公司概况

现公司名称	现公司主营业务	现股票简称	现控股股东	现实际控制人
河南大有能源股份有限公司	煤炭采掘、洗选加工及销售	大有能源	义马煤业集团股份有限公司	河南省人民政府国有资产监督管理委员会

如表 6 – 17 所示，在主营业务变更为煤炭采掘、洗选加工及销售业后，原欣网视讯实现了扭亏为盈，获得了持续经营的能力。从盈利能力来看，主营业务利润和净利润分别达 324248.50 万元和 324248.50 万元，实现了扭亏为盈。从资本结构来看，公司资产负债率为 49.27%。总资产净利率和总资产周转率分别为 25.99% 和 1.07%，说明资产运营较为有效，资产利用效率较高。总体而言，由于主营业务由纺织原料转换为汽车零部件研制、生产和销售，原欣网视讯实现了扭亏为盈，获得了持续经营能力。原欣网视讯加入企业集团后，由于主营业务的转换绩效得到了较大提升，获得了持续经营能力。

表 6 – 17 加入企业集团后公司绩效情况

总资产净利率（%）	总资产周转率（%）	净利润（万元）	主营业务利润（万元）	资产负债率（%）	销售毛利率（%）
25.99	1.75	140825.91	324248.50	49.27	36.05

6.3.1.3　第三类：房地产业

（1）苏宁环球。

① 加入企业集团前公司概况。

如表6–18所示，加入企业集团前，吉林纸业股份有限公司（以下简称"吉林纸业"）是一家主营业务为机制纸、纸板、胶带、纸制品制造、纸浆等的生产和销售的公司。控股股东为吉林市国有资产经营有限责任公司，股票简称为"ST吉纸"。截至2004年12月31日，吉林纸业已连续巨额亏损3年并处于停产状态，2002～2004年净利润分别为–2.28亿元、–5.08亿元和–6.78亿元，资产负债率高达66%、82%和111%，2004年净资产为–2.33亿元，流动负债总额超过流动资产总额高达15.22亿元，大量到期债务无力偿还。因此，上海众华沪银会计师事务所有限公司出具了无法表示意见的审计报告，对公司能否依靠自身能力持续经营提出质疑。

表6–18　　　　　　　　　加入企业集团前公司概况

加入集团时间	原公司名称	原公司主营业务	原股票简称	原控股股东
2005年	吉林纸业股份有限公司	机制纸、纸板、胶带、纸制品制造、纸浆等的生产和销售	ST吉纸	吉林市国有资产经营有限责任公司

② 加入企业集团后概况。

2005年公司原控股股东吉林市国有资产经营有限责任公司将其持有的2亿股国家股转让给江苏苏宁环球集团有限公司（以下简称"苏宁集团"），同时吉林纸业按评估值购买苏宁集团持有的天华百润和华浦高科各95%的股权；苏宁集团全额豁免吉林纸业应付的股权转让价款，形成了债务重组收益4.03亿元。苏宁集团成为吉林纸业控股股东，持股比例为50.06%，实际控制人为个人。苏宁集团的经营范围包括：房地产开发与经营，实业投资，资产经营，科技开发与成果转让，家用电器、空调制冷设备、建筑材料的制造和销售，国内贸易（国家有专项规定的办理审批手续后经营）。苏宁集团对公司进行了重大资产重组，向上市公司置入了天华百润和华浦高科各95%的股权，使公司具有了持续经营能力，主营业务由造纸业变更为房地产开发经营与混凝土生产销售，如表6-19所示。

表6-19　　　　　　　　加入企业集团后公司概况

现公司名称	现公司主营业务	现股票简称	现控股股东	现实际控制人
苏宁环球股份有限公司	房地产开发	苏宁环球	江苏苏宁环球集团有限公司	个人

如表6-20所示，原吉林纸业主营业务变更为房地产开发业务后，实现了扭亏为盈，获得了持续经营能力。从盈利能力来看，公司盈利能力增长迅速，主营业务利润从2005年的-13.12万元迅速增长到2011年的133703.79万元，净利润从2005年的1558.41万元增长到2011年的81456.87万元；总资产净利率从2005年的0.86%增长到2011年的5.00%，说明公司投入产出水平较高，资产运营较为有效，成本费用的控制水平较高。销售毛利率从2007年的-46.48%增长到2011年的45.36%，说明公司盈利能力强。总体而言，原吉林纸业加入企业集团后，由于主营业务的转换绩效得到了较大提升，获得了持续经营能力。

表6-20　　　　　　　　加入企业集团后公司绩效情况

	2005年	2006年	2007年	2008年	2009年	2010年	2011年
净利润（万元）	1558.41	8238.02	22540.22	56895.48	80342.46	87919.76	81456.87
总资产净利率（%）	0.86	4.17	7.60	11.52	10.35	7.22	5.00
总资产周转率（%）	0.00	0.54	0.43	0.46	0.36	0.29	0.23
主营业务利润（万元）	-13.12	16379.51	36833.07	94071.33	122575.93	136657.17	133703.79
销售毛利率（%）	-46.48	20.60	35.86	53.12	52.13	47.58	45.36

（2）正和股份①。

① 加入企业集团前公司概况。

如表 6 - 21 所示，加入企业集团前，海南华侨投资股份有限公司（以下简称"海南华侨"）是一家主要经营制药业及商业流通业的公司。公司控股股东为福建北方发展股份有限公司，公司股票简称为："ST 琼华侨"。截至 2006 年 12 月 31 日海南华侨主营业务停滞，累计亏损达 3.18 亿元，2004～2006 年公司净资产分别为 - 0.8 亿元、- 1.23 亿元和 - 0.77 亿元，资产负债率高达 135%、147% 和 129%。海南华侨 2006 年年报称，由于公司已资不抵债，持续经营能力存在重大不确定性，面临退市风险。公司董事会认为需改变公司资产状况、提升经营业绩，实现可持续发展。

表 6 - 21　　　　　　　　加入企业集团前公司概况

加入集团时间	原公司名称	原公司主营业务	原股票简称	原控股股东	实际控制人
2007 年	海南华侨投资股份有限公司	制药业及商业流通业	ST 琼华侨	福建北方发展股份有限公司	个人

② 加入企业集团后概况。

2007 年，海南华侨控股股东福建北方发展股份有限公司（以下简称"北方发展"）将其持有公司的 6230.4 万股公司法人股中的 1615.2 万股转让给广西正和实业集团有限公司（以下简称"广西正和"），正和集团向北方发展支付转让价款人民币 3500 万元。同年，海南华侨投资股份有限公司向广西正和定向增发 7.3 亿股权，公司向广西正和非公开发行 73000 万股人民币普通股（A 股），每股面值人民币 1 元，每股发行价 1.92 元，增加注册资本人民币 73000 元，新增注册资本用于购买广西公司向福建北方发展股份有限公司出售原有

---

① 涉及多元化矿业金采选，但由于研究期间并未盈利从而成为公司主营业务，因而未归入多元化类。

全部资产，并以新增股份向广西正和实业集团有限公司购买谷埠街国际商城商业地产，主营业务从药品销售转变为商业房产的出租。至此，公司名称变更为海南正和实业集团股份有限公司，控股股东为广西正和实业集团有限公司，如表 6 - 22 所示。

表 6 - 22　　　　　　　　加入企业集团后公司概况

现公司名称	现公司主营业务	现股票简称	现控股股东	现实际控制人
海南正和实业集团股份有限公司	商业房产出租	正和股份	广西正和实业集团有限公司	个人

如表 6 - 23 所示，原海南华侨主营业务变更为商业房产出租后，实现了扭亏为盈，获得了持续经营的能力。主营业务利润从 2007 年的 1093.21 万元迅速增长到 2011 年的 16794.74 万元，净利润从 2007 年 9158.74 万元增长到 2011 年的 13052.16 万元；总资产周转率从 2007 年的 0.02% 增长到 2011 年的 0.30%，说明公司投入产出水平较高，资产运营较为有效，成本费用的控制水平较高。总资产周转率从 2003 年的 0.60% 增长到 2011 年的 1.10%，说明公司总资产周转速度较快，销售能力较强，资产利用效率较高。总体而言，原海南华侨加入企业集团后，由于主营业务的转换绩效得到了较大提升，获得了持续经营能力。

表 6 - 23　　　　　　　　加入企业集团后公司绩效情况

	2007 年	2008 年	2009 年	2010 年	2011 年
净利润（万元）	9158.74	12975.11	15699.67	21141.24	13052.16
总资产净利率（%）	10.50	7.68	7.24	7.12	3.03
总资产周转率（%）	0.02	0.05	0.11	0.30	0.30
主营业务利润（万元）	1093.21	6051.14	7604.19	18992.51	16794.74
销售毛利率（%）	99.12	83.00	37.83	24.43	15.03

6.3.1.4　第四类：印刷、出版业（时代出版）

① 加入企业集团前公司概况。

如表6-24所示，加入企业集团前，科大创新股份有限公司（以下简称"科大创新"）是一家主营辐射法生产的乳胶系列产品、医疗电子产品和电子安全产品的公司，控股股东为中科大资产经营有限责任公司，股票简称为"科大创新"。

表6-24　　　　　　　　　加入企业集团前公司概况

加入集团时间	原公司名称	原公司主营业务	原股票简称	原控股股东	实际控制人
2008年	科大创新股份有限公司	辐射法生产的乳胶系列产品，医疗电子产品和电子安全产品	科大创新	中科大资产经营有限责任公司	中国科学技术大学

如表6-25所示，科大创新股份有限公司（以下简称"科大创新"）历年年报显示，公司2002年上市以来，由于2003年管理不善发生亏损，公司生产经营受到重大影响，致使未能如期完成募集资金投资项目，由于市场环境变化，项目实施后未能达到预计收益。为提高公司主营业务盈利能力，科大创新计划向特定对象安徽出版集团有限责任公司（以下简称"安徽出版集团"）定向发行股票，以购买安徽出版集团持有的出版、印刷等文化传媒类资产，从而实现公司主营业务向文化传媒类业务转型。

表6-25　　　　　　　　　加入企业集团前公司绩效

	2002年	2003年	2004年	2005年	2006年	2007年
净利润（万元）	117.12	-4553.07	299.71	339.51	479.78	775.12
总资产净利率（%）	0.51	-14.95	1.09	1.38	1.90	2.92
总资产周转率（%）	0.28	0.25	0.34	0.41	0.44	0.45
主营业务利润（万元）	2847.61	3125.88	3441.36	3350.78	3116.28	3745.83

	2002 年	2003 年	2004 年	2005 年	2006 年	2007 年
销售毛利率（%）	45.00	41.89	37.80	33.68	30.02	32.49
资产负债率（%）	15.32	17.51	14.90	44.71	42.17	43.76
流动比率	1.33	1.08	1.04	1.09	1.25	1.11

② 加入企业集团后概况。

2008 年，科大创新向安徽出版集团定向发行股票 1.2 亿股，安徽出版集团以其所持有的所有出版、印刷等文化传媒类资产认购本次发行的全部股份。发行股份购买资产完成后，安徽出版集团持有科大创新 61.60% 的股份，成为公司控股股东。安徽出版集团将把公司所属出版、印刷等文化传媒类资产整体注入公司，从而成为全国首家以出版印刷等文化传媒类资产业务整体上市的出版企业。安徽出版集团有限责任公司的实际控制人是安徽省人民政府，主要经营对所属企业国（境）内外图书、期刊、报纸、电子出版物、音像制品、网络出版物的出版及销售、物流配送、连锁经营进行管理，图书租赁及咨询服务等，如表 6 - 26 所示。

表 6 - 26　　　　　　　加入企业集团后公司概况

现公司名称	现公司主营业务	现股票简称	现控股股东	现实际控制人
时代出版传媒股份有限公司	印刷、出版等文化传媒业务	时代出版	安徽出版集团有限责任公司	安徽省人民政府

如表 6 - 27 所示，原科大创新主营业务变更为印刷出版等业务后，主营业务盈利能力明显增强。主营业务利润从 2008 年的 40688.40 万元迅速增长到 2011 年的 53315.82 万元，净利润从 2008 年的 22603.21 万元增长到 2011 年的 27524.97 万元。总体而言，原海南华侨加入企业集团后，由于主营业务的转换绩效得到了较大提升。

表 6 - 27　　　　　　　　　加入企业集团后公司绩效情况

	2008 年	2009 年	2010 年	2011 年
净利润（万元）	22603.21	23123.50	25183.28	27524.97
总资产净利率（%）	17.49	9.23	7.99	7.15
总资产周转率（%）	1.13	0.70	0.58	0.63
主营业务利润（万元）	40688.40	47764.16	49176.85	53315.82
销售毛利率（%）	28.69	27.92	27.49	22.36

6.3.1.5　第五类：内燃机制造（潍柴重机）

① 加入企业集团前公司概况。

如表 6 - 28 所示，加入企业集团前，山东巨力股份有限公司（以下简称"山东巨力"）是一家主营三轮农用运输车及配件、四轮农用运输车及配件、拖拉机的生产、销售的公司。公司控股股东为北京盛邦投资有限公司，股票简称为"ST 巨力"。2005 年年报称，由于交通法①的出台、原材料涨价、银行银根紧缩、企业内部等诸多原因，公司资金链出现断裂，最终导致企业停产。截至 2005 年 12 月 31 日，山东巨力已连续三年巨额亏损，流动负债总额超过流动资产总额高达 4.57 亿元，累计亏损 6.06 亿元，2003～2005 年山东巨力净利润分别为 - 0.97 亿元、 - 2.14 亿元和 - 2.97 亿元，资产负债率分别为 58%、71% 和 103%，2005 年山东巨力净资产为 - 0.19 亿元，由于资不抵债，无法偿还到期债务，导致多起诉讼。对此，山东正源和信有限责任会计师事务所对公司 2005 年报出具无法表示意见的审计报告。

---

① 山东是全国最大的农用车生产基地，年产农用三轮车约占全国的八成，但自 2004 年 5 月 1 日新的《道路交通安全法》和《汽车产业发展政策》实施以来，以山东省著名品牌时风、巨力、五征等生产企业为代表的农用车行业遭受重创，产销量同比下降近一半，大多数企业面临半停产状态。

表 6 – 28 加入企业集团前公司概况

加入集团时间	原公司名称	原公司主营业务	原股票简称	原控股股东
2006 年	山东巨力股份有限公司	三轮农用运输车及配件、四轮农用运输车及配件、拖拉机的生产、销售	ST巨力	北京盛邦投资有限公司

② 加入企业集团后概况。

2005 年，山东巨力控股股东北京盛邦投资有限公司将持有的山东巨力 20500000 股发起人法人股在潍坊信义德拍卖有限公司执行拍卖，拍卖成交价 1389.70 万元人民币，买受人为潍坊市潍城区投资公司；2006 年，山东巨力原股东潍坊巨力机械总厂将所持有的山东巨力 4514.95 万股发起人法人股以 1 元对价协议转让给潍坊柴油机厂，潍城区国有资产管理局和潍坊市潍城区投资公司将所持有的山东巨力 1881.6 万股和 2050 万股发起人法人股无偿划转给潍坊柴油机厂，潍坊柴油机厂共持有山东巨力 8446.55 万股，从而成为山东巨力控股股东。2007 年 10 月 23 日，潍坊柴油机厂更名改制为"潍柴控股集团有限公司"，潍柴控股集团有限公司（以下简称"潍柴控股"）为山东省国有资产监督管理委员会设立的国有独资公司。2009 年，潍柴控股、山东工程机械集团有限公司及山东省汽车工业集团有限公司共同组建山东重工集团有限公司（以下简称"山东重工集团"），山东重工集团是山东省国有资产监督管理委员会设立的国有独资公司，重组后山东重工集团与所属企业之间建立母子公司管理体制。山东重工主要经营：省政府授权范围内的国有资产经营；投资和企业管理；规划组织、协调管理所属企业的生产经营活动；内燃机及其配套产品、工程机械及其他机械设备、零部件的研发、生产、销售。至此，公司名称变更为潍柴重机股份有限公司，控股股东为潍柴控股集团有限公司，如表 6 – 29 所示。

表 6 – 29   加入企业集团后公司概况

现公司名称	现公司主营业务	现股票简称	现控股股东	现实际控制人
潍柴重机股份有限公司	内燃机的生产、销售	潍柴重机	潍柴控股集团有限公司	山东省国有资产监督管理委员会

如表 6 – 30 所示，原山东巨力主营业务变更为内燃机的生产、销售业务后，实现了扭亏为盈，获得了持续盈利能力。从盈利能力来看，公司盈利能力增长迅速，主营业务利润从 2006 年的 185.55 万元迅速增长到 2011 年的 33251.99 万元，净利润从 2006 年的 2777.31万元增长到 2011 年的 18979.48 万元；总资产净利率从 2006 年的4.82%增长到 2011 年的 7.20%，期间最高曾达 2009 年的 12.30%，说明公司投入产出水平较高，资产运营较为有效，成本费用的控制水平较高。总资产周转率从 2006 年的 0.07%增长到 2011 年的 0.90%，最高曾达 2009 年的 1.61%，说明公司总资产周转速度较快，销售能力较强，资产利用效率较高。总体而言，原山东巨力加入企业集团后，由于主营业务的转换绩效得到了较大提升，获得了持续经营能力。

表 6 – 30   加入企业集团后公司绩效

	2006 年	2007 年	2008 年	2009 年	2010 年	2011 年
净利润（万元）	2777.31	5415.59	6919.87	17886.59	21776.41	18979.48
总资产净利率（%）	4.82	8.75	8.03	12.30	9.87	7.20
总资产周转率（%）	0.07	1.48	1.37	1.61	1.21	0.90
主营业务利润（万元）	185.55	12496.09	15983.63	36555.69	40092.77	33251.99
销售毛利率（%）	14.88	14.00	13.90	16.11	15.39	14.27

6.3.1.6 第六类：药品零售（第一医药）

① 加入企业集团前公司概况。

如表 6 – 31 所示，加入企业集团前，上海商业网点发展实业股份有限公司（以下简称"商业网点"）是一家主营商业网点用房的开发、建筑材料的公司。公司控股股东为上海商业网点发展有限责任公司，股票简称为"PT 网点"。截至 2000 年 12 月 31 日，商业网点已连续三年亏损，1998～2000 年商业网点的净利润分别为 −1.43 亿元、−1.86 亿元和 −1.37 亿元，资产负债率高达 90%、137% 和 184%，1999 年和 2000 年商业网点的净资产分别为 −2.78 亿元和 −4 亿元，2000 年 5 月 12 日，因连续三年亏损，商业网点股票暂停上市，特别转让期间，公司股票简称为"PT 网点"。

表 6 - 31　　　　　　　　加入企业集团前公司概况

加入集团时间	原公司名称	原公司主营业务	原股票简称	原控股股东
2001 年	上海商业网点发展实业股份有限公司	商业网点用房的开发、建筑材料	PT 网点	上海商业网点发展有限责任公司

② 加入企业集团后概况。

2001 年商业网点控股股东上海商业网点发展责任有限公司将持有的国有法人股共计 4145 万股协议转让给上海新世界（集团）有限公司（以下简称"新世界集团"），新世界集团将其拥有的医药零售资产注入商业网点公司，商业网点更名为上海第一医药股份有限公司（以下简称"第一医药"），主营业务变更为医药零售，如表 6 - 32 所示。

表 6 - 32　　　　加入企业集团后公司概况（2001～2005 年）

现公司名称	现公司主营业务	现股票简称	现控股股东
上海第一医药股份有限公司	医药零售	第一医药	上海新世界（集团）有限公司

如表 6 - 33 所示，原商业网点主营业务变更后扭亏为盈，获得了持续经营能力。从盈利能力来看，公司主营业务利润从 2001 年的 5586.94 万元迅速增长到 2005 年的 11744.63 万元；总资产周转率从

2001 年的 0.55% 增长到 2011 年的 1.56%，最高曾达 2009 年的 1.61%，说明公司总资产周转速度较快，销售能力较强，资产利用效率较高。总体而言，原商业网点加入企业集团后，由于主营业务的转换绩效得到了较大提升，获得了持续经营能力。

表 6 – 33　　加入企业集团后公司绩效情况（2001 ~ 2005 年）

	2001 年	2002 年	2003 年	2004 年	2005 年
净利润（万元）	2423.41	1268.99	1287.99	1313.34	1420.60
总资产净利率（%）	5.04	2.64	2.67	2.87	3.68
总资产周转率（%）	0.55	0.99	1.05	1.19	1.56
主营业务利润（万元）	5586.94	10709.44	11488.87	11625.57	11744.63
销售毛利率（%）	21.61	22.99	23.09	21.85	19.83

　　2005 年 12 月 28 日，第一医药控股股东新世界集团与百联集团有限公司（以下简称"百联集团"）签订了股份转让协议，将持有的第一医药计 4145 万股股份协议转让给百联集团下属控股子公司上海新路达商业（集团）有限公司，转让价格为人民币 6316.98 万元，通过上述股权转让，百联集团成为公司实际控制人。百联集团（国有股东）主营业务包括国有资产经营、资产重组、投资开发、国内贸易、生产资料，企业管理，房地产开发，如表 6 – 34 所示。

表 6 – 34　　变更企业集团后公司概况（2006 ~ 2011 年）

现公司名称	现公司主营业务	现股票简称	现控股股东	现实际控制人
上海第一医药股份有限公司	医药零售	第一医药	上海新路达商业（集团）有限公司	百联集团有限公司

　　如表 6 – 35 所示，在控股股东发生变更后，第一医药净利润有所上升。

表 6 – 35   变更企业集团后公司绩效情况（2006 ~ 2011 年）

	2006 年	2007 年	2008 年	2009 年	2010 年	2011 年
净利润（万元）	1731.49	2013.78	1998.35	3999.33	3032.44	3674.87
总资产净利率（%）	4.17	3.40	3.11	6.10	4.02	4.64
总资产周转率（%）	2.19	1.54	1.50	1.58	1.52	1.60
主营业务利润（万元）	10150.37	17383.80	16989.06	18038.24	19669.02	21301.67
销售毛利率（%）	18.75	19.51	18.01	17.80	17.50	17.15

6.3.1.7 小结和评述

在 19 家上市公司中，上述这 10 家上市公司加入企业集团前后绩效变化的原因可归结为主营业务的彻底改变，其中，除两家公司即大有能源和时代出版外，其他 8 家公司都是由于连续亏损，资不抵债而通过协议转让、无偿划转或非公开发行认购的方式使控股股东变更为企业集团。其中，有两家公司即海马汽车和均胜电子业务变更为汽车或汽车零部件的生产、研发和销售；大有能源和平庄能源这两家上市公司的业务变更为煤炭的开采、洗选和开发；广晟有色的主营业务变更为有色金属的采选和销售；潍柴重机的主营业务变更为内燃机的制造、研发和销售；苏宁环球和正和股份的主营业务变更为房地产的开发、销售和商业地产的出租；时代出版变更为出版、印刷等文化传媒业务；第一医药变更为医药零售业务。

大有能源和时代出版是两家加入集团前并未出现巨额亏损，资金链断裂的公司，两家公司都是因为主营业务盈利能力不强而选择加入企业集团的。大有能源的前身欣网视讯主营软件产品、系统集成、通信工程及增值服务，据公司 2003 年年报，欣网视讯开发的软件产品公司开发的软件产品曾被国家科技部火炬中心认定为"国家火炬计划重点高新技术企业"，但由于募集资金到位晚于项目实施时间，2003 ~ 2011 年加入企业集团期间曾两次试图改变募集资金投向，但都因为国家对于相关产业政策对于非国有资本的限制而未成功；时代出版则是由于经营不善造成募投项目未成功实施，为加强盈利能力而加入企业集团。

除第一医药外，9 家上市公司的主营业务变更为煤炭、有色金属等采掘业，汽车及相关产业，内燃机制造业，房地产业及出版业。相比出现巨额亏损的这些上市公司原来从事的行业包括纺织业、化纤业及造纸业等行业，变更后的主营行业具有盈利性较强和国家产业政策支持等优势，因而使加入企业集团的上市公司业绩迅速提高。

6.3.2 主营业务未变更，盈利能力增强

主营业务未变更的上市公司可分为两类：一类是在原主营业务的基础上盈利能力不断增强；另一类是在原主营业务的基础上，又采取了多元化的战略形成了多个主营业务并存的状态。

6.3.2.1 第一类：主营业务未多元化

（1）华意压缩。

① 加入企业集团前公司概况。

如表 6 - 36 所示，加入企业集团前，华意压缩机股份有限公司（以下简称华意压缩）是一家主营无氟压缩机的生产和销售的公司。公司的年报称，由于面临钢、铜等原材料价格上涨，行业竞争激烈，流动资金紧张，产品盈利能力不高等困难，华意压缩 2005 年亏损 1.33 亿元，截至 2005 年 12 月 31 日，控股股东景德镇华意电器总公司（以下简称"华意总公司"）亏损 - 9199 万元，资产负债率为 105.73%，净资产为 - 7356 万元，非经营性占用华意压缩款项 2.17 亿元。华意压缩 2005 年年报称公司亟须提高主营业务盈利能力，增强自主创新能力及实施品牌战略。

表 6 - 36 加入企业集团前公司概况

加入集团时间	原公司名称	原公司主营业务	原股票简称	原控股股东	实际控制人
2007 年	华意压缩机股份有限公司	无氟压缩机的生产和销售	华意压缩	景德镇华意电器总公司	景德镇市政府财政局

② 加入企业集团后概况。

2007 年 12 月 24 日，景德镇华意电器总公司所持的本公司 9710 万股被依法拍卖，由四川长虹电器股份有限公司竞得四川长虹电器股份有限公司国有法人股 29.92%，持有本公司 9710 万股，占本公司股份总额的 29.92%，公司的实际控制人为绵阳市国有资产监督管理委员会，为公司第一大股东。四川长虹电器股份有限公司经营范围：家用电器、电子产品及零配件、通信设备、计算机及其他电子设备。公司名称和主营业务均未发生变动，如表 6 - 37 所示。

表 6 - 37 加入企业集团后公司概况

现公司名称	现公司主营业务	现股票简称	现控股股东	现实际控制人
华意压缩机股份有限公司	无氟压缩机的生产和销售	华意压缩	四川长虹电器股份有限公司	绵阳市国有资产监督管理委员会

如表 6 - 38 所示，华意压缩在同质化竞争日益激烈的市场环境下，加大研发投入、在技术及管理方面不断创新，主营业务盈利能力增强，持续经营能力不断加强，大大提高了公司的核心竞争力。从盈利能力来看，公司主营业务利润从 2007 年的 29757.55 万元增长到 2011 年的 50078.49 万元，净利润从 2007 年的 5243.96 万元增长到 2011 年的 7200.34 万元；总资产周转率从 2007 年的 1.18%增长到 2011 年的 1.37%，说明公司总资产周转速度较快，销售能力较强，资产利用效率较高。总体而言，华意压缩加入企业集团后，由于技术创新能力的增强绩效得到了较大提升，获得了持续经营能力。

表 6 – 38　　　　　　　　　　加入企业集团后公司绩效情况

	2007 年	2008 年	2009 年	2010 年	2011 年
净利润（万元）	5243.96	7316.19	17134.78	7712.00	7200.34
总资产净利率（%）	2.33	3.26	7.18	2.45	1.84
总资产周转率（%）	1.18	1.37	1.36	1.47	1.37
主营业务利润（万元）	29757.55	35864.32	56948.87	51495.12	50078.49
销售毛利率（%）	11.30	12.34	17.90	11.46	9.52

（2）民生投资。

① 加入企业集团前公司概况。

如表 6 – 39 所示，加入企业集团前，民生投资管理股份有限公司（以下简称"民生投资"）是一家主营商品零售业务，利用闲置资金进行短期理财和委托贷款、购买信托产品等对外投资业务的公司。控股股东是上海华馨投资有限公司，股票简称为"民生投资"。截至 2008 年 12 月 31 日，民生投资 2007 年和 2008 年连续两年亏损，分别为 – 422 万元和 – 29 万元，公司资金较为充裕，资产负债率较低（2006 ~ 2008 年资产负债率平均值为 19），流动比率较高（2006 ~ 2008 年的平均流动比率为 4）。

表 6 – 39　　　　　　　　　　加入企业集团前公司概况

加入集团时间	原公司名称	原公司主营业务	原股票简称	原控股股东
2009 年	民生投资管理股份有限公司	商品零售业务，利用闲置资金进行短期理财和委托贷款、购买信托产品等对外投资业务	民生投资	上海华馨投资有限公司

② 加入企业集团后概况。

2009 年，民生投资原控股股东上海华馨投资有限公司（以下简称"上海华馨"）以持有的民生投资 119981428 股限售流通股作为出资，对中国泛海控股集团有限公司（以下简称"中国泛海"）进行增资，增资完成后，中国泛海成为民生投资的控股股东。公司名称和主营业务未发生变化，如表6-40所示。

表6-40   加入企业集团后公司概况

现公司名称	现公司主营业务	现股票简称	现控股股东	现实际控制人
民生投资管理股份有限公司	商品零售业务，利用闲置资金进行短期理财和委托贷款、购买信托产品等对外投资业务	民生投资	中国泛海控股集团有限公司	个人

如表6-41所示，民生投资主营业务盈利能力增强。从盈利能力来看，公司主营业务利润从2009年的8949.28万元增长到2011年的10865.31万元，销售毛利率从2009年的14.85%增长到2011年的16.71%。

表6-41   加入企业集团后公司绩效情况

	2009年	2010年	2011年
净利润（万元）	7758.74	2943.57	5248.93
总资产净利率（%）	8.54	2.99	5.55
总资产周转率（%）	0.69	0.72	0.73
主营业务利润（万元）	8949.28	9727.98	10865.31
销售毛利率（%）	14.85	14.39	16.71

（3）广州浪奇。

① 加入企业集团前公司概况。

如表6-42所示，加入企业集团前，广州市浪奇实业股份有限公司（以下简称"广州浪奇"）是一家主营洗涤用品和磺酸、精甘油、AES等化工原料的开发、生产和销售的公司。公司控股股东是广州市国有资产管理局，股票简称为"广州浪奇"。2002年广州浪奇出现巨额亏损，2002~2004年广州浪奇的净利润分别为-1.16亿元、221万元和305万元，公司2002~2004年的资产负债率平均值为30，平均流动比率为2。

表6-42 加入企业集团前公司概况

加入集团时间	原公司名称	原公司主营业务	原股票简称	原控股股东
2005年	广州市浪奇实业股份有限公司	洗涤用品和磺酸、精甘油、AES等化工原料的开发、生产和销售	广州浪奇	广州市国有资产管理局

② 加入企业集团后概况。

2005年，经国务院国有资产监督管理委员会批准，广州浪奇原控股股东广州市国有资产管理局将所持有的广州浪奇共计135163877国家股无偿划转给广州轻工工贸集团有限公司（以下简称"广州轻工集团"），广州轻工集团成为广州浪奇的控股股东，实际控制人是广州市国有资产管理局。广州轻工集团是广州市国有资产监督管理委员会授权的国有资产经营单位，主要业务和产品：制造、加工日用化学品、日用硅酸盐制品及批发和零售贸易等。公司的名称和主营业务都未发生变化，如表6-43所示。

表6-43 加入企业集团后公司概况

现公司名称	现公司主营业务	现股票简称	现控股股东	现实际控制人
广州市浪奇实业股份有限公司	洗涤用品和磺酸、精甘油、AES等化工原料的开发、生产和销售	广州浪奇	广州轻工工贸集团有限公司	广州市国有资产管理局

如表6-44所示，广州浪奇主营业务盈利能力加强，持续经营能力增强。从盈利能力来看，公司盈利能力增长迅速，主营业务利润从2005年的11929.88万元迅速增长到2011年的19597.14万元，净利润从2005年的1315.42万元增长到2011年的1826.27万元；总资产周转率从2005年的1.38%增长到2011年的1.67%，说明公司总资产周转速度较快，销售能力较强，资产利用效率较高。

表 6 – 44 加入企业集团后公司绩效情况

	2005 年	2006 年	2007 年	2008 年	2009 年	2010 年	2011 年
净利润（万元）	1315.42	875.90	863.91	599.98	914.41	1435.34	1826.27
总资产净利率（%）	2.22	1.37	1.27	0.87	1.28	1.70	1.49
总资产周转率（%）	1.38	1.32	1.35	1.49	1.35	1.52	1.67
主营业务利润（万元）	11929.88	11984.57	12595.69	12690.21	15137.07	17701.31	19597.14
销售毛利率（%）	14.95	14.74	13.95	12.56	16.11	13.94	9.73

（4）新和成。

① 加入企业集团前公司概况。

如表 6 – 45 所示，加入企业集团前，浙江新和成股份有限公司（以下简称"新和成"）是一家主营化学药品及化学原药制剂制造的企业。2006 ~ 2008 年新和成分别实现净利润 3072 万元、7624 万元和 14.48 亿元，总资产净利率分别为 1.4%、3.1% 和 46%，据公司的年报，新和成计划加大科研投入，实现产品的优化升级，并提出以具有国际竞争力的大企业集团为发展目标。

表 6 – 45 组建企业集团前公司概况

加入集团时间	原公司名称	原公司主营业务	原股票简称	原控股股东	实际控制人
2009 年	浙江新和成股份有限公司	化学药品及化学原药制剂制造	新和成	新昌县新和成控股有限公司	个人

② 组建企业集团后概况。

如表 6 – 46 所示，2009 年新和成控股股东新昌县新和成控股有限公司（新昌县新和成控股有限公司系原新昌县合成化工厂改制而来）更名为新和成控股集团有限公司（以下简称"新和成集团"）。

表6-46 组建企业集团后公司概况

现公司名称	现公司主营业务	现股票简称	现控股股东	现实际控制人
浙江新和成股份有限公司	化学药品及化学原药制剂制造	新和成	新和成控股集团有限公司	个人

如表6-47所示，组建企业集团后新和成主营业务毛利率较高，公司持续经营能力较强。新和成在同质化竞争日益激烈的市场环境下，加大研发投入、在技术及管理方面不断创新，积极开拓市场，主营业务盈利能力增强，持续经营能力不断加强，大大提高了公司的核心竞争力。从盈利能力来看，公司主营业务利润从2009年的157020.12万元增长到2011年的176168.80万元，净利润从2009年的111516.17万元增长到2011年的116494.14万元。总体而言，组建企业集团后新和成由于技术创新能力的增强绩效得到了较大提升，核心竞争能力增强。

表6-47 组建企业集团后公司绩效

	2009年	2010年	2011年
净利润（万元）	111516.17	115820.89	116494.14
总资产净利率（%）	28.14	22.35	17.51
总资产周转率（%）	0.73	0.66	0.57
主营业务利润（万元）	157020.12	176084.81	176168.80
销售毛利率（%）	54.98	51.84	47.11

（5）银鸽投资。

① 加入企业集团前公司概况。

如表6-48所示，加入企业集团前，河南银鸽实业投资股份有限公司（以下简称"银鸽投资"）是一家主营纸张、纸浆及其深加工产品的公司，控股股东为漯河市国有资产管理局，持股比例39.26%。银鸽投资2001年巨额亏损2.28亿元，2000~2002年总资产净利率分别为1.2%、-24.3%和1.77%，据公司2001年年报称，由于银鸽投资 2001 年巨额亏损，流动资金短缺（2001 年和 2002 年公司的流动比率分别为 0.78 和 0.66），银行信誉迅速下降；职工情绪不稳定，人心涣散；公司原材料木浆、燃煤、运输等价格持续上升；公司产品单一，档次低，市场竞争力压力大，产品盈利能力不强。

表 6 - 48　　　　　　　　　加入企业集团前公司概况

加入集团时间	原公司名称	原公司主营业务	原股票简称	原控股股东
2003 年	河南银鸽实业投资股份有限公司	纸张、纸浆及其深加工产品	银鸽投资	漯河市国有资产管理局

　　② 加入企业集团后概况。

　　2002 年 12 月 11 日，漯河市财政局将持有的本公司国有股 1.46 亿股全部划转给漯河银鸽创新发展有限公司（以下简称"漯河创新"），漯河创新的实际控制人是漯河市财政局。银鸽创新后更名为漯河银鸽实业集团有限公司（以下简称为"银鸽集团"），银鸽集团的实际控制人是漯河市财政局。漯河银鸽实业集团有限公司，成立于 2002 年 9 月 25 日，公司经营范围为从事资产经营、投资；高新技术开发应用咨询服务；日用品技术开发、生产、销售，如表 6 - 49 所示。

表 6 - 49　　　　　　　　　加入企业集团后公司概况

现公司名称	现公司主营业务	现股票简称	现控股股东	现实际控制人
河南银鸽实业投资股份有限公司	纸张、纸浆及其深加工产品	银鸽投资	漯河银鸽实业集团有限公司	河南煤业化工集团有限责任公司

　　如表 6 - 50 所示，大力发展主营业务，加强技术改造和科技创新，积极开发新产品，努力开拓新市场，使生产能力和销售量有了大幅度的提高。银鸽投资主营业务能力增强，扭亏为盈，恢复了持续经营能力。

表 6-50　　　　　　　　加入企业集团后公司绩效情况

	2003 年	2004 年	2005 年	2006 年	2007 年	2008 年	2009 年	2010 年	2011 年
净利润 （万元）	3062.52	4531.78	11224.25	11252.64	16946.99	3164.68	4584.11	2910.38	-22545.91
总资产净利率 （%）	3.05	3.48	6.80	5.54	6.83	0.99	1.14	0.57	-3.95
总资产周转率 （%）	0.49	0.61	0.65	0.75	0.77	0.66	0.58	0.65	0.64
主营业务利润 （万元）	7685.47	12352.97	18171.14	25841.81	29538.77	27111.07	27608.29	36602.46	12150.03
销售毛利率	16.12	16.08	17.49	18.10	15.93	13.38	12.23	11.72	3.72

6.3.2.2　第二类：主营业务多元化

（1）多元化业务：房地产业。

① 鑫茂科技。

如表 6-51 所示，加入企业集团前，天津天大天财股份有限公司（以下简称"天大天财"）是一家主营光通信网络产品、光通信及家电出口的公司，公司控股股东为天津大学，股票简称"天大天财"。根据公司的年报，由于光通信及家电出口市场持续低迷，天大天财 2003~2005 年净利润分别为 -0.97 亿元、-2.14 亿元和 -2.97 亿元，资产负债率分别为 58%、71% 和 103%，流动比率分别为 0.69、0.62 和 0.3，2005 年天大天财的净资产为 -0.19 亿元。

表 6-51　　　　　　　　加入企业集团前概况

加入集团时间	原公司名称	原公司主营业务	原股票简称	原控股股东
2006 年	天津天大天财 股份有限公司	光通信网络产品	天大天财	天津大学

为走出公司所处的困境，同时实现可持续发展，公司原第一大股东天津大学决定与天津鑫茂投资集团有限公司签署股权转让协议，将所持本公司 29987630 股的股份转让给天津鑫茂投资集团有限公司，

天津鑫茂科技园有限公司 59.98% 股权优良资产作为对价置换。2006年 1 月，天津大学与天津鑫茂投资集团有限公司完成了本次股权转让的过户程序。转让完成后，鑫茂集团即以自身优良资产与本公司不良资产作出置换公司控股股东由天津大学变为天津鑫茂科技投资集团有限公司，如表 6 - 52 所示。

表 6 - 52　　　　　　　加入企业集团后公司概况

现公司名称	现公司主营业务	现股票简称	现控股股东	现实际控制人
天津鑫茂科技股份有限公司	计算机软硬件产品，信息系统集成，房地产开发及光通信产品	鑫茂科技	天津鑫茂科技投资集团有限公司	个人

如表 6 - 53 所示，鑫茂科技保留了原天大天财的光通信业务，主营业务还包括房地产业，系统集成和音、视频产品。根据公司年报，将根据工业地产及高科技产业的市场环境及发展趋势，将构建以工业地产为龙头，以高科技产业为延伸的产业格局。

表 6 - 53　　　　　分产品（占公司主营业务收入 10% 以上

主要业务）主营业务利润　　　　　　单位：万元

	2006 年	2007 年	2008 年	2009 年	2010 年	2011 年
房地产开发与销售	9442.75	8354.19	5234.17	12157.74	4318.24	1713.89
工程（系统集成）	522.98	262.13	399.25	612.30	649.67	832.32
音频、视频产品开发与销售	329.91	1480.42	1363.39	1442.67	—	—
光通信产品			956.09	2671.09	6545.90	8421.48

如表 6 - 54 所示，原天大天财主营业务多元化实现了扭亏为盈，主营业务利润从 2006 年的 12989.44 万元增长到 2011 年的 15070.84 万元，恢复了持续经营能力。

表6-54 加入企业集团后公司绩效情况

	2006年	2007年	2008年	2009年	2010年	2011年
净利润（万元）	3925.05	3447.36	22995.89	5142.75	957.41	-5854.13
总资产净利率（%）	3.23	2.39	17.07	3.21	0.43	-2.54
总资产周转率（%）	0.36	0.36	0.39	0.49	0.39	0.52
主营业务利润（万元）	12989.44	12221.45	9031.55	16139.50	13067.18	15070.84
销售毛利率	34.37	27.72	20.43	24.73	17.24	13.73

② 罗牛山。

如表6-55所示，加入企业集团前，海口农工贸（罗牛山）股份有限公司（以下简称"罗牛山"）是一家主营畜牧、建筑及粮食加工的公司，控股股东为海口罗牛山投资发展有限公司，股票简称为："罗牛山"。罗牛山2004年和2005年分别巨额亏损 -3.62亿元和 -4.7亿元，2004～2006年公司的资产负债率为77%、91%和79%，总资产净利率分别为 -13%、-17%和0.09%。

表6-55 加入企业集团前公司概况

加入集团时间	原公司名称	原公司主营业务	原股票简称	原控股股东
2007年	海口农工贸（罗牛山）股份有限公司	畜牧、建筑及粮食加工	罗牛山	海口罗牛山投资发展有限公司

2007年罗牛山控股股东海口罗牛山投资发展有限公司（系原海口市国营罗牛山农场整体改制而来）变更为海南罗牛山控股集团有限公司（以下简称"罗牛山集团"），实际控制人为个人。罗牛山集团经营范围：农业开发，种植业，养殖业，农副产品销售，旅游项目开发，如表6-56所示。

表6-56 加入企业集团后公司概况

现公司名称	现公司主营业务	现股票简称	现控股股东	现实际控制人
海口农工贸（罗牛山）股份有限公司	肉食品养殖、教育和房地产业	罗牛山	海南罗牛山控股集团有限公司	个人

　　罗牛山改制成立集团后采取了多元化的经营思路，公司2011年年报称：产业结构和资产结构的不断调整，目前公司已构建"以肉食品产业链体系、教育板块和地产板块为核心，开展相关多元化投资"的产业格局。如表6-57所示，建筑业在公司主营业务利润中占较大份额。

表6-57　　　　　分产品（占公司主营业务收入10%以上
　　　　　　　　主要业务）主营业务利润　　　　　　单位：万元

	2007年	2008年	2009年	2010年	2011年
畜牧业	10290.26	10113.54	3875.22	−276.92	10326.49
建筑业	323.34	441.20	478.80	1110.00	8244.70
粮食加工业	411.50				
教育	3226.17	3240.11	3957.07	3525.69	1732.37
饲料、兽药销售			1574.40	1844.17	

　　如表6-58所示，罗牛山改制成立企业集团后，主营业务能力增强，扭亏为盈，恢复了持续经营能力。

表6-58　　　　　　　加入企业集团后公司绩效情况

	2007年	2008年	2009年	2010年	2011年
净利润（万元）	37690.75	8770.64	6593.51	3037.52	6711.87
总资产净利率（％）	16.74	3.93	2.89	1.13	2.05
总资产周转率（％）	0.36	0.36	0.36	0.33	0.34
主营业务利润（万元）	15481.83	14506.09	10354.29	7160.82	21137.45
销售毛利率	19.63	18.58	13.34	8.98	20.64

　　（2）多元化业务（有色金属）：星湖科技。

　　如表6-59所示，加入企业集团前，广东肇庆星湖生物科技股份有限公司（以下简称"星湖科技"）是一家主营医药原料药、饲料添加剂及调味品制造业的公司，控股股东是肇庆市人民政府国有资产监督管理委员会，股票简称为"星湖科技"。据星湖科技年报，截至

2008 年 12 月 31 日主营业务为资源依赖强的大发酵产品，近年来面临原材料、能源动力价格上涨压力，同时面临着环保成本上升和人民币持续升值的压力，由于外需减少，星湖科技主导产品国内市场竞争激烈。2007 年公司巨额亏损 –1.39 亿元，2006～2008 年星湖科技总资产净利率分别为 1.38%、–10% 和 2.08%，资产负债率分别为 36.6%、45% 和 42.8%。

表 6 – 59　　　　　　　　　加入企业集团前公司概况

加入集团时间	原公司名称	原公司主营业务	原股票简称	原控股股东
2009 年	广东肇庆星湖生物科技股份有限公司	医药原料药、饲料添加剂及调味品制造业	星湖科技	肇庆市人民政府国有资产监督管理委员会

新湖科技原主营资源依赖强的大发酵产品，为"使公司成为具有国际竞争力的大型生物工程综合企业集团经公开征集有实力的投资者"，2009 年，经过公开征集方式其他有实力的投资者，广东省肇庆市人民政府批准肇庆市人民政府国有资产监督管理委员会（以下简称"肇庆市国资委"）将持有的星湖科技 8624 万股国家股协议转让给广东省广新外贸集团有限公司（以下简称"广新集团"），经协议转让，广新集团成为星湖科技控股股东，实际控制人为广东省人民政府。2008 年 11 月 18 日，广东省肇庆市人民政府以"肇府函〔2008〕146 号"《关于以协议方式转让广东肇庆星湖生物科技股份有限公司股份的批复》，同意肇庆市人民政府国有资产监督管理委员会（以下简称"肇庆市国资委"）以公开征集方式协议转让 86240749 股星湖科技股份给其他有实力的投资者，退出星湖科技第一大股东地位。公司控股股东变更为广东省广新外贸集团有限公司，控股股东广新集团主营：股权管理；组织企业资产重组、优化配置；资本营运及管理；资产托管；国内贸易、自营和代理各类商品和技术的进出口等，如表 6 – 60 所示。

表6-60 加入企业集团后公司概况

现公司名称	现公司主营业务	现股票简称	现控股股东	现实际控制人
广东肇庆星湖生物科技股份有限公司	化学药品原药制造、食品添加剂及有色金属业	星湖科技	广东省广新外贸集团有限公司	广东省人民政府

新控股股东广新集团通过投资有色金属产业，使公司"向生物工程产业与有色金属新材料高端产业发展"；如表6-61所示，星湖科技实施了多元化经营，有色金属业尚处于实施期仍未盈利。

表6-61 加入企业集团后公司绩效情况

	2009 年	2010 年	2011 年
净利润（万元）	22368.11	28262.80	7962.75
总资产净利率（%）	15.67	14.86	2.78
总资产周转率（%）	0.96	0.72	0.37
主营业务利润（万元）	46627.56	54588.25	18698.99
销售毛利率	34.83	40.34	18.39

（3）多元化业务（其他类型）：西藏圣地。

如表6-62所示，加入企业集团前，西藏圣地股份有限公司（以下简称"西藏圣地"）是一家主营旅游、酒店和有线电视网络等业务的公司。控股股东为无锡赛诺资产管理中心，股票简称为"西藏圣地"。西藏圣地2001年和2002年连续亏损2708万元和1197万元，2000～2002年公司的总资产净利率分别为3.34%、-13.61%和-6.69%，流动比率分别为1.2%、0.36%和0.21%。

表6-62 加入企业集团前公司概况

加入集团时间	原公司名称	原公司主营业务	原股票简称	原控股股东	实际控制人
2003 年	西藏圣地股份有限公司	旅游、酒店和有线电视网络	西藏圣地	无锡赛诺资产管理中心	无锡市财政局

　　2003 年西藏圣地以评估价值为 8541.45 万元的资产（亏损的网络资产）与国风集团有限公司（以下简称"国风集团"）持有的评估价值为 85994239.36 元的西藏国风广告有限公司 98.08% 的权益性资产（账面价值为：8388 万元），进行置换，资产置换价差部分由西藏圣地以现金补足，置换完成后国风集团成为西藏圣地的控股股东，持股比例为 28.42%。公司主营业务变更为旅游与传媒双主业，旅游主业包括旅游资源的开发与经营、旅游服务、酒店等；传媒主业包括传媒、广告业务，如表 6－63 所示。

表 6－63　　　　　　　　　加入企业集团后公司概况

现公司名称	现公司主营业务	现股票简称	现控股股东	现实际控制人
西藏圣地股份有限公司	景区资源开发、旅游服务业务及广告传媒文化业务	西藏圣地	国风集团有限公司	个人

　　西藏旅游通过原主营业务旅游和酒店的多元化发展，逐渐发展成为"景区资源开发经营业务为主导，旅游服务业务为辅助，广告传媒文化业务为补充的全新业务格局"。如表 6－64 所示，旅游主业包括旅游资源的开发与经营、旅游服务、酒店等；传媒主业包括传媒、广告业务。

　　如表 6－65 所示，加入企业集团后西藏圣地主营业务盈利能力增强，恢复了持续经营能力。从盈利能力来看，公司盈利能力增长迅速，主营业务利润从 2003 年的 2154.68 万元迅速增长到 2011 年的 9172.68 万元，净利润从 2003 年的 128.27 万元增长到 2011 年的 1075.31 万元；总资产净利率从 2006 年的 0.67% 增长到 2011 年的 1.36%，期间最高曾达 2005 年的 4.97%，说明公司投入产出水平较高，资产运营较为有效，成本费用的控制水平较高。总体而言，原山东巨力加入企业集团后，由于主营业务的转换绩效得到了较大提升，获得了持续经营能力。

表 6－64　　　　　　　　公司多元化情况：主营业务利润

单位：万元

	2003 年	2004 年	2005 年	2006 年	2007 年	2008 年	2009 年		2010 年	2011 年
旅游服务	783. 27	1261. 62	1643. 66	1950. 64	1244. 69	56. 54	155. 49	景区收入	5268. 65	7244. 34
酒店	676. 66	712. 27	775. 62	825. 89	865. 19	208. 14	223. 98	旅游服务收入	723. 76	1062. 14
广告代理	211. 25	1242. 7	1739. 43	1647. 28	764. 83	482. 47	911. 27	广告传媒文化业务收入	1304. 74	1295. 73
设计制作	512. 16	510. 42	602. 15	374. 61	550. 85	3. 58	47. 17			
景区收入	—	—	—	—	1608. 91	632. 14	4327. 16			

表6-65　　　　　　　　加入企业集团后公司绩效情况

	2003 年	2004 年	2005 年	2006 年	2007 年	2008 年	2009 年	2010 年	2011 年
净利润（万元）	128.27	991.32	1504.85	798.82	1116.96	-4155.75	295.66	2072.60	1075.31
总资产净利率（%）	0.67	3.92	4.97	2.36	2.38	-6.95	0.48	3.35	1.36
总资产周转率（%）	0.35	0.91	0.74	0.59	0.30	0.09	0.16	0.20	0.26
主营业务利润（万元）	2154.68	3648.28	4440.04	4431.68	5004.97	838.57	5645.38	7185.25	9172.68
销售毛利率	33.33	16.92	21.29	25.39	38.03	18.99	62.25	61.63	49.04

6.3.2.3　小结与评述

本案例分析中有5家上市公司加入或组建企业集团后主营业务盈利能力增强，其中，除新和成是改制成立企业集团外，其他公司通过拍卖竞购、无偿划转和增资等方式加入企业集团。华意压缩主营无氟压缩机的生产和销售，民生投资主营商品零售，广州浪奇主营洗涤用品和化工原料，新和成主营化学药品和原药制剂，银鸽投资主营纸张、纸浆及其深加工产品。华意压缩、广州浪奇和银鸽投资在加入企业集团前曾出现巨额亏损，加入企业集团后资产运营能力有较大改善，主营业务毛利率大幅提高，业绩有了根本提高。

整体而言，在组建或加入企业集团后，上述5家上市公司都致力于主业的深入发展，其中华意压缩、广州浪奇和银鸽投资还表现出积极提高产品的科技含量[①]，在较为激烈的市场竞争和行业中改善了盈利能力。新和成改制成为企业集团后，利用公司所从事的化学原料药的市场和技术协同，在相关领域进行了一系列的投资，公司2010年年报称："打造具有国际竞争力的大企业集

————————————

①　在科研情况部分还有详尽分析。

团而努力"，因此，对于新和成这家盈利能力较强的上市公司来说，企业集团这种企业组织形式是其基于未来进一步发展壮大的主动选择的结果。

在案例分析中，有 4 家上市公司在组建或加入企业集团后，主营业务没有变更但是体现出了某种程度的多元化经营，发展分多元化业务的同时，原主营业务也由于市场情况回暖和公司经营管理水平的提高表现为盈利能力增强。这 4 家公司包括鑫茂科技、罗牛山、星湖科技和西藏旅游，分别通过协议转让、整体改制、公开征集协议转让和资产置换组建或加入企业集团。以上 4 家公司的多元化业务有两家涉及房地产业，一家涉及有色金属行业，与这些公司的原有主营业务相比，表现为不相关多元化，西藏旅游的多元化则变现为一定程度上的相关多元化；房地产业和有色金属行业被选择为多元化的行业则与我国本轮经济周期以来房地产业和有色金属行业表现强劲有关。

6.3.3 取得控股股东资金支持

根据上市公司控股股东提供的资金支持的具体类型分为两类；并根据上市公司获得的资金支持情况，列出了上市公司的短期偿债能力指标（流动比率）和长期偿债能力指标（资产负债率）。

6.3.3.1 第一类：控股股东财务公司授信或提供资金拆借、周转等

（1）平庄能源。

如表 6 - 66 和表 6 - 67 所示，在控股股东平煤集团短期借款，以及实际控制人国电集团财务公司综合授信等资金支持下，平庄能源流动比率持续上升，资产负债率持续下降，说明平庄能源流动性较好，偿债能力较强。

表 6 – 66　　　　　　　　　控股股东资金支持情况

类型	来　源	金额	相关说明
短期借款	控股股东平煤集团	2.3 亿元	截至 2007 年 12 月 31 日，平煤集团共向平庄能源提供短期借款合计 2.3 亿元
综合授信额度	与国电集团财务公司签署《金融服务协议》	10 亿元	平庄能源资金周转出现临时困难时，可通过国电集团财务公司资金业务平台，随时利用国电集团财务公司 10 亿元综合授信额度及时取得贷款，贷款利率按照中国人民银行统一颁布的存款利率下浮 10% 执行

表 6 – 67　　　　　　　　　公司偿债能力分析

	2007 年	2008 年	2009 年	2010 年	2011 年
资产负债率（%）	49.45	34.26	33.92	29.44	16.14
流动比率	0.65	1.56	1.97	2.70	3.86

（2）华意压缩。

如表 6 – 68 和表 6 – 69 所示，控股股东四川长虹对华意压缩的资金支持主要包括各种担保、委托贷款、非公开发行认购等，华意压缩的流动比率有所上升，资产负债率也相对稳定。

表 6 – 68　　　　　　　　　公司控股股东资金支持情况

类型	来　源	金额	相关说明
担保	控股股东四川长虹	500 万元	四川长虹为华意压缩在中国银行景德镇分行开具银行承兑汇票敞口 5000000 元提供担保，期限为 2008 年 8 月 12 日至 2009 年 8 月 12 日
担保	控股股东四川长虹	4000 万元	2009 年 8 月 17 日，四川长虹与中行景德镇市分行签订最高额保证合同，为华意压缩签订的《授信额度协议》提供担保，担保债权最高本金余额为 4000 万元，保证期间为主债权发生期间届满之日起两年
担保	控股股东四川长虹	4.35 亿元	截至 2010 年 12 月 31 日，四川长虹共为华意压缩计 4.35 亿元的银行借款合同提供担保

续表

类型	来　源	金额	相关说明
委托贷款	控股股东四川长虹	2.65 亿元	截至2010 年12 月31 日，四川长虹向华意压缩子公司江西长虹电子科技发展有限公司（以下简称"江西长虹"）提供委托贷款资金2.65 亿元
出具安慰函	控股股东四川长虹	5000 万元	2010 年8 月4 日，华意压缩同渣打银行（中国）有限公司南昌分行签订人民币/外币银行融资函，四川长虹为华意压缩有追索权的人民币银行承兑汇票的贴现金额人民币5000 万元出具银行标准格式的安慰函
非公开发行认购（未实施）	控股股东四川长虹	3 亿元	2011 年度华意压缩计划向不超过十名特定投资者非公开发行不少于10000 万股且不超过20000 万股的人民币普通股，四川长虹拟以3 亿元人民币现金认购本次非公开发行的股票 由于国内股票市场低迷，公司二级市场股票价格长期低于发行方案确定的发行底价，公司未能在中国证监会批复有效期内完成发行
委托贷款续贷	控股股东四川长虹	2.15 亿元	2011 年华意压缩子公司江西长虹2.65 亿元的委托贷款即将到期，根据江西长虹目前的资信及资金状况，为保障经营发展的需要，江西长虹通过兴业银行绵阳支行向四川长虹申请委托贷款续贷2.15 亿元，贷款利率按同期银行一年期贷款基准利率执行，贷款期限为一年
担保	控股股东四川长虹	500 万元	2008 年四川长虹为华意压缩银行承兑汇票敞口提供担保
担保	控股股东四川长虹	4000 万元	2009 年8 月17 日，四川长虹为华意压缩与银行签订的《授信额度协议》提供担保
担保	控股股东四川长虹	4.35 亿元	截至2010 年12 月31 日，四川长虹共为华意压缩合计4.35 亿元的银行借款合同提供担保
委托贷款	控股股东四川长虹	2.65 亿元	截至2010 年12 月31 日，四川长虹向华意压缩子公司江西长虹电子科技发展有限公司（以下简称"江西长虹"）提供委托贷款资金2.65 亿元
出具安慰函	控股股东四川长虹	5000 万元	2010 年8 月4 日，四川长虹为华意压缩有追索权的人民币银行承兑汇票贴现出具安慰函
委托贷款续贷	控股股东四川长虹	2.15 亿元	2011 年四川长虹向华意压缩子公司江西长虹委托贷款续贷2.15 亿元

表 6 - 69　　　　　　　　　公司偿债能力分析

	2007 年	2008 年	2009 年	2010 年	2011 年
资产负债率	74. 40	67. 37	68. 81	75. 24	77. 64
流动比例	0. 76	1. 03	1. 09	0. 93	0. 96

　　控股股东四川长虹对华意压缩的资金支持主要包括各种担保、委托贷款、非公开发行认购等，华意压缩的流动比率有所上升，资产负债率也相对稳定。

　　（3）银鸽投资。

　　如表 6 - 70 和表 6 - 71 所示，控股股东银鸽集团为银鸽投资提供的资金支持主要包括暂借款，担保及财产质押等，银鸽投资资产的流动比率有所上升，偿债能力相对稳定。

表 6 - 70　　　　　　　　公司控股股东资金支持情况

类型	来　源	金额	相关说明
暂借款	控股股东银鸽集团	1. 31 亿元	截至 2004 年 12 月 31 日，银鸽集团共向银鸽投资提供暂借款合计 1. 31 亿元
担保	控股股东银鸽集团	1 亿元	截至 2006 年 12 月 31 日，银鸽集团为银鸽投资应付票据（1 亿元）提供担保
担保	控股股东银鸽集团	5. 35 亿元	截至 2010 年 12 月 31 日，银鸽集团为银鸽投资合计 5. 35 亿元的银行及金融机构借款提供担保
财产质押	控股股东银鸽集团	1 亿元	截至 2010 年 12 月 31 日，银鸽集团以持有的银鸽投资股权为银鸽投资 1 亿元的银行借款提供担保

表 6 - 71　　　　　　　　　公司偿债能力分析

	2003 年	2004 年	2005 年	2006 年	2007 年	2008 年	2009 年	2010 年	2011 年
资产负债率	62. 56	67. 79	67. 88	66. 95	49. 32	60. 26	54. 12	64. 65	67. 60
流动比率	0. 89	0. 88	0. 80	0. 78	0. 99	0. 67	1. 02	1. 24	0. 94

（4）广晟有色。

如表6-72和表6-73所示，控股股东有色集团为广晟有色提供的资金支持包括周转资金、托管资产、担保及资金拆借等。广晟有色的偿债能力相对稳定，流动性有所提高。

表6-72 公司控股股东资金支持情况

类型	来源	金额	相关说明
其他应付款	控股股东有色集团	3.63亿元	截至2010年12月31日，有色集团向广晟有色提供3.63亿元作为周转资金
资产托管	控股股东有色集团		2010年2月9日，广晟有色与有色集团签订了委托管理协议，协议约定有色集团将其部分资产委托给广晟有色管理和经营，广晟有色每年按托管企业资产总额的2.5%收取托管费用。托管期限：2010年2月至2015年2月
担保	控股股东有色集团	1亿元	截至2011年12月31日，有色集团为广晟有色子公司广东广晟有色金属进出口有限公司的银行借款金额共计1亿元提供担保
担保	控股股东有色集团	1.5亿元	截至2011年12月31日，有色集团为广晟有色子公司广东富远稀土新材料股份有限公司的银行借款共计1.5亿元提供担保；有色集团同时为该子公司3000万元银行授信额度提供担保
担保	控股股东有色集团	7000万元	截至2011年12月31日，有色集团为广晟有色的银行借款共计7000万元提供担保
资金拆借	控股股东有色集团	3.11亿元	截至2011年12月31日，有色集团为广晟有色提供拆借资金3.11亿元
其他应付款	控股股东有色集团	3.63亿元	截至2010年12月31日，有色集团向广晟有色提供3.63亿元作为周转资金
资产托管	控股股东有色集团	—	2010年2月9日，有色集团将其部分资产委托给广晟有色管理和经营，广晟有色每年按托管企业资产总额的2.5%收取托管费用
担保	控股股东有色集团	1亿元	截至2011年12月31日，有色集团为广晟有色子公司银行借款金额共计1亿元提供担保
担保	控股股东有色集团	1.5亿元	截至2011年12月31日，有色集团为广晟有色子公司银行借款共计1.5亿元提供担保；有色集团同时为该子公司3000万元银行授信额度提供担保

续表

类型	来源	金额	相关说明
担保	控股股东有色集团	7000 万元	截至 2011 年 12 月 31 日,有色集团为广晟有色的银行借款共计7000 万元提供担保
资金拆借	控股股东有色集团	3.11 亿元	截至 2011 年 12 月 31 日,有色集团为广晟有色提供拆借资金 3.11 亿元

表 6 - 73 公司偿债能力分析

	2008 年	2009 年	2010 年	2011 年
资产负债率	75.79	70.79	75.94	72.30
流动比率	0.80	0.79	0.92	1.10

控股股东有色集团为广晟有色提供的资金支持包括周转资金、托管资产、担保及资金拆借等。广晟有色的偿债能力相对稳定,流动性有所提高。

(5) 星湖科技。

如表 6 - 74 和表 6 - 75 所示,控股股东广新集团为星湖科技提供的资金支持包括参与定向发行认购及提供拆入资金等,星湖科技的流动性充足,偿债能力较强。

表 6 - 74 公司控股股东资金支持情况

类型	来源	金额	相关说明
短期借款	控股股东广新集团	7000 万元	截至 2011 年 11 月 31 日,广新集团共向星湖科技提供短期借款合计 7000 万元
非公开发行认购	控股股东广新集团	7691.8 万元	2011 年 4 月 18 日,星湖科技向广新集团等 10 名发行对象非公开发行人民币普通股 29290936 股,发行价格为 13.13 元/股,本次募集资金总额为 3.84 亿元,扣除发行费用募集资金净额为 3.68 亿元,其中广新集团现金认购 585 万股

表 6 - 75   公司偿债能力情况

	2009 年	2010 年	2011 年
资产负债率	31.87	30.26	47.34
流动比率	1.58	1.94	3.30

控股股东广新集团为星湖科技提供的资金支持包括参与定向发行认购及提供拆入资金等，星湖科技的流动性充足，偿债能力较强。

（6）苏宁环球。

如表 6 - 76 和表 6 - 77 所示，控股股东苏宁集团以及实际控制人向苏宁环球提供的资金支持包括短期贷款担保、非公开发行认购、业绩补偿以及统借统还等，苏宁环球的流动性较好，长期偿债能力较为稳定。

表 6 - 76   公司控股股东资金支持情况

类型	来源	金额	相关说明
非公开发行认购	实际控制人	3.7 亿元	2006 年苏宁环球发行人民币普通股 91249627 股，发行价为每股 4.51 元，公司实际控制人（张桂平及其关联人张康黎）分别以江苏乾阳房地产开发有限公司（以下简称"乾阳地产"）经评估的权益 1.89 亿元和 1.81 亿元（分别占乾阳地产经评估净资产值的 51% 和 49%）合计认购此次次发行总量中的 82124665 股，占此次非公开发行股份总数的 90%
非公开发行认购	实际控制人	4000 亩土地储备	2007 年度苏宁环球向特定投资者非公开发行股票分两次进行，第一次发行价格为 26.45 元/股，公司实际控制人以持有的浦东公司合计 84% 的股权认购，苏宁环球增加了 4000 亩的低成本土地储备
担保	苏宁集团	2 亿元	截至 2008 年 12 月 31 日，苏宁集团为苏宁环球子公司浦东房地产 20000 万元长期银行借款提供担保
担保	苏宁集团	2.02 亿元	截至 2008 年 12 月 31 日，苏宁集团为苏宁环球子公司华浦高科 7400 万元的银行借款提供保证担保，同时为华浦高科银行承兑汇票 12800 万元的授信额度提供连带责任担保

续表

类型	来　源	金额	相关说明
盈利承诺补偿	实际控制人	2.49 亿元	2007 年实际控制人以持有的浦东公司合计 84% 的股权认购苏宁环球非公开发行股份时做出承诺，假设浦东公司 2008 年度实际盈利数低于盈利预测数时，实际控制人按照其合计持有的浦东公司的股权比例（84%）计算的相应差额对本公司予以补偿，即： 补偿金额 =（浦东公司盈利预测数 – 浦东公司实际盈利数）×84%。 由于浦东公司未实现 2008 年度盈利预测，实际控制人张桂平和张康实施了对苏宁环球的现金补偿，补偿金额为 2.49 亿元
担保	苏宁集团	10.13 亿元	截至 2009 年 12 月 31 日，苏宁集团为苏宁环球子公司天华百润长期银行借款 12000 万元、浦东房地产长期银行借款 55100 万元、浦东房地产一年内到期的长期银行借款 24200 万元、乾阳房地产一年内到期的长期银行借款 4500 万元、浦东房地产长期银行借款 5500 万元提供保证担保
资金统借统贷	苏宁集团	23.59 亿元	截至 2011 年 12 月 31 日，苏宁集团以统借统还的方式向苏宁环球提供借款共计 23.59 亿元

表 6 – 77　　　　　　　　　公司偿债能力情况

	2005 年	2006 年	2007 年	2008 年	2009 年	2010 年	2011 年
资产负债率	72.96	77.59	76.83	68.92	66.72	75.31	74.77
流动比率	1.33	1.15	1.31	1.41	1.75	1.71	1.58

控股股东苏宁集团以及实际控制人向苏宁环球提供的资金支持包括短期贷款担保、非公开发行认购、业绩补偿以及统借统还等，苏宁环球的流动性较好，长期偿债能力较为稳定。

6.3.3.2　第二类：其他资金支持方式

（1）新和成。

如表 6 – 78 和表 6 – 79 所示，控股股东新和成集团为新和成提供的资金支持包括各种形式的担保及参与非公开发行认购等，新和成的流动性相当充足，偿债能力较强。

表 6 - 78 公司其他资金支持情况

类型	来源	金额	相关说明
借款担保	控股股东新和成集团	7.5 亿元	截至 2011 年 12 月 31 日, 新和成集团为新和成最高额银行借款共计 7.5 亿元提供担保
抵押担保	控股股东新和成集团	1.018 亿元	截至 2008 年 12 月 31 日, 新和成集团以其土地使用权（计 69440 平方米）为新和成银行借款合计 10180 万元提供担保
保证担保	控股股东新和成集团	2000 万元	截至 2008 年 12 月 31 日, 新和成集团为新和成开立的银行承兑汇票 2000 万元提供保证担保
非公开发行认购	控股股东新和成集团	2.23 亿元	2010 年新和成向包括新和成集团在内的特定投资者发行人民币普通股（A 股）30220000 股, 发行价为每股人民币 38.05 元, 募集资金总额为 1149871000.00 元, 新和成控股集团认购其中 5850000 股
连带责任担保	控股股东新和成集团	2 亿元	截至 2009 年 12 月 31 日, 新和成集团为新和成与中国进出口银行的固定资产投资贷款协议共 2 亿元提供连带责任担保

表 6 - 79 公司偿债能力情况

	2009 年	2010 年	2011 年
资产负债率	29.21	21.27	21.20
流动比率	2.41	4.54	4.12

控股股东新和成集团为新和成提供的资金支持包括各种形式的担保及参与非公开发行认购等, 新和成的流动性相当充足, 偿债能力较强。

（2）西藏旅游。

如表 6 - 80 和表 6 - 81 所示, 控股股东国风集团为西藏旅游提供的资金支持包括贷款担保、资产抵押以及流动资金担保等, 西藏旅游流动性充足, 偿债能力较强。

表 6 - 80 公司其他资金支持情况

类型	来源	金额	相关说明
担保及资产抵押	控股股东国风集团	1.7 亿元	截至 2011 年 12 月 31 日, 控股股东国风集团为西藏旅游及其控股公司总共 1.7 亿元的银行贷款提供担保及资产抵押

表 6－81　　　　　　　　　公司偿债能力情况

	2003 年	2004 年	2005 年	2006 年	2007 年	2008 年	2009 年	2010 年	2011 年
资产负债率	60.83	65.05	64.90	66.98	42.75	52.58	52.96	48.44	32.25
流动比率	1.27	1.45	1.06	1.57	2.72	1.96	1.79	1.26	2.44

（3）正和股份。

如表 6－82 和表 6－83 所示，控股股东广西正和为正和股份提供质押担保资金支持。正和股份资产负债率稳定，流动性较为充足。

表 6－82　　　　　　　　公司其他资金支持情况

类型	来　源	金额	相关说明
质押担保	控股股东广西正和	2 亿元	广西正和以持有的正和股份的限售流通股，为正和股份与吉林省信托投资有限公司的借款共计 2 亿元提供质押担保

表 6－83　　　　　　　　公司偿债能力情况

	2007 年	2008 年	2009 年	2010 年	2011 年
资产负债率	4.65	19.24	29.30	43.93	59.29
流动比率	2.24	1.88	3.58	2.44	2.51

6.3.3.3　小结和评述

在 19 家上市公司中有 6 家公司在加入或形成企业集团后取得了控股股东的直接的资金支持，包括控股股东或最终控制人财务公司授信或提供资金拆解及周转等。新和成、西藏旅游及正和股份这 3 家公司获得控股股东的间接资金支持，包括各种借款担保、财产抵押和保证担保等。控股股东的资金支持对于上市公司的经营绩效有重要的支持作用，如平庄能源在获得控股股东特别是实际控制人国电集团的资金支持后，资产负债率大幅下降，流动性迅速增强；投入相当数量的研究开发经费后，华意压缩和新和成仍然保持较稳定的长、短期偿债能力；从事房地产业的苏宁环球的控股股东苏宁集团仅统借统还一项就为苏宁环球提供约 23 亿元，由于有大股东的资金支持，即使经历了近年来力度较大的房地产政策调控，苏宁环球的流动比率显示公司的现金仍然较为充裕，2011 年公司年报称"公司得益于大股东苏宁集团的大力支持"，2011 年苏宁集团资产负债率为 74.77%，"比上年同期降低 0.54%"，"扣除无实际偿债压力的预收账款后，报告期末资产负债率 55.03%，公司负债结构安全"。

6.3.4 企业集团内部市场

企业集团内部市场包括内部产品市场、内部资本市场和内部产权市场。

6.3.4.1 内部产品市场

（1）海马汽车。

如表 6-84 和表 6-85 所示，海马汽车的集团内部市场包括销售商品、提供劳务以及出口代理服务等，内部市场交易规模较大。

表 6-84 公司内部产品市场情况

类　型	说　明
销售商品	海马汽车下属子公司海南一汽海马汽车销售有限公司（以下简称一汽海马销售）与一汽海马汽车有限公司（以下简称一汽海马）签订的《汽车总经销协议》约定，2005 年 1 月 1 日至 2014 年 12 月 31 日止，按照市场价格定价，一汽海马按其产品市场零售价的 12% 向一汽海马销售支付总经销费，交易结算方式为款到后交付产品
提供劳务	海马汽车下属子公司一汽海马、海南金盘物流有限公司（以下简称金盘物流）、一汽海马销售三方签订的《物流管理服务协议书》约定，2005 年 1 月 1 日至 2014 年 12 月 31 日止，由金盘物流向一汽海马销售提供汽车产品的物流仓储运输服务，单台汽车产品运送费为 2500 元/台，运送费含运费、保险费、车辆临时移动费、码头费及仓储费
出口代理服务	2011 年海马汽车下属子公司海马轿车有限公司（以下简称海马轿车）、海马商务汽车有限公司（以下简称海马商务汽车）与一汽海马销售签订的《汽车出口代理三方框架协议》约定，一汽海马销售作为出口代理商，为海马商务汽车及海马轿车代理汽车出口业务，整车产品的价格按产品市场零售价的 91% 计，配件供货价格按配件产品市场零售价的 85% 计

表6-85 公司向关联方销售产品或提供劳务 单位：万元

2004 年	2005 年	2006 年	2007 年	2008 年	2009 年	2010 年	2011 年
11955.75	2568	2725	780755	574724	504360	764705.37	842238

（2）平庄能源。

如表6-86和表6-87所示，根据平庄能源历年年报可知，2008年平庄能源正面临国内和区域内煤炭供给的相对过剩和激烈的市场竞争。首先，由于我国近年来包括煤炭、电力和石油等项目产能的陆续释放，国内能源市场出现供给相对过剩，能源产品价格面临下滑压力。2008年全国煤炭产量达到27.5亿吨，已超过了有效需求，秦皇岛港煤炭存货不断增加。同时社会用电量连续出现负增长，一些重点电厂库存煤量达到合理储备量上限，2008年各电煤用户一致要求煤企降价让利；平煤能源所处区域赤大白铁路全线贯通，蒙东地区褐煤产量大幅增加，经赤大白铁路及公路进入赤峰地区市场，平煤能源传统的区位优势面临挑战。

表6-86 公司内部产品市场情况

类　　型	说　　明
采购货物、销售货物、代销商品	2007年平庄能源与控股股东平煤集团签订了《综合服务协议》、《设备租赁协议》、《煤炭代销协议》、《物资采购协议》。根据深圳证券交易所股票上市规则对日常性关联交易协议每三年签署一次的规定，2010年4月，公司与平庄煤业续签了上述协议
销售产品	2008年度开始，平庄能源向国电集团下属厂国电电力发展股份有限公司朝阳发电厂、国电集团滦河发电厂、国电承德热电有限公司签署《煤炭购销协议》，向国电集团下属电厂销售煤炭

表6-87 公司向关联方销售产品或提供劳务 单位：万元

2007 年	2008 年	2009 年	2010 年	2011 年
17288	56591	79375.4	66635.6	100769.72

国电集团成为平庄能源的实际控制人之后，平庄能源直接增加了

国电集团下属四个较大电煤用户，此外，国电集团在下属沿江沿海十四个电煤用户推行配煤掺烧，从而平煤能源得以利用国电集团庞大的内部市场开拓了煤炭经锦州港海运南下通道，实现了煤炭外销，满足了平庄能源在煤炭产量扩大后对市场容量的需求，2010 年平庄能源实现了煤炭产销基本平衡。

6.3.4.2 内部资本市场

（1）海马汽车。

海马汽车公司内部资本市场情况如表 6-88 所示。

表 6-88   公司内部资本市场情况

类　　型	说　　明
成立财务公司	2008 年海马汽车发起设立海马财务有限公司（以下简称海马财务），海马财务注册资本 5 亿元，其中海马汽车出资 4.5 亿元、海马汽车子公司金盘物流出资 0.5 亿元。 海马财务经营范围：对成员单位办理财务和融资顾问、信用鉴证及相关的咨询、代理业务；协助成员单位实现交易款项的收付；经批准的保险代理业务；对成员单位提供担保；办理成员单位之间的委托贷款及委托投资；对成员单位办理票据承兑与贴现；办理成员单位之间的内部转账结算及相应的结算、清算方案设计；吸收成员单位的存款；对成员单位办理贷款及融资租赁；从事同业拆借；经中国银监会批准的其他业务。（凡需行政许可的项目凭许可证经营） 2011 年海马汽车及全资子公司——金盘物流与海马投资于海口签订了《海马财务有限公司增资协议书》。海马投资以海马财务经审计的截至 2010 年 12 月 31 日净资产为基准，以现金方式向海马财务增资 48435 万元
金融服务	2011 年海马财务与海马汽车子公司一汽海马销售签订的《金融服务协议》约定，一汽海马销售在海马财务办理存款、结算等日常业务，存款余额不超过 5 亿元；存款利率不低于中国人民银行公布的同期存款利率。 2011 年海马财务与一汽海马销售签订了《"丘比特"车型营销合作协议》约定，海马财务为通过一汽海马销售经销商购买"丘比特"车型的客户提供一年期消费贷款，一汽海马销售承担客户贷款利息。年利息为：净车价六万元以内的 2300 元；净车价六万元（含）以上的 2500 元

（2）潍柴重机（共同组建融资租赁公司，共同投资成立山东重工财务公司）。

潍柴重机公司内部资金市场情况如表6-89所示。

表6-89　　　　　　　　　　　　**公司内部资金市场情况**

类　　型	说　　明
投资成立山东重工财务有限公司	2010年，潍柴重机出资2亿元，联同山东重工集团有限公司、潍柴动力股份有限公司、山推工程机械股份有限公司、中国金谷国际信托有限责任公司共同投资设立山东重工集团财务有限公司 山东重工注册资金为10亿元人民币，主要经营范围从略（与上述海马汽车财务公司经营范围同）
共同投资组建融资租赁公司	2010年，潍柴重机出资1.8亿元，联同山东重工集团有限公司、潍柴动力股份有限公司、陕西重型汽车有限公司共同对山推租赁有限公司进行增资，增资后山推租赁更名为山重融资租赁有限公司，注册资金为9.2亿元人民币，经营范围为融资租赁；机械设备的租赁及销售；租赁财产的残值处理；信息咨询；租赁交易担保；机械设备维修；技术服务；项目投资

6.3.4.3　内部产权市场

鑫茂科技公司内部资金市场情况如表6-90所示。

表6-90　　　　　　　　　　　　**公司内部资金市场情况**

类　　型	说　　明
置出亏损业务	鑫茂科技主营业务风电板块因受风电场"后续建设资金瓶颈"及"叶片市场拓展瓶颈"等影响，风电叶片难以形成规模销售，为减少风电业务已发生的和可预见的连续亏损给上市公司业绩带来的不利影响，避免上市公司损失继续扩大，2010年公司将风电板块即天津鑫茂鑫风能源科技有限公司62.04%的股权转让给控股股东鑫茂集团，转让价款共计3345万元

6.3.4.4　小结和评述

海马汽车主营汽车及汽车发动机的研发、制造、销售、物流配送及相关业务，内部产品市场主要在下属子公司一汽海马销售、一汽海马、金盘物流、海马轿车和海马商务汽车之间展开，一汽海马销售为一汽海马销售商品并收取经销费，一汽海马销售为海马轿车和海马商务汽车提供代理出口服务并收取服务费，金盘物流为一汽海马销售提供物流服务并收取相关费用。海马汽车的内部市场发生在集团各子公司之间，集团各子公司之间相互提供不同的服务，因而把销售及物流服务内化到集团内部来提供，因而海马汽车是高度一体化的较为综合的企业集团。

相比海马汽车，平庄能源的企业集团内部市场则是与控股股东及最终控制人之间进行的，平庄能源为控股股东平煤集团提供煤炭代销服务并收取相关费用，同时平庄能源向最终控制人国电集团下属电厂销售煤炭，使平庄能源在国内能源市场相对过剩和所处区域煤炭供给量增加的双重冲击的不利环境下，实现了产量扩大和煤炭产销基本平衡。海马汽车和平庄能源的内部产品市场交易额都十分可观，以 2011 年度向关联方提供产品和劳务金额为例，海马汽车的总金额为 84.22 亿元（当年公司主营业务收入为 112.14 亿元），平庄能源的总金额为 10.08 亿元（当年公司主营业务收入为 39.44亿元）。

除内部产品市场外，海马汽车组建子公司海马财务公司。目前内部资金供给主要发生在海马汽车内部各子公司之间，海马财务向一汽海马销售提供存款及结算服务，此外，海马财务为一汽海马销售的客户提供汽车消费贷款服务，海马财务收取服务费。海马汽车通过成立集团财务公司，作为服务提供方，财务公司和服务需求方一汽海马销售等同为集团子公司，因而内部资金市场表现为集团内部的集中使用，从而"海马财务的成立，加强了集团内部资金集中管理，提高了内部资金的使用效率，并将成为公司未来业务增长点之一"，海马汽车 2011 年度实现金融业主营业务收入 2.16 亿元。

潍柴重机的内部资金市场是与公司控股股东之间共同组建，2010年潍柴重机连同山东重工集团等发起方组建山东重工财务有限公司和山重融资租赁有限公司，因而能够在更大的集团范围内融通资金，集中集团财务资源。

鑫茂科技和控股股东鑫茂集团之间的股权转让行为是企业集团内

部的产权转让行为，与一般的产权转让不同，这种企业集团内部的产权转让表现为控股股东承受子公司的亏损业务，从而使子公司的业绩不受亏损业务的影响。

6.3.5 其他融资情况

（1）西藏旅游。

西藏旅游公司其他融资情况如表6－91所示。

表6－91　　　　　　　　公司其他融资情况

金 额	说 明
2.07 亿元	2007 年西藏旅游向中国人寿保险（集团）公司等八名特定对象非公开发行募集资金 2.07 亿元，该募集资金投入公司旅游区开发项目
3.5 亿元	2011 年 4 月 25 日，西藏旅游非公开发行人民币普通股 24137931 股，募集资金总额人民币 3.5 亿元，此募集资金投入旅游区开发项目

（2）海马汽车。

海马汽车公司其他融资情况如表6－92所示。

表6－92　　　　　　　　公司其他融资情况

金 额	说 明
8.2 亿元	2008 年海马汽车发行 8.2 亿元可转换公司债券，募集资金用于对全资子公司海马（郑州）汽车有限公司增资，海马郑州通过金融机构委托贷款的方式，将该增资资金投入到其全资子公司——郑州轻型汽车有限公司的技术改造项目
29.5 亿元	2010 年海马汽车发行人民币普通股 598802395 股，募集资金净额为 29.5 亿元（其中 24.5 亿元的募集资金用于对子公司海马商务汽车有限公司 15 万辆汽车技术改造项目；通过金融机构委托贷款，其中 5 亿元的募集资金投入子公司海马轿车有限公司的新产品研发项目）

（3）银鸽投资。

银鸽投资公司其他融资情况如表6－93所示。

表 6 - 93   公司其他融资情况

金　额	说　明
3.85 亿元	2007 年银鸽投资非公开发行股票 5460 万股，募集资金 38547.60 万元，募投项目为 5 万吨特种纸和 15 万吨高强瓦楞纸项目
6.38 亿元	2009 年银鸽投资非公开发行股票 1.24 亿股，每股发行价 5.26 元，募集资金 6.38 亿元
3 亿元	2010 年银鸽投资发行短期融资券 3 亿元
7.5 亿元	2010 年银鸽投资发行七年期固定利率公司债券 7.5 亿元，在第五年末附发行人上调票面利率选择权和投资者回售选择权，票面利率 7.09%，每年付息一次
1 亿元	2009 年银鸽投资同交银金融租赁有限责任公司签订了两份融资租赁（回租）合同，将银鸽投资截至 2009 年 3 月、4 月净值分别为 1.04 亿元和 0.27 亿元的固定资产出售给交银金融租赁有限责任公司并回租以获取 1 亿元贷款

（4）时代出版。

时代出版公司其他融资情况如表 6 - 94 所示。

表 6 - 94   公司其他融资情况

金　额	说　明
5.01 亿元	2010 年时代出版非公开发行股票 3091.50 万股，募集资金净额 5.01 亿元；用于建设出版策划、数字出版、印刷技术改造、出版物物流四个项目

（5）星湖科技。

星湖科技公司其他融资情况如表 6 - 95 所示。

表 6 - 95   公司其他融资情况

金　额	说　明
3.85 亿元	2011 年星湖科技非公开发行 2929 万股，募集资金 3.85 亿元，募集资金投向年增 4000 吨呈味核苷酸二钠技改项目
6.4 亿元	2011 年星湖科技发行公司债券，共计募集资金 6.4 亿元。债券票面年利率为 5.80%，债券期限不超过 6 年

（6）广州浪奇。

广州浪奇公司其他融资情况如表 6 - 96 所示。

表 6 - 96　　　　　　　　　　公司其他融资情况

金　　额	说　　明
5.2 亿元	2011 年广州浪奇非公开发行人民币普通股 5000 万股，募集资金合计 5.2 亿元，计划投资 4.5 亿元用于南沙生产基地建设，实现主要生产基地的转移新建，其余 1.03 亿元用于全国营销网络建设

（7）小结和评述。

除控股股东的资金支持及企业集团内部资金市场外，有 6 家上市公司还实施了其他的融资方式，其中西藏旅游、海马汽车、银鸽投资、时代出版、星湖科技和广州浪奇分别通过向特定对象定向发行募集 3.5 亿元、29.5 亿元、10.23 亿元、5.01 亿元、3.85 亿元和 6.4 亿元，分别用于各自募投项目建设；此外，海马汽车还通过发行可转换公司债券 8.2 亿元，银鸽投资通过各种方式共融资合计 11.5 亿元（发行短期融资券 3 亿元，固定利率公司债券 7.5 亿元，融资租赁贷款 1 亿元）。

6.3.6　技术改造和自主创新

6.3.6.1　成立研究所、研究院或研发公司

（1）华意压缩。

如表 6 - 97 和表 6 - 98 所示，华意压缩研究开发强度较大，技术研究开发占主营业务收入的百分比达到 2% 以上。

表 6 - 97　　　　　　　　　　公司研究开发情况

外部环境	华意压缩主营业务无氟压缩机主要用于电冰箱生产，冰箱普效压缩机是成熟产品，近年来能源和金属价格上涨使得公司产品生产面临成本压力，利润率低； 随着新《家用电冰箱耗电量限定值及能效等级》和《电冰箱用全封闭型电动机－压缩机》国家标准的实施，高效节能、环保、小型化将成为冰箱压缩机技术的主要发展方向，高性能冰箱压缩机将逐渐取代原普效压缩机

续表

技术改造	通过实施技术改造工程，2007 年华意压缩达到了年产 500 万台压缩机的生产能力，公司子公司加西贝拉压缩机有限公司年产能提高了 200 万台；2008 年华意压缩机（荆州）有限公司"年产 300 万台压缩机扩改项目"完工，通过技改扩产，有利于华意压缩规模生产降低产品成本
自主研发	2008 年华意压缩组建技术研究所，2011 年子公司加西贝拉压缩机有限公司通过国家级技术中心认证。 截至 2011 年 12 月 31 日，华意压缩自主研发推出一系列高效节能、小型化和轻型化的新型冰箱压缩机产品，2007 年 HYE 压缩机通过省级新产品鉴定，自主研发的变频压缩机产品填补国内空白；2008 年华意压缩完成新产品研发项目 38 项，NB 系列产品获得授权专利 5 项，HYEV90M 变频压缩机列为国家火炬计划项目，AE1350SHU 深冷压缩机被列为国家重点新产品项目，开发完成 N 型产品的高效化及 ZBX 超高效机和大规格压机等 12 种产品并形成批量生产能力；2011 年华意压缩公司公司共申报了 25 项专利，其中发明型专利 6 项，实用型专利 19 项，自主研究开发的 HYB 和 HYS 小型化压缩机实现批量销售，变频压缩机、铝线压缩机实现量产。 AE1345MTU 压缩机获得江西省科技进步一等奖（美菱日耗电 0.27 度超级节能冰箱压缩机），科龙公司冰箱产品选用 ZBC1111CY 型压缩机并获联合国节能大奖，A++高档冰箱 MTU、ZBH 系列环保、节能、高效碳氢压缩机
公司荣誉	2007 年华意压缩牵头修订了《电冰箱用全封闭型电动机-压缩机》国家标准，提高了公司行业话语权；2007 年，华意压缩荣获"全国机械行业文明单位""中国机械 500 强"

表 6-98　　　　　　　　　　公司研究开发强度

	2008 年	2009 年	2010 年	2011 年
研究开发费用（万元）	5595.00	7143.91	9448.36	12021.94
主营业务收入（万元）	307950.53	325573.31	461701.88	536795.27
研究开发费用占主营收入比重（%）	1.82	2.19	2.05	2.24

华意压缩技术研究开发占主营业务收入的百分比达到 2% 以上，通过技术改造和自主研发，公司实现了技术进步和系列专利，产销量实现了稳步增长。截至 2011 年 12 月 31 日，华意压缩冰箱压缩机市场占有率连续十年居国内同行业首位，产销量连续两年居全球行业第二位，如表 6-99 所示。

表 6 - 99　　　　　　　　　　公司产品销售增长情况

	生产压缩机（万台）	销售压缩机（万台）	产量较上年增长%	销量较上年增长%	国内市场占有率%
2007 年	1281	1225	42.97	37.33	26
2008 年	1295	1319	1.09	7.13	21
2009 年	1562	1489	20.62	11.42	—*
2010 年	2093	2093	33.99	40.56	21.47
2011 年	2503	2424	19.59	15.81	23.53

注：＊2009 年国内占有率无公开数据。

（2）广州浪奇。

如表 6 - 100 和表 6 - 101 所示，通过向上游产业链延伸，新型可再生原材料研发项目使得广州浪奇工业品生产销售不断增长。

表 6 - 100　　　　　　　　　　公司研究开发情况

外部环境	国际石油价格变化使得日化类原材料包括石油类产品和油脂类系列衍生产品价格同步上涨，受主要原材料烷基苯及塑料粒价格变动影响，洗剂行业整体利润率水平下降，广州浪奇产品面临较大成本压力；日用洗剂行业属快速消费品，行业企业包括民营企业（如立白、纳爱斯等）、集体企业、经过改制的国有企业和跨国企业（宝洁、联合利华）等，行业竞争较为充分，跨国品牌在高度垄断中国一二线市场后，进一步抢夺中国三四线市场；国内连锁商业业态使得销售渠道形成对洗涤行业利润的进一步侵蚀
自主研发	广州浪奇采取向上游产业链延伸和技术创新措施以应对不利的外部环境： 针对公司主要原材料烷基苯及塑料粒受国际石油价格变动影响的困难局面，2005 年广州浪奇实施 MES（脂肪甲脂磺酸盐的简称）研发项目，是应用于洗剂行业生产的新一代表面活性剂，与以石油衍生品为原料来源不同，MES 以可再生的天然油脂资源作为原材料来源，MES 应用技术使公司拥有相对稳定、廉价的原材料，减低原料供应不稳定、价格波动等因素对公司的影响。 2009 年广州市日用化学工业研究所通过公开市场征集投资者进行增资扩股，广州浪奇投资通过广州产权交易所以 89.97 万元的价格认购该研究所 60% 的股权，该所注册资本增至 149.95 万元，该所主要从事化学科学研究和制造日用化学品、化学产品。 2009 年广州浪奇成立博士后工作站，开展糖酯和淀粉酯的研发工作 2009 年广州浪奇洗衣粉生产系统配方技术取得了国家技术专利 2011 年广州浪奇获得国家实验室认可证书
公司荣誉	2009 年广州浪奇被评为广东省现代产业"500"强企业

表 6 – 101　　　　　　　　　　公司主营业务利润　　　　　　　　单位：万元

	2005 年	2006 年	2007 年	2008 年	2009 年	2010 年	2011 年
民用品	10391.28	11704.43	11706.99	11247.69	12564.10	15889.81	14361.15
工业品	1885.73	536.14	891.62	1437.37	2872.95	2006.17	5296.22

广州浪奇年报显示，通过向上游产业链延伸，对新型洗涤行业原材料表面活性剂技术的研发项目使原料生产销售成为广州浪奇的新的利润增长点，通过向油脂化工的上游产品业务的拓展工业品销售业务和出口业务不断增长，广州浪奇在南沙新建生产基地，产能将达到原来产能的近两倍，有利于公司实现规模效益。

（3）海马汽车。

如表 6 – 102 和表 6 – 103 所示，海马汽车研发强度较大。根据海马汽车年报显示，其整车研发和发动机技术的掌握能够有效降低生产成本，并将加快公司新产品的研发进度。

表 6 – 102　　　　　　　　　　公司研究开发情况

外部环境	自 2006 年我国汽车消费量和汽车产量分别居世界第二位和第三位，相对于发达国家汽车市场大幅负增长的情况，我国仍是全球表现最好的大规模汽车消费市场，几乎所有的汽车跨国公司在我国都设立了合资企业。我国汽车行业主要包括外资品牌、本土自主品牌、合资品牌等；2002 ~ 2007 年，我国汽车产量年均增长 22.6%，随着各汽车生产厂家生产规模扩大，产能过剩，市场竞争激烈；作为本土自主品牌①，海马汽车产品面临包括外资品牌，其他自主品牌厂家及合资品牌和合资自主品牌的共同竞争。 "十二五"期间是汽车产业发展的关键时期，我国汽车产业面临着"由大到强"的转变，这一阶段，中国汽车工业的发展模式处于数量扩张向效益增长和创新驱动转变，当前世界汽车产业技术正经历技术和产品转型，新能源汽车是未来发展的方向

---

① 我国自主品牌占乘用车的比例由 2001 年的 19.3% 提高到 2007 年的 25.7%，我国自主品牌汽车企业正处在发育期，在品牌价值、资金和技术积累、抗风险能力等方面与合资企业相比居于劣势，仅以品牌价值为例，即使性能相当，自主品牌汽车要以低于国外品牌 20% ~ 30% 的售价，才能被市场接受。

续表

自主研发	2006 年，海马汽车向控股股东海南汽车有限公司定向发行新股，购买海南汽车持有的一汽海马汽车有限公司（以下简称"海马汽车"）50% 股权及上海海马汽车研发有限公司（以下简称"上海研发"）100% 股权，实现了公司汽车研发、制造和销售及物流配送的一体化汽车企业。 2007 年海马汽车推出自主研发的新产品——海马 3 并投放市场，海马 3 的上市，丰富了海马汽车产品线，形成了海马 3、福美来 2 代、海福星、普力马等产品系列。 2007 年海马汽车自主研发的第一款发动机产品投入批量生产（采用该自主研发的发动机产品的新普力马及海马 3 产于当年上市）； 2007 年海马汽车新开发的车型及自主研发的发动机采用新技术，优化设计，达到高性能、低油耗、低排放，目前投放市场的产品达到欧Ⅲ排放标准，部分产品达到欧Ⅳ排放标准，均高于国家标准 2009 年海马汽车新能源汽车研发取得进展，纯电动车通过国家认证，2010 年电动汽车研发和生产基地建成投入使用；纯电动普力马汽车进入新能源汽车公告目录 2010 年海马汽车产品平台由原单一 A 级平台发展为多平台系列（A00 级、A0 级、A 级、B 级等），7 大产品系列基本覆盖了 15 万元以下家用轿车和城乡用车消费主流车型 2011 年海马汽车自主研发的发动机覆盖 1.0L 至 2.0L 排量系列，整车研发和发动机基本实现自立自主

表 6 – 103　　　　　　　　　　　公司研究开发强度

	2007 年	2008 年	2009 年	2010 年	2011 年
研究开发费用（万元）	10142.31	23018.326	9185.2726	8301.7019	6315.3619
主营业务收入（万元）	847726.9	612637.48	626707.6748	1018464	1121429.792
研究开发费用占主营收入比重（%）	1.20	3.76	1.47	0.82	0.56

　　海马汽车研发强度较大，根据海马汽车年报显示，其自主发动机产品的投产，标志着海马汽车已经掌握了汽车生产过程中最核心的技术。技术的掌握能够有效降低生产成本，并将加快公司新产品的研发进度。

　　（4）广晟有色。

　　广晟有色公司研究开发情况如表 6 – 104 所示。

表 6-104 公司研究开发情况

外部环境	作为世界上最为重要的稀土原料生产基地，我国稀土产业集中化程度较低。2010 年国务院在《关于促进稀土行业持续健康发展的若干意见》提出国家将用 5 年左右的时间，建立合理开发、有序生产、高效利用、技术先进、集约发展的稀土行业持续健康发展格局。随着我国不断加强对稀土资源的控制，我国稀土产业集中度将不断提高，稀土行业将不断向少数优势稀土企业集团集中。广东是我国稀土产业集中地区之一，目前已有一些具备出口配额优势、资金优势、政府支持优势的大企业集团开始在广东进行了兼并和重组。 作为广东本地的稀土开采企业，广晟有色面临"股本规模较小，经济基础不够坚实，资源储备不够充足，抵御风险的能力不够强，盈利能力和管理水平还不够高，优秀人才梯队建设不够，自主创新能力不足，历史负担比较重，精力比较分散等多方面、深层次的问题"
自主研发	2011 年，广晟有色投资设立了广晟稀土稀有金属应用科学研究院（以下简称稀土研究院），稀土研究院的经营范围为：为稀土及稀有金属新技术、新工艺、新材料的研发、生产、推广应用提供服务；组织国内外技术交流；受政府委托组织稀土专项资金支持项目的招投标事宜；负责稀土科研成果、新技术、新工艺、新设备、新建项目的评审和推广应用，承担政府和企业委托的其他事项。 根据公司年报，稀土研究院的主要研究重点在于：通过研发拥有自主知识产权的稀土及钨行业的新产品、新工艺、新装备，充分发挥广东南方离子稀土的优势及钨等稀有金属资源的特点，切实解决稀土冶金分离生产过程中污染治理及有价资源综合回收问题，从而提高广东省稀土及钨等稀有资源的竞争力，形成有特色的稀土及钨等稀有金属工业体系

（5）银鸽投资。

如表 6-105 和表 6-106 所示，通过系列自主研发和技术改造投入，银鸽投资的产品结构实现了多元化，主营业务利润逐渐增加。

表 6-105 公司研究开发情况

外部环境	造纸行业是典型的资金密集型和资源约束性产业，我国现有造纸企业存在的主要问题是规模小，生产集中度低，环境污染严重等问题；此外造纸行业存在结构性过剩问题，表现在：纸品行业技术含量较低的产品近年产能扩张过快，市场竞争激烈，而技术含量较高的高档纸品产能不足；随着国家造纸产业政策和节能减排等政策力度的不断加大，加之造纸业的主要原材料纸浆价格特别是国际浆价不断上涨，国内造纸企业面临成本压力，将来我国造纸行业的发展方向是集约化，规模化，高档化和环保化，造纸企业之间的兼并、重组和产业升级将成为未来行业发展的趋势

续表

技术改造	2005 年银鸽投资对生产法设备进行技术改造，与日本丸红株式会社签订了全面技术合作协议，对企业现有纸机进行全面技术改造升级。 2008 年银鸽投资投入 5128 万元科技活动经费，对制浆和造纸的工艺、设备进行技术改造和技术创新，大力发展循环经济，有效降低了能源消耗。 2009 年银鸽投资应用无氯氧漂等新技术优化造纸工艺以提高纸品品质，同时设立节能减排攻关小组对现有设备进行技术改造和创新，实现节能降耗
自主研发	2003 年银鸽投资三项产品通过了科学鉴定并获得成果鉴定证书，其中轻型印刷纸和彩色印刷纸填补了河南省造纸产品的空白；在国内纸品行业首创运用超疏纳米纸结构涂层技术。 2005 年银鸽投资和华中师范大学联合研制"超疏水、自洁净纳米结构表面纸"，成为国内首家将纳米技术运用到纸业的企业 2007 年银鸽投资新成立省级特种纸工程技术研发中心一个，取得技术专利6 项 2008 年银鸽投资获国家人力资源和社会保障部批准设立博士后工作站
公司荣誉	2005 年银鸽投资被评为"中国企业集团竞争力 500 强企业"

表 6-106　　　　　　　　　公司产业结构主营业务利润　　　　　　　　单位：万元

	2003 年	2004 年	2005 年	2006 年	2007 年	2008 年	2009 年	2010 年	2011 年
机制纸	7984.24	—	—	—	—	—	—	—	—
文化纸	—	11784.96	18111.7	19515.58	21427.22	20912.55	19223.08	20963.11	4129.74
生活纸	—	568	677.61	411.07	382.07	1788.29	3251.95	3424.83	5641.27
包装纸	—	—	-53.26	6730.64	8085.1	4268.13	5365.44	14284.68	3665.95

根据银鸽投资年报，通过系列自主研发和技术改造投入，其主业由相对单一的文化纸生产逐步发展为文化纸、生活纸、包装纸和特种纸四大系列的产业结构。

6.3.6.2 引进技术及自主创新

（1）潍柴重机。

如表 6-107 所示，通过引进技术和自主创新相结合，潍柴重机实现了新产品的投产和供应。

表 6 - 107　　　　　　　　　公司研究开发情况

外部环境	潍柴重机的主营业务是生产和销售中速柴油机,主要用于近海捕捞和内河航运船舶动力。近年来全球造船行业日趋大型化,巨型化,船用内燃机的单机功率不断增大,自 20 世纪 90 年代以来,中速内燃机的单机功率平均增加了 40%,而低速内燃机的单机功率只提高了 20%;除船舶的功率要求提高外,当前新的排放标准、能耗标准对内燃机制造企业提出了更高要求,因而中速柴油机的主要发展趋势是大功率、高性能、低油耗和低排放,此外,模块化、人性化和智能化是其发展的新趋势
引进技术	2008 年潍柴重机与德国 MAN Diesel 公司签署了大功率中速船用柴油机技术合作协议,德国 MAN Diesel 公司授予潍柴重机非排他性权利,在许可区域内使用与 MAN 柴油机有关的德国 MAN Diesel 公司的秘密专有技术、专利和商标,该合作协议有效期为 10 年,获得 MAN 柴油机生产、销售、安装和服务的许可后,潍柴重机可以满足国内对大功率船用柴油机的需要和配套需求,从而拓宽公司产品线
自主创新	2009 年潍柴重机第一台 CKD(全散件组装)大功率中速船用柴油机样机完成下线 2010 年大功率船用柴油机正式投入生产,公司由此进入万匹马力柴油机生产制造领域,完成了由内河市场到海运远洋市场产业布局的延伸 2011 年潍柴重机向客户移交了首台 32/40 系列大功率中速船用柴油机

（2）新和成（研发支出）。

如表 6 - 108 至表 6 - 111 所示,新和成的自主创新投入较大,研究开发费用占主营业务收入的百分比接近 4%,其主营业务利润和外销出口收入持续增长,竞争力较强。

表 6 - 108　　　　　　　　　公司研究开发情况

自主创新	截至 2008 年 12 月 31 日,新和成共取得发明专利 13 项,实用新型 3 项,主要集中于公司主导产品维生素 VE、VA、VH、VD3 和类胡萝卜素,产品市场占有率位于世界前列,成为全球最重要的维生素生产企业之一 新和成计划立足精细化工行业,巩固提高营养品业务市场地位,同时利用技术和市场的协同效应,积极向食品添加剂、营养保健品、香精香料等领域拓展,通过大力发展香精香料、原料药等重点业务,积极进入高分子复合新材料、专用化学产品等新业务领域

表 6 - 109　　　　　　　　　公司研究开发强度

	2008 年	2009 年	2010 年	2011 年
研究开发费用（万元）	8191.31	10539.23	10093.13	14532.91
主营业务收入（万元）	331396.23	289822.52	344526.36	380399.17
研究开发费用占主营收入比重（%）	2.47	3.64	2.93	3.82

表 6 – 110　　　　　　　　　公司主营业务利润　　　　　　　单位：万元

	2008 年	2009 年	2010 年	2011 年
维生素类	192140. 60	148775. 42	163133. 85	162371. 61
香精香料类	664. 56	3499. 29	5580. 60	7269. 83

表 6 – 111　　　　　　　　　公司主营业务收入　　　　　　　单位：万元

	2008 年	2009 年	2010 年	2011 年
内销	69527. 87	107960. 54	115051. 12	113593. 27
出口	258283. 92	179989. 14	228593. 28	265625. 51

6. 3. 6. 3　小结及评述

有 5 家上市公司加入或形成企业集团后成立了研究所、研究院或研发公司来进行技术改造和自主创新，其中华意压缩组建技术研究所，其子公司通过了国家级技术中心认证，通过不断的技术改造和技术创新，其产品无氟压缩机顺应了冰箱压缩机日益小型环保高效节能的发展趋势，多项产品荣获各级新产品鉴定并为知名冰箱厂采用并参与了国家相关标准制定；在竞争激烈的日化洗剂领域，广州浪奇通过成立研究所及博士后工作站，加强产品研发向上游产业链延伸，获得国家实验室认可证书；海马汽车在面临外资品牌，合资品牌和其他品牌竞争的情况下，设立研发公司推出自主研发的整车和发动机[①]，此外，推出了新能源汽车产品；广晟有色投资设立稀土研究院，以加强自身稀土开发生产的竞争力；通过成立研发中心和博士后工作站，银鸽投资加强技术创新和环保节能，扩展了产品线并提高了竞争能力。

以上 5 家公司都在企业集团内部成立了专门研发机构，为整个集团提供了技术改造和自主创新的平台，集团为研发机构投入了较多的

---

　　①　"公司自主发动机产品的投产，标志着公司已经掌握了汽车生产过程中最核心的技术，确保未来动力的供应保障，有效降低成本，并将加快公司新产品的研发进度"。

研究费用（其中华意压缩和海马汽车历年投入的研发费用最高占当年各自主营业务收入的 2. 24% 和 3. 76%①，研发费用分别为 1. 2 亿元和 2. 3 亿元）。潍柴重机通过引进德国公司的大功率中速船用柴油机的专有技术，引进技术消化并加以自主创新实现了量产，满足了市场对于相关产品的需求；新和成的历年研究开发费用最高为 1. 45 亿元，占当年公司主营业务收入的 3. 82%，在主导产品维生素类原药方面取得多项专利。

6.3.7 政府补贴及税收优惠

（1）海马汽车。

海马汽车政府补贴及税收优惠情况如表 6 – 112 所示。

表 6 – 112　　　　　　　　政府补贴及税收优惠情况

政府补贴	2008 年郑州市人民政府给予海马汽车下属子公司：海马（郑州）汽车有限公司、郑州轻型汽车有限公司、上海海马汽车研发有限公司合计 2. 5 亿元重点扶持资金 2009 年海马汽车子公司一汽海马汽车有限公司和一汽海马动力有限公司获得合计 7550 万元海南省项目建设补贴款 2010 年海马汽车取得 2. 59 亿元政府补贴 截至 2010 年 12 月 31 日，海马汽车子公司一汽海马汽车有限公司共收到海南省各项专项补贴共计 1068. 39 万元
税收优惠	2010 年海马汽车子公司，海马商务汽车有限公司取得河南省高新技术企业证书，有效期三年，享受所得税税率 15% 的优惠政策 2007 年海马汽车子公司，一汽海马动力有限公司享受从获利年度起第一年至第二年免征企业所得税，第三年至第五年减半征收企业所得税的税收优惠政策 2008 年上海海马汽车研发有限公司取得上海市高新技术企业证书，有效期三年，享受所得税税率 15% 的优惠政策 2009 年海马汽车子公司，一汽海马汽车有限公司取得海南省高新技术企业证书，有效期三年，享受所得税税率 15% 的优惠政策

（2）华意压缩。

2010 年华意压缩子公司江西长虹电子科技发展有限公司"200

---

① 　一般认为，研发费用占销售收入 5% 时，企业才有竞争力。

万台绿色环保高效冰箱压缩机项目"获景德镇市1000万元财政拨款，用于重点节能工程、循环经济和资源节约重大示范工业污染治理工程建设。

（3）银鸽投资。

2008年，银鸽投资的造纸能量系统优化改造项目获得中央预算内拨款610万元；承建的年产25万吨高档文化及包装用纸项目获河南省财政贴息资金770万元；承建的年产3万吨生活纸项目收到漯河市财政局财政贴息资金200万元。

（4）平庄能源。

平庄能源公司税收优惠情况如表6-113所示。

表 6-113　　　　　　　公司税收优惠情况

税收优惠	2009年内蒙古自治区地方税务局认定，平庄能源从事的煤炭生产业务在《产业结构调整指导目录（2005年本）》中属于煤炭类年产120万吨及以上高产高效煤矿（含矿井、露天），2008年平庄能源以煤炭生产为主营业务，其煤炭生产业务收入占企业总收入的83%，符合国家给予西部大开发鼓励类产业的税收优惠政策条件，允许平庄能源在2008年减按15%的税率征收企业所得税。 2009~2011年度，赤峰市地方税务局认定平庄能源从事《西部地区鼓励类产业目录》中规定的产业项目，且其主营业务收入占企业收入总额70%以上，仍符合国家给予西部大开发鼓励类产业的税收优惠政策条件，仍享受按15%的税率征收企业所得税的优惠

（5）时代出版。

财政部、国家税务总局财税〔2009〕147号《关于继续实行宣传文化增值税和营业税优惠政策的通知》规定，自2009年1月1日起至2010年12月31日，对于符合文件规定的出版物（其中包括机关期刊、专为少年儿童出版发行的刊物，中小学的学生课本等）在出版环节实行增值税100%先征后退的政策；除上述实行增值税100%先征后退的图书和期刊以外的其他图书和期刊、音像制品在出版环节实行增值税先征后退50%的政策。对于少数民族文字出版物的印刷或制作业务实行增值税100%先征后退的政策。

（6）小结和评述。

政府税收优惠对于以上上市公司的业绩提高也起到了作用，在税收优惠方面，海马汽车子公司和平庄能源各自因被认定为高新技术企业和符合西部大开发鼓励类企业获得按 15% 减征企业所得税，时代出版或特定出版物增值税先征后退的税收优惠；此外，海马汽车、华意压缩和银鸽投资分别获得合计 5.96 亿元、0.1 亿元和 0.16 亿元的各级政府补贴和财政拨款。

6.3.8 产业政策支持

（1）银鸽投资。

银鸽投资公司产业政策支持情况如表 6-114 所示。

表 6-114　　　　　　　　　公司产业政策支持情况

支持方式	说　明
资产及资金注入	2011 年漯河市政府（持有银鸽投资的控股股东银鸽集团 100% 的国有股权）将其持有的银鸽集团的全部国有股无偿划转给河南煤业化工集团有限公司（以下简称河南煤化集团），河南煤化集团在划转协议中承诺："十二五"期间，通过河南煤化集团或集团控股公司五年内在漯河市投资不低于 50 亿元人民币，其中第一个 10 亿元作为资本金注入银鸽集团，以壮大其实力；逐步将河南煤化集团所持除煤炭业务外部分其他公司的股权划入银鸽集团；"十二五"期间，力争将漯河银鸽实业集团有限公司或河南银鸽实业投资股份有限公司打造成资产和销售均超过百亿企业；待时机成熟时，将向上市公司河南银鸽实业投资股份有限公司注入除煤炭业务外的拟上市资产

（2）广晟有色。

广晟有色公司产业政策支持情况如表 6-115 所示。

表 6-115　　　　　　　　　公司产业政策支持情况

支持方式	说　明
建立商品储备	广晟有色是广东省唯一合法稀土采矿人；2009 年广东省国资委为了稳定有色金属产品市场，批准同意广晟有色控股股东有色集团收购有色金属产品建立商业储备，盘活企业存量资产，实现企业效益最大化

支持方式	说　明
产业政策	2011 年国务院出台的《关于促进稀土行业持续健康发展的若干意见》提出将实施稀土资源保护性开采和生态环境保护政策，鼓励自主创新和新材料应用开发，实施稀土行业大企业大集团战略，推动行业集中度提高提升，基本形成以大型企业为主导的稀土行业格局，南方离子型稀土行业排名前三位的企业集团产业集中度达到 80% 以上

（3）时代出版。

时代出版公司产业政策支持情况如表 6 – 116 所示。

表 6 – 116　　　　　　　公司产业政策支持情况

支持方式	说　明
产业政策	2009 年国务院常务会议通过的《文化产业振兴规划》提出以资本为纽带推进文化企业兼并重组取得重要进展，力争形成一批跨地区跨行业经营、有较强市场竞争力、产值超百亿元的骨干文化企业和企业集团，出版物发行业要积极开展跨地区、跨行业、跨所有制经营，形成若干大型发行集团，提高整体实力和竞争力。党的十七届五中全会明确提出要推动文化大发展大繁荣、提升国家文化软实力，推动文化产业成为国民经济支柱性产业。新闻出版行业"十二五"规划提出推动我国向新闻出版强国迈进，"十二五"时期，新闻出版产业增长速度达到 19.2%，到"十二五"期末实现全行业总产出 2.94 万亿元，实现增加值 0.844 万亿元

（4）平庄能源、大有能源。

平庄能源、大有能源公司产业政策支持情况如表 6 – 117 所示。

表 6 – 117　　　　　　　公司产业政策支持情况

支持方式	说　明
产业政策	国务院《关于促进煤炭工业健康发展的若干意见》提出加快现代化大型煤炭基地建设，培育大型煤炭企业和企业集团，促进中小型煤矿重组联合改造；《煤炭产业政策》提出提高煤炭产业集中度，形成以大型煤炭企业集团为主体、中小型煤矿协调发展的产业组织结构；《煤炭工业发展"十二五"规划》提出建设大型现代化煤矿，保障煤炭稳定供应，支持优势企业进行跨地区、跨行业、跨所有制兼并重组，煤炭调整布局和规范开发秩序取得明显成效，生产进一步向大基地、大集团集中，到 2015 年，将建成 10 个亿吨级、10 个 5000 万吨级特大型煤炭企业，煤炭产量占全国的 60% 以上

（5）潍柴重机。

潍柴重机公司产业政策支持情况如表 6 – 118 所示。

表 6 – 118　　　　　　　　　　公司产业政策支持情况

支持方式	说　　明
产业政策	我国内燃机制造行业的中长期目标是内燃机制造业由大变强，到 2020 年能开发出具有自主知识产权的现代内燃机；《船舶工业调整和振兴规划》提出发展大型企业集团，促进船舶制造业和配套业协调发展，船用中速柴油机国内市场满足率达到 80% 以上。《船舶工业"十二五"规划》提出加快船用柴油机及关键零部件等优势配套产品制造基地建设，实现规模化发展，加快自有品牌船用柴油机的研发和产业化，同时引导船用低中速柴油机和甲板机械等配套企业以资本、产品为纽带，加大专业化重组力度，到 2015 年，船舶配套业销售收入达到 3000 亿元，船舶动力和甲板机械领域形成 5 ~ 10 家销售收入超百亿元的综合集成供应商

（6）小结和评述。

在产业政策方面，上述 6 家上市公司受到相应的政策扶植。其中银鸽投资和广晟有色涉及地方政府扶植，2011 年河南煤化集团成为银鸽投资的实际控制人，承诺将所持煤炭业务外的其他公司股权划入银鸽投资的控股股东银鸽集团，"十二五"期间使银鸽集团资产和销售收入超百亿元企业，银鸽投资目前从事造纸业务，这一产业政策安排可能在将来使银鸽投资的主营业务及其盈利能力发生改变①；广晟有色是广东省稀土资源的唯一合法采矿人，广东省国资委批准其控股股东建立有色金属产品储备是对于上市公司的资源支持。

此外，广晟有色、时代出版、平庄能源、大有能有和潍柴重机均有国家战略层面的产业政策支持，其相关行业"十二五"规划都提到了要形成、支持和引导产业集中度的提高，扶持大企业集团的形成及相关鼓励政策，作为相关行业的较大规模上市公司，上述国家产业

---

①　中金内部人员曾在接受采访时表示，河南煤化集团下属的煤化工产业和建筑矿建产业都是围绕河南煤化集团煤炭资产所衍生出来的产业，与河南煤化集团的煤炭资产有巨大的关联交易，作为河南省最大工业企业，在河南煤化可能注入的资产中，最为市场人士所看好的，就是河南煤化的有色金属业务，尤其是其中的钼矿资产。

政策将会对其经营绩效的提高起到重要的推动作用。

6.4　企业集团绩效效应作用机制总结

如表 6 – 119 所示，从 19 家上市公司绩效变化的原因可以得出结论，我国企业集团政策的绩效效应作用机制是多重的。有 10 家上市公司绩效提高的原因是主营业务的彻底变更，除大有能源和时代出版两家公司外，其余 8 家公司都是由于连续亏损，资不抵债而通过协议转让、无偿划转或非公开发行的方式使控股股东变更为企业集团。变更后的主营业务包括煤炭、有色金属、房地产等行业，相比这些上市公司原来从事的纺织业、化纤业及造纸业等行业，变更后的主营行业具有盈利性较强和国家产业政策支持等优势，因而迅速提高了上述上市公司绩效。未变更主营业务的上市公司中有部分公司实施了主营业务多元化，多元化业务涉及房地产业和有色金属产业。

表 6 – 119　　　　企业集团绩效效应机制案例分析总结

	主营业务变更	主营业务未变更，未多元化	主营业务未变更，多元化	控股股东资金支持	集团内部市场	获得其他融资	技术改造、自主创新	政府补贴、税收优惠	产业政策支持
海马汽车	√				√	√	√	√	
均胜电子	√								
平庄能源	√			√	√			√	√
广晟有色	√			√			√		√
大有能源	√								√
苏宁环球	√			√					
正和股份	√			√					
时代出版	√					√		√	
潍柴重机	√				√		√		√
第一医药	√								

续表

	主营业务变更	主营业务未变更，未多元化	主营业务未变更，多元化	控股股东资金支持	集团内部市场	获得其他融资	技术改造、自主创新	政府补贴、税收优惠	产业政策支持
华意压缩	√			√			√	√	
民生投资	√								
广州浪奇	√					√	√		
新和成	√			√			√		
银鸽投资	√			√		√		√	√
鑫茂科技		√			√				
罗牛山		√							
星湖科技		√		√		√			
西藏旅游		√		√		√			

有 5 家上市公司在加入企业集团后没有变更主营业务也未实施多元化经营，而是在原主营业务的基础上通过引进技术和加大研究开发投入，依靠自主创新实现了主营业务盈利能力的增强。除新和成是改制成立企业集团外，其他公司通过拍卖竞购、无偿划转和增资等方式加入企业集团。华意压缩、广州浪奇和银鸽投资在加入企业集团前曾出现巨额亏损，加入企业集团后资产运营能力有较大改善，主营业务毛利率大幅提高，绩效有了根本提高。新和成把"打造具有国际竞争力的大企业集团"作为发展的重要目标，这符合我国私人控股类型企业集团数量呈现快速增长的趋势，说明我国独立企业组建和加入企业集团逐渐表现出自发选择的特征。

有 6 家公司在加入或组建企业集团后取得了控股股东的直接资金支持，包括控股股东、最终控制人以及财务公司授信、提供资金拆解及周转等。新和成、西藏旅游及正和股份 3 家公司获得了控股股东的间接资金支持，包括各种借款担保、财产抵押和保证担保等。控股股东的资金支持对于上市公司的经营绩效有重要的支持作用，如平庄能源在获得控股股东特别是实际控制人国电集团的资金支持后，资产负债率大幅下降，流动性迅速增强；从事房地产业的苏宁环球的控股股东苏宁集团仅统借统还一项就为苏宁环球提供约 23 亿元，由于有大股东的资金支持，即使经历了近年来力度较大的房地产政策调控，苏宁环球的流动比率显示公司的现金仍然较为充裕，2011 年公司年报称"公司得益于大股东苏宁集团的大力支持"，2011 年苏宁集团资产负债率为 74.77%，"比上年同期降低 0.54%，扣除无实际偿债压力的预收账款后，报告期末资产负债率 55.03%，公司负债结构安全"。

企业集团内部市场是集团成员绩效提高的重要原因，如海马汽车集团各子公司相互提供不同的服务，从而把销售及物流服务都内化到集团内部，是高度一体化的较为综合的内部产品市场。相比海马汽车，平庄能源的集团内部市场主要涉及控股股东及最终控制人之间的服务往来，平庄能源为控股股东平煤集团提供煤炭代销服务并收取相关费用，同时平庄能源向最终控制人国电集团下属电厂销售煤炭，使在国内能源市场相对过剩和所处区域煤炭供给量增加双重冲击的不利环境下，平庄能源得以实现在产量扩大和煤炭产销基本平衡。除内部产品市场外，上市公司内部资本市场也值得关注，海马汽车设立财务公司为集团成员提供金融服务。海马汽车年报称"海马财务的成立，加强了集团内部资金集中管理，提高了内部资金的使用效率，并将成为公司未来业务增长点之一"。潍柴重机的内部资金市场是与公司控股股东共同组建的，能够在更大的集团范围内集中财务资源，融通资金。

有 5 家上市公司加入或形成企业集团后成立了研究所、研究院或研发公司来进行技术改造和自主创新，为整个集团提供了技术改造和自主创新平台，企业集团为研发机构投入了较多的研究费用（其中华意压缩和海马汽车历年投入的研发费用占当年各自主营业务收入的最高比例分别为 2.24% 和 3.76%[①]，研发费用分别为 1.2 亿元和 2.3

---

① 一般认为，研发费用占销售收入 5% 时，企业才有竞争力。

亿元）。潍柴重机引进德国公司的大功率中速船用柴油机专有技术，引进消化并加以自主创新实现了新产品量产，满足了市场对于相关产品的需求；新和成的历年研究开发费用最高为 1.45 亿元，占当年公司主营业务收入的 3.82%，在主导产品维生素类原药方面取得多项专利。上述事实表明，随着我国工业化和市场化的不断推进，工业化早期企业集团弥补市场不完善和制度缺失的功能会逐渐让位于技术创新能力，独立企业组建和加入企业集团的动机也会随之变化，这与企业集团资源观的研究相符。

有 6 家上市公司受到相应的政策扶植。其中，银鸽投资和广晟有色主要是地方政府扶植，2011 年河南煤化集团成为银鸽投资的实际控制人，承诺"十二五"期间使银鸽集团资产和销售收入超百亿元企业，银鸽投资目前从事造纸业务，这一产业政策安排可能在将来使银鸽投资的主营业务及其盈利能力发生改变；广晟有色是广东省稀土资源的唯一合法采矿人，广东省国资委批准其控股股东建立有色金属产品储备是对于上市公司的资源支持。此外，广晟有色、时代出版、平庄能源、大有能有和潍柴重机均有国家战略层面的产业政策支持，其相关行业"十二五"规划都提到了要形成、支持和引导产业集中度的提高，扶持大企业集团的形成及相关鼓励政策，作为相关行业的较大规模上市公司，上述国家产业政策将会对其经营绩效的提高起到重要的推动作用。

第7章　东亚国家企业集团发展的经验借鉴

7.1　日本企业集团

第二次世界大战后，日本充分利用世界科技革命成果和"后发展优势"，创造了长期经济高速增长的奇迹，20 世纪 60 年代实现了 GDP 平均 10% 的高速增长，于 60 年代末成为仅次于美国的世界第二经济大国。此后，成功克服两次石油危机，在 70 年代和 80 年代实现年均 5% 的经济增长，80 年代末期完成工业化。日本不仅在经济规模上仅次于美国，而且在工业技术装备水平、高精尖加工能力和产业结构等方面，均已位居世界前列。日本在经济高速增长时期，培育了一批在国际市场上具有很强竞争力的企业集团，主要包括横向和纵向企业集团，形成了以制造业为主的优势产业格局，几十年来日本的制造业在世界上名列前茅，除家电外，日本的机床、工业机器人、半导体装置、锂电池、液晶显示器、CD – ROM 等的销量迄今居世界前列，对日本经济的高速增长做出了巨大的贡献。

7.1.1　日本企业集团的发展历史

（1）横向企业集团。

横向企业集团在日本具有悠久的历史，是在 20 世纪 40 年代末美国占领军解散日本财阀后，由原属财阀系统的部分企业，适应日本产业调整政策的新形势，重新组织起来的企业联合体，包括三井、三菱、住友、富士、三和和第一劝业集团等六大综合企业集团。其中，三井、三菱和住友集团是在战前财阀的基础上，重新组合而成的。富士、三和和第一劝业集团是在财阀所属企业基础上，以商业银行为纽带发展成为综合性企业集团。横向企业集团是以商业银行、综合商社和制造厂商为核心企业，吸收横跨各种产业而形成的集团。

　　日本横向企业集团的主要特征包括：第一，相互持股。相互持股是横向企业集团的最重要的联系方式。企业集团成员之间环形持股，作为资本联接纽带。根据持股关系，各企业之间互派管理人员或兼任董事。1966～1975 年，日本六大企业集团内部企业的相互持股的比重大多保持在 10% 以上的水平。第二，企业集团由成员中骨干企业的经理或董事长组成经理会，作为集团的协调决策机构。第三，派遣人员。除相互持股外，日本企业集团还通过社长会以及主要企业之间相互派遣企业领导或管理干部等方式维持和加强企业间联系，以大银行为核心企业，以大型综合商社作为集团内的交易媒介。第四，企业集团以大的城市银行为核心，对成员企业进行系列贷款。第五，综合商社通过在集团内外组织购销活动成为企业集团的中枢。第六，以银行和综合商社为核心，在经营上以重工业、化学工业和轻工业等第二次产业为主力，向第一次、第三次产业广泛大规模扩张，形成多角化经营。

　　日本横向企业集团是以"主银行"（Main Bank）为中心组建起来的，如芙蓉集团的富士银行、第一劝业集团的第一劝业银行、三菱系的三菱银行、三和系的三和银行、住友系的住友银行、三井系的三井银行等。这些企业集团在存款等一系列信用交易方面，一般倾向于本集团内部的银行，银行则向成员企业提供有利的资金筹集等条件，在事前、事中与事后整个信用交易过程中对贷款企业进行"一体化"的监管与督导，从而形成风险共担的体制。这样的以银行为核心的金融体制，就是日本所独有的"系列金融"体制。在 1990 年，六大横向企业集团的相互持股比率及内部融资比率分别为：三井集团为 16.5%、19.6%；三菱集团为 26.9%、19.4%；住友集团为 24.1%、21.5%；富士集团为 15.4%、17.4%；第一劝业集团为 12.1%、12.5%；三和集团为 16.4%、18.2%。

　　六大横向企业集团以银行为中心，由银行、商社、中心大企业组成了企业集团的核心圈，并通过他们之间的环状的相互持股形成多角化的结合。同时，处于这个核心圈以外的本系列企业也分别系列地结合在中心银行（企业）周围。六大企业集团把自己的触角延伸进了日本的各个产业领域。如银行、商业、保险业、运输业、建筑材料业等，特别是日本经济的重要部门——重工业和化学工业，如表7-1所示，在日本经济中占有重要的地位。在日本经济中起骨干作用。据统计，1989年，六大企业集团的企业数（指参加集团社长会的除金融机构以外的163个公司）只占全国法人企业（金融机构除外）的0.008%，但其资本金占17.24%。总资产占13.54%，销售额占16.23%。如将这163个公司及其5817个子公司加起来，企业数占全国法人企业（金融机构除外）的0.3%，资本金、总资产和销售额分别占20.93%、17.68%、20.14%，而且比重呈上升趋势。九大综合商社进口占全国的64.7%，出口36.6%，具有举足轻重的作用。六大企业集团中的每一个结构构成一个以重工业、化学工业为核心的综合产业体系，力求在各主要产业都拥有本集团的旗下企业，向新领域扩张时，则往往采取集团内企业联合投资或联合设立新企业的方式。三菱集团是最具代表性的一个金融垄断集团，它以三菱商事、三菱银行和三菱重工为中心，包括保险食品、化学、石油、玻璃、纺织、钢铁、汽车船舶、建筑等35个大公司。

表7-1　日本六大企业集团在日本经济中所占地位（1996年度）

	全企业法人 （不包括金融机构）	六大企业集团 成员企业合计	六大企业集团成员企业合计 占全企业法人比重（%）
企业数	246万家	160家	0.006
人员数	3675万人	130万人	3.55
营业额	1448万亿日元	181万亿日元	12.52
经常利润	27万亿日元	3.8万亿日元	13.68
总资产	1308万亿日元	149万亿日元	11.46
资本金	71万亿日元	10万亿日元	14.17

资料来源：大藏省：《法人企业统计年报》。

（2）纵向企业集团。

纵向企业集团是 20 世纪 60 到 70 年代日本经济高速增长时期日本重工业、化学工业化的过程中，出现的一批新兴的大企业集团，如新日本制铁、日立制作所、丰田汽车工业、日产汽车工业、松下电气东京芝浦电气等。日本纵向企业集团是在日本工业化进程中出于本身规模的扩大和生产经营的需要，联合一批中小企业形成一些以某一特定产业为基础的产业集团。如冶金行业的新日铁和住友金属、汽车行业的丰田和日产、家电行业的松下和东芝、电子行业的日立和日本电气、交通行业的日本航空和日本铁道。日本纵向企业集团以它独特的市场行为和以"技术垄断为基础的适应环境的能力"，而超越了日本其他的财阀集团，为日本产业结构的高度化起了重要的作用。

纵向企业集团的最高组织领导机构是董事会，它通过下设的常务会管理集团事务。企业集团主要实行统一核算、分级管理和分级核算、分级管理的经营体制。纵向企业集团的特征包括：第一，以一个生产大企业为核心，这个核心企业既是经营公司，又是控股公司。在集团内部，核心企业对子公司进行垂直控制。第二，集团由核心企业的董事会领导，不设经理会组织，对子公司派遣董事和管理人员进行控制。第三，集团内设有销售机构、科研开发机构，有的大企业本身（丰田、松下）还有金融机构，基本上是在一业为主的条件下，实行多元化经营。

母公司对子公司、关联公司的联接方式包括持有股票、技术上的指导和援助、派遣干部、建立协调组织、加强协作等，其中母公司对子公司、关联公司的协作关系是日本纵向企业集团的特有经营方式，通过具有极大自主权的核心企业采取垂直支配形式，组织下属企业的生产经营活动，把它们按照地区和分工分别组织起来，成为协会，对它们进行指导、扶持，还派遣管理人员对协作企业进行指导帮助，从而确立了一种强有力的领导体制。几乎所有在日本经济中举足轻重的大企业，都在不同程度上拥有一个自己的"企业集团"，以特定产业的规模和实力强大的巨型企业为核心，通过承包制，明确分工，将一系列承包企业集中到核心企业周围，吸收了大批的中小企业组成协作关系网，形成了金字塔型的垂直支配状的企业集团结构。处于金字塔顶的企业为母公司，在制造业中多为组装企业。其下为子公司，多为资本集约型的较大型厂家，如发动机等主要部件的生产厂家。这些厂家具有一定程度的技术和开发能力，其零部件是自己设计的，其中的技术大多是母公司所没有的。母公司对这类子公司一般通过持股将其纳入自己的企业集团实行直接控制，其下为外承包企业，如生产汽车灯具、塑料制品等普通产品的工厂，其中有些规模较大，但不具备特殊的专门技术能力，缺乏和母公司"对话"的力量。对于这类企业，母公司一般不投入大量资本和直接控制，而是通过外承包零部件生产的形式将其纳入企业集团中。最后，金字塔构造的底层企业则是大批中小型企业，它们基本上是按大企业设计的样品，进行制造、加工零部件。

日本大企业在高速发展中，除了建立分公司、分厂外，也进行横向联合，投资建立子公司或联营公司，形成了上述大型大型企业旗下的大企业系列，从而建立起了以大型企业为核心组成的企业集团，一般呈现"母公司——少数子公司——系列公司"这样的金字塔型组织形式。如表 7 - 2 所示的是拥有合并财务报表企业 200 家以上的企业名单，在这些日本大企业旗下，少则有 100 余家多则有上千家纳入并集团的合并报表企业。例如，丰田汽车集团是典型的纵向企业集团，有 22 个一级企业，一级企业下面又有几百个二级和三级企业，分别担负着生产丰田汽车各种零部件的任务。其外承包企业又分为一、二、三层，第一层有 300 个企业，第二、第三层约 12000 个企业，它们之间是供销关系，把从原料—零部件生产统一在企业集团内部。日本纵向企业集团的金字塔型结构非常稳定，外承包企业一般尽量保持与母公司的关系，如果这些企业能保证产品质量、价格和交货期，母公司也不会随便更换它们。根据日本公正交易委员会的调查，与母公司保持贸易关系 5 年以下的外承包企业不超过总数的十分之一。

表 7 - 2 　　　　　日本大企业的合并报表企业数量　　　　　单位：家

年份	1998	2005	年份	1998	2005
索尼	1203	975	丰田汽车	323	586
伊藤忠商事	1092	675	日产汽车	306	239
日历制作所	1048	1125	新日本制铁	285	329
三井物产	905	595	日本邮船	253	574
住友商事	719	855	日本墨水化学	246	230
丸红	693	562	兼松	239	124
三菱商事	597	554	岩谷产业	236	241
富士通	545	438	三菱汽车	217	145
东棉	482	185	三井不动产	212	164
本田技研	403	441	商船三井	207	325
松下电器	363	695	名古屋铁道	207	202
理光	333	337	三井化学	203	135
东芝	333	445	东丽	200	238

资料来源：大藏省：《法人企业统计年报》。

7.1.2　日本企业集团对日本战后经济发展的重要作用

1968 年，日本成为仅次于美国的第二经济大国，日本经济增长及强大国际竞争力的来源正是企业集团。企业集团的独特组织形态，使其介于单个企业和市场之间，一方面可以利用其核心企业的辐射功能，模拟市场机制的手段，调节资源的配置，消除规模过大的企业内部组织交易成本大大高于市场组织交易成本的现象；另一方面也可以利用其在股权纽带基础上建立起来的企业经济层级组织的科层结构，使大企业积累起来的大量经营资源，在集团内部各成员企业中共同享用，如三井、三菱、住友等具有悠久的传统的有效经营体系和强大的销售网络等。如表 7 - 3 所示，日本企业集团对日本战后经济发展的重要作用主要包括内部资本市场、人力资源市场、内部交易市场和内部技术、信息市场以及内部协作交易等主要方面。

表 7 - 3   日本企业集团的独特优势

内部资本市场	日本企业自有资本较少，金融机构在日本企业集团中享有核心地位，无论在持股还是在融资上，集团内金融机构都显示出重要作用。融资关系的发展，形成了风险共同承担的局面，银行希望企业稳定经营，并在行动上提供各种资金和经营上的帮助使其发展
人力资源市场	日本企业集团内部人力资源市场主要包括两种：一种是集团内某些企业领导层的兼职，另一种是集团企业间的干部派遣
内部交易市场	综合商社在日本企业集团内部交易中起着重要作用，集团内企业交易额的 20% ~ 30% 是经由商社完成的。综合商社可用自己的信息优势，可以更为便宜和稳定的向企业提供原材料，协助企业销售产品及开拓新需求，从供销两面给日本企业集团带来稳定的交易
内部技术、信息市场	战后日本企业集团的首要目的是在集团内各企业间交换作为企业决策重要因素的技术以及有关产业、经济形势的信息。在集团内部，可以广泛交换情报，互通有无。在企业集团里可以获取技术和保证得到广泛的信息，有时甚至能得到左右企业命运的信息。经理会、综合商社等都是信息的重要交换场所和来源
内部协作关系	集团承包企业接受发包企业（也称母企业）的委托，专门生产和供应发包企业从事生产所需要的零部件、原材料、设备和工夹具等，发包方和承包方之间的法律关系是承包契约。据通产省的资料，在制造业的中小企业中，有 65% 是承包企业，而且企业规模越小承包企业的比例越高。日本企业集团正是充分运用承包制的办法，在集团内部组织专业让的分工协作，在没有资产联结纽带（或参股较少）的大中小企业之间建立持久、稳定的生产经营纽带

在内部资本市场方面，企业集团财务实力相对雄厚，企业的自有资金率也较高，因而他们的经营活动主要依靠自有资本，并把"无借贷经营"作为奋斗的目标。在同金融机构发生联系时，它们也并不依靠主要银行的系列贷款，而是把资本筹措的来源多渠道化，包括广泛地利用政府的金融机构、长期信用银行、都市银行以及外资等，从而保持了与金融机构的独立性。集团内银行的优先、优惠贷款、保证了科研开发、设备投资所需资金和产品批量生产所需大量投资。在内部交易市场方面，日本企业集团通过其内部交易市场创造了一个可

行的竞争市场。在这样的一个内部市场，集团可以开发其最有价值的能力，为专业化协作配套、统一的市场网络及独享的著名商标、声誉等。其结果显然比从外部市场获取这些能力的许可交易得到的利益更大。因而比较独立企业，日本企业集团往往能缩短产品更新周期，加强了同行业的竞争能力，用较短的时间形成经济规模，迅速扩大市场占有率。如1955年丰田汽车公司的汽车产量只有2.3万辆，到1965年已上升到48万辆，1992年已达400万辆，占全国汽车产量的31.5%。

企业集团具有特有的技术、信息交流功能。集团企业在长期的经济技术合作中，形成了技术和信息收集、分析研究和交流扩散的良性循环机制。为便于信息、技术交流，企业集团设立了共同利用的技术、信息交流中心，如三菱集团的三菱综合经济研究所等。企业集团内的技术、信息交流是分层次、分体系进行的。横向企业集团的社长会和各种专业性集会是重要的信息交流中心，许多重要技术、信息首先在各种专业性集会和社长会进行广泛的研究和交流。同时，企业集团通过互派高级职员，在相当程度上促进了技术、信息交流，突破了企业经营资源稀少的限制，提高了企业的经营能力，这对缺乏技术、信息开发利用能力的企业是一种强有力的补足，并使每一集团企业既成为技术、信息的提供者，又成为消费者。这不仅可以提高技术、信息的利用效率，同时能极大节约企业收集信息和开发技术的费用，从而使集团企业在技术和信息方面占据竞争优势地位。集团内部的科研开发的协作与交流，为企业开发提供了单个企业难以具备的人、财、物基本条件，人员与成果的交流，不仅避免了科研投入的重复和浪费，同时大大提高了科研开发水平。可以说企业集团是战后日本经济发展的主力，无论是资金、利润率，工业基础，生产规模和销售，还是研究开发、设备投资、信息情报的处理和传播都远远超过一般中小型企业。

从日本战后发展来看，正是企业集团成员大企业成为技术进步的主要承担者，资本金 10 亿美元以上的大企业支撑着日本民间科研经费的 66.8%，占全国总额的 54%。第一劝业企业集团的日立制作所一家的科研经费达 1000 多亿日元，超过全国国立大学的事业经费。日本技术进步对其国民高增长的贡献率达到 55%，居世界领先水平。日本大型企业集团拥有较完备完善的技术开发体系，对于促进企业竞争力提高和整个国家的技术进步起着至关重要的作用。

战后日本经济高速增长的过程就是产业结构的重化学工业化过程，日本原有落后的产业结构发生了质的变化，实现了产业结构的重工业和化学工业化，而企业集团在产业结构重化学工业化过程中起了加速作用。20 世纪 70 年代初，日本已经成为世界重化学工业化率最高的国家，接着日本的产业结构开始朝着知识密集型的方向转变，1973 年年底爆发的石油危机则从外部促进了这种转化。为适应产业结构的转变，日本企业集团以自主技术开发为基础通过以软件、工艺为中心的技术密集化和智能劳动密集化实现高附加价值化，积极推行以电子信息技术、有关能源技术、新材料技术为中心的技术革新，并以此为动力，推动知识密集型产业的发展，增强企业集团的竞争力。

日本大企业集团是从经营重化学工业、制造加工业等传统产业起家和发展起来的。20 世纪 50 年代中期是日本经济高速增长的第一阶段，其产业结构是以重化学工业占主导地位。不仅设备投资高速增长，而且以钢铁、化学、造船、机械等产品为中心的重化学工业也得到迅速发展。自然以重工业资本为特征的企业的发展也是令人瞩目的。日本从 50 年代中期起，政府采取倾斜政策，大力扶持重化学工业、机械、金属加工工业等，促使钢铁、汽车、石油化工、家电等产业取得了巨大发展，并使之成为日本经济高速增长时期的主导产业，为日本的经济腾飞起到了不可估量的作用。进入 70 年代，随着国内外环境的变化，两次世界性石油危机的发生，以微电子为先导的高技术及其产业的兴起，日本与其他国家之间贸易摩擦的加深，环境污染问题及近年日元的不断升值等诸多因素的影响，日本的传统产业面临着严重的威胁和挑战。在新形势的冲击下，传统产业占统治地位的大企业集团对高技术需求最为迫切，利用高技术对传统产业进行改造，使产业结构向多元化、高级化发展成为其重要的发展战略。日本大企业集团应用高技术改造传统产业具有得天独厚的有利条件：资金来源可靠、设备齐全，自动化程度高，产品开发能力强、经营管理科学合理，有广泛的销售渠道、职工的素质高、敬业精神强等。因而大企业集团经营的传统产业进行技术改造既早又快，为全日本的传统产业的技术改造树立了典范。靠集团的力量，联合开发新产品，发展新技术，防止无效益的重复投资。高技术需要高投入，像丰田、松下、日立这样的企业集团已成为日本新兴产业的先导，推动日本产业结构向高级化转换。

在日本的企业中，具有国际竞争力的大企业只有不足 5%，其余95% 以上的企业是人员不足 300 人的中小企业。日本大企业将中小企业纳入"纵向企业集团"，充分利用了中小企业的优势，增强了集团整体的竞争力，同时也减少了资本的集约化和固定化。日本中小企业大多为劳动集约型，自动化程度和装备水平低。大企业利用这一特点，把劳动集约型的生产转移给中小企业，把资本集约、技术集约型的生产集中到自己手中，减少了资本的投入，避免了资金固定化，又收到了高生产率、低投入的效果，提高了大企业抗风险的能力。在1973 年石油危机中，日本母公司苛刻地要求外承包企业大幅度地降低成本价格。结果大企业维持了低成本的国际竞争力，中小企业也受到了严格的锻炼。此外，在纵向企业集团中，大企业还利用了中小企业的部分技术优势等要素优势，中小企业则获得了稳定的销售渠道和资金调度方面的好处。这样日本企业就保持了整体上的国际竞争力。因此，企业集团承包制的办法，给承包双方都带来好处。对母企业来说，由于承包企业采用先进的专业技术、技能和专用设备进行大批量生产，因此可以获得成本低、质量高，并在数量和交货期方面都能得到满足的零部件，还可以避免由自己生产零部件带来的经营资源固定化和投资巨大化的不良效果，在产品更新换代时可以将一部分设备更新改造的投资转嫁给承包企业承担。对承包企业来说，首先是可以获得长期稳定、大批量的产品订单，其次，能够得到实力较大的母企业在技术、资金担保和管理经验方面的援助。

总之，为了适应竞争、加强管理、谋求集团效益，日本企业集团形成了一整套的管理原则。事实上，集团的关系原则本身就是经营原则的一部分。一方面，集团内所属各企业相互补充和灵活利用技术力量及其他资源。在集团内部实施广泛的专业化分工，扶植中小企业共同发展，缓和了日本经济"双重结构"的矛盾。通过向关联公司派干部、教技术、传授管理经验、协助设备更新，带动了一大批中小企业的共同提高。能够很快形成与欧美发达国家相抗衡的实力，增强了在国际市场上的竞争能力，有力地推动了出口。另一方面，集团经营范围的调整和内部争端，由总公司进行协调。集团内部的交易按照合理的价格（以市价格基准）和周密计划，根据合同精心设计。集团核心公司使下属企业有充分的经营自主权，不仅负有利润责任，而且独立自由地负责产销、人才、设备投资等方面的管理工作。既提高了经营效率，也提高了竞争能力。集团经营的领域向多元化方面发展，可以相互补充，分担风险，防止市场对单一产品需求发生变化而带来的影响。靠群体的优势，成员企业的信誉度大大提高，还能对政府、对社会产生较大的影响力。

7.1.3 日本企业集团的转型和发展

日本经济在第二次世界大战后经历了 20 年的高速增长，自 20 世纪初资产泡沫破灭后，经济陷入失落的 20 年，经济增长明显放缓，经济社会发展面临巨大的转型压力：人口老龄化日趋严重，老龄人口比例为 23%，在全球处于最高水平。而日本厚生劳动省一份报告显示，50 年后日本每五个人中就会有大约两个超过 65 岁的老龄人口，老龄化比例接近目前水平的两倍。出生率停滞不前导致人口结构严重失衡。从 1996 年起，劳动人口数量急剧下滑。据预测，到 2060 年，劳动年龄适龄人口仅占总人口的一半。70 年代初期，日本的追赶期已经结束。通过引进欧美先进技术来提高生产率水平的空间变小。与模仿技术相比，开发新技术所需成本要高得多，可能还要伴随失败的风险，"后发展效应"逐渐消失。随着国内外发展环境的变化，关系型运作机制和大企业集团体制终现裂痕，并被全方位突破。其主要表现即金融、生产、流通甚至管理等都发生了全面颠覆，旧体制开始消亡，新体制开始建立。日本金融机构的重组主要通过对等合并、收购合并、子公司化、资本参与、合作经营和破产重组等形式进行。日本六大企业集团的主银行也在突破集团界限实施跨业界的纵横重组。这种纵横重组行为不仅给大企业集团的生存带来决定性的影响，更重要的是从根本上彻底颠覆了整个日本经济赖以生存的"护送船队行政"制度。从目前的发展势头看，日本金融机构的重组明显带有从集团化到市场主体化的演变特征。日本金融机构的显著变化将从体制上和制度上改变日本式市场经济模式。

随着国际经济形式的巨变和国际竞争关系的日益强化，日本传统大企业集团体制已愈发难以适应新形式发展需要，一是企业集团中管理层次太多，母子公司关系过于密切，决策的程序性、形式性环节多，导致决策失误、商机丧失。二是企业集团终身雇佣制不能轻易辞退职工导致冗员问题，人事上论资排辈和年功序列工资制度，难以发挥激励作用。三是集团内企业自有资金少于欧美企业，贷款主要从主银行获得，当经济紧缩，企业债务负担重和市场前景不明时，企业往往采取防守策略，不愿拓展新业务。企业集团在日本经济中的作用随着经济发展的进程发生变化，在战后赶超发达国家的迅速扩大阶段，日本企业致力于向新领域的扩张，企业单独的扩张风险较大，也容易受到财力、物力和信息等因素的制约，由企业集团内的几家企业联合起来进行新领域开发则相对有利。而在日本经济高速扩张阶段结束后，这种必要性便相对减弱。

日本企业集团的产业创新面临瓶颈，原因在于日本技术创新模式存在严重的缺陷。这一技术创新模式的根本性缺陷就是忽视基础性研究，从而很少开拓原创性的技术范式体系，在技术创新的切入点上，日本企业选择了创新过程的下游部分。日本企业特别强调工厂生产线才是技术创新的一级实验室。后来，许多学者根据日本企业的这一发展经验，将其归为"干中学"技术创新方式。这一方式与传统的整套技术生产线的引进不同，它不是交钥匙工程，而是利用企业强大的研发力量，在工厂生产线上，边干边创新，甚至于改变了原有的技术结构方式，从而变为看似仿制产品，实为自主生产、自主创新的市场产品。例如，日本企业在诸如造船业、汽车业、电视机等产业中，几乎都没有什么原始创新产品，但它们把创新的力量普遍用在技术创新的后期阶段，即工厂商业化生产线的研发之中，企业对许多引进的工艺流程进行了重新设计和调整，并从系统工程角度，对产品的生产过程进行最优化综合安排。日本的技术创新，经历了从第二次世界大战后吸收欧美的技术，将其工艺和产品结合，加以改进，形成了"日本和西方的混合"的创新形式，直到20世纪80年代后，几乎已吸收了欧美的全部技术，进而走上靠自主开发创新的道路，其表现更为突出。从技术创新的主体来看，日本技术创新的主体以民间企业为主导，日本这种创新主体构成，使日本创新体系的源头在于企业，科学技术不仅作为外在因素、外部变量，更重要的是科学技术作为内在因素、内在变量直接作用于产业，因此，科技发明更易于转化为创新成果，从而大大增强了技术创新的方向性和促进科技向生产的直接转化。但完成技术追赶后，从事基础研究，开拓原生性技术范式就成为竞争制胜的必然要求。从事基础研究，其开创的经济收益获得者是确定的，特别是在现代科学技术的基础研究中，经济收益与研究开发主体之间具有相当高的一致性，这一点，也是从事基础研究和开发的根本动力和缘由。由于缺乏基础研究，一旦当日本企业与欧美企业处于竞争对手地位时，日本企业的致命硬伤也就暴露无遗。

为应对激烈的国际竞争和严峻的经济社会问题，日本政府意识到需要对产业和社会未来发展状态进行重要的革新，实现开放和创新。为适应国内外经济环境的新变化，日本经历了从 20 世纪 50 年代确立"贸易立国"，到 80 年代强调"技术立国"的战略演变过程。90 年代以来，日本企业集团开始结构调整的探索。进入 21 世纪日本政府制定"知识财产立国"战略目标，即从"大量生产型社会"向以支持创造力为基础的"知识财产立国"转换的政策的引导下，企业集团确定新的经营目标，开始产业结构调整。其一增加或扩大与信息技术、生物技术、新材料、新能源等高科技业务，并且运用高科技改造、提升传统产业。其二收缩多元化经营战线，从自身经营不善或不擅长的领域退出，以集中资源发挥特长，增强竞争优势。在组织结构及经营管理方面，主要进行以下方面的改革：一是按照专业化、集团化经营原则，重组子公司，并通过股权结构的调整，对需要强化的子公司实行 100% 控股，对要退出的子公司则转让股权。二是改革集团的管理体制，注重股东权益，通过增加外部董事、监事，改善公司治理结构，增强股东对企业的行为约束和发言权；精简管理机构缩短管理链条，形成矩阵式网络化的管理体制；实行分社化，对子公司合理分权，建立战略核算单位，实行经济责任考核；运用信息技术全面改善管理提升业务能力。三是改善人事、薪酬制度，为适应新经济时代对新兴人才的需求，一些企业开始打破终身雇佣制度，打破年功序列，推行实力主义原则，实行与业绩挂钩的分配制度。四是提高集团对外开放程度，为打破技术、信息资源集团内部共享的封闭性，创造更有利于竞争和交流的环境，一些企业已着手改组系列化体制，实行零部件供应在集团内外并行采购的做法，在研发、制造、销售等方面建立战略联盟[①]。

---

① 中国企业集团促进会：《母子公司关系研究——企业集团的组织结构和管理控制》，中国财政经济出版社 2004 年版，第 129 页。

7.2 韩国企业集团

20 世纪 50 年代初期，在经受了长达 36 年的殖民统治和 3 年的战火之后，韩国成为当时世界上最贫穷的国家之一。直至 1960 年韩国的人均国民生产总值也只有 80 美元左右。自 1962 年实施第一个经济开发五年计划后，韩国经济成功实现了 30 多年的高速发展。韩国取得了工业化的瞩目成绩，韩国人均国内生产总值从 1961 年不到 100 美元增长到 2006 年的 18373 美元。并由世界上最贫穷的农业国之一，进入新兴工业国家的行列。尽管在 70 年代末遭遇两次石油危机，韩国经济仍然保持了高速增长。在 1988 年汉城奥运会时，韩国已成为高收入的发展中国家之一。1995 年韩国人均国民生产总值首次超过 1 万美元，1996 年 10 月加入了经济合作与发展组织（OECD）。1996 年韩国成为世界第十一大经济体，在诸如造船、钢铁和半导体等许多工业行业拥有全球竞争力，并成为继日本之后加入 OECD 的第二个亚洲国家。韩国在大约 30 年的时间内取得的这一成就也被世人称为"汉江奇迹"。由此，韩国成为发展中国家实现工业化的一个典型，也成为世界各国，尤其是发展中国家研究的主要对象之一。韩国快速、成功的工业化背后的核心是家族控制的，多元化的企业集团。60 年代，韩国通过实施系列五年计划来实施工业化进程。在工业化早期，韩国很难获得支持现代化的金融、人力资源和国外的科学技术等。韩国把企业集团作为贯彻国家发展战略的主体，企业集团在成员直接分享稀缺资源来推动增长。1996 年，韩国最大的 30 家企业集团占据全国总产出的 40%，如三星、现代、LG 等企业集团拥有超过 80 家的控股公司，每家集团都实施多元化经营，包括半导体、消费电子、建筑业、造船、汽车、贸易和金融服务等。

7.2.1 韩国企业集团与经济起飞

韩国经济的腾飞始于 20 世纪 60 年代初，当时，韩国是一个贫穷落后的农业国，作为一个资源贫乏，只有近 10 万平方公里国土面积，4450 万人口的国家。韩国在短短 30 多年的时间里，由一个经济濒临崩溃的国家，迅速成长为新兴的工业化国家，走完了西方国家花费 100 年的工业化道路，创造了"汉江奇迹"。韩国是政府干预促进经济增长的典型国家，1962 年韩国经济主要以农业和采矿为主，国家贫困，失业率高。缺乏足够的自然资源、市场机制和经验，政府推出支持对经济发展至关重要的战略产业的政策，并选取部分公司提供低息资金、外国先进技术，政府补贴和国内市场保护，以帮助政府实施经济增长的五年计划。

韩国实施大企业集团为先导的发展政策正是始于 20 世纪 60 年代初，当时，实施这一政策的主要原因是：第一，韩国是一个资本和资源十分有限的国家，为了尽快振兴经济，扩大出口，提高产业结构的优化水平，不得不对有限的资金和资源做"倾斜式"分配，重点扶植大企业集团，以带动整个经济的发展；第二，扶植大企业集团，便于形成规模经济，能够按照现代化大生产的要求进行精细分工和优化组合，从而通过大批量生产，降低生产成本，增强出口竞争能力；第三，大企业有较强的资金筹措能力、风险承担能力和技术开发能力，便于掌握现代化的先进技术，发展资本密集型产业；第四，大企业集团除了充当产业结构优化的"火车头"、发展外向型经济的主力之外，还能多创造就业机会，产业联动效果好。

获准进入上述新行业的企业集团获取了资金、外国技术和国内市场的垄断租金，建立了多元化发展的企业集团。韩国政府对教育进行了大量投资，受过良好教育的劳动力供应大幅增加。1960～1980 年，受过高等教育的人口在总人口中的比重增长了 3 倍。但尽管人才增长了，服务于管理人才和工程师的劳动力市场发育不足。公司不愿意从外部招聘雇员，仍然保持内部招聘培养的做法。随着不断进入各种行业，企业集团提供雇员培训、晋升和职业发展的机会。由于缺乏发育良好的劳动力市场，人才更愿意进入企业集团工作以获取各种职业机会。此外，为提高产品市场的竞争水平，政府把部分国有企业出售，并且减少了市场进入的管制。企业集团在这一过程中也购买了许多出售的国有企业。例如，SK 集团在购买了国有的炼油厂和电信服务公司后，成为一家大型的企业集团。在重组经营困难的行业时，政府往往要求企业集团并购经营陷入困难的公司。又如，大宇集团成立之初是一家仅有 4 名雇员的小型纺织公司，通过并购经营困难的公司并盘活，成长为韩国四大企业集团之一。

韩国企业集团实施了不相关多元化战略。由于享受政府补贴，加之集团内部市场的金融资源、人才和中间产品支持，企业集团能组织相关资源通过不相关多元化获取收益。由于在规模和范围方面的迅速增长，韩国企业集团建立起集团总部以实施集团战略并管理集团企业。例如，三星集团在 1959 年建立集团总公司，LG、SK 和现代集团分别于 1966 年、1974 年和 1979 年分别建立了集团总公司。集团总公司向控股公司授权经营权，但在重要的战略决策如涉足新行业、海外扩张、大规模投资以及指派重要管理者方面保持战略控制，并且由集团总公司在集团内部调配资源和分享技能。在经济发展的早期，由于许多现代的产业部门不存在，难以找到配件和服务的合格提供商，通过多元化，韩国企业集团得以在集团内部共享稀缺的资源，如资本、人才和中间产品等。在资金方面，集团成员可以通过内部关联交易定价获取内部资金市场支持，韩国企业集团不能持有商业银行的股份，但允许建立非银行金融机构，从而得以扩大规模。在稀缺的人力资源方面，企业集团层面统一招聘和培训集团人才，并在整个集团成员之间共享。通过稀缺人才的流动，集团成员节省了人才成本。一项对五大企业集团（现代、三星、大宇、LG、SK 集团）的调查显示，通过在集团内部调拨人力资源，集团可以迅速填补职位空缺。在品牌方面，由于新兴经济体的认证组织、规制机制等为消费者提供服务的机构不发达，品牌开发较为耗时且需要大量投资。通过打造如三星、LG 等集团品牌，企业集团得以节约开发单个品牌的时间和成本。

7.2.2　韩国企业集团与工业化进程

20 世纪 70 年代后期，韩国政府开始发展重化工业，如钢铁和化工等。发展方式方面仍然采取选择并支持部分企业集团的方式。70 年代韩国重化工业发展计划的推行，又大大加速了企业集中的速度。1976 年，韩国政府为了增强国际竞争力，生产附加值高的产品，开始重点扶植重工业和化学工业，提出了高度化的战略，这实际上是一个专门扶植大企业集团的政策，韩国政府运用财政、金融、关税等手段集中支持大企业集团的发展。1978 年韩国有国有大中型企业 200 多家，其中大型企业集团约 80 家。这些大企业不仅具有技术升级所必需的规模、资金和管理经验，同时也受到政府的支持，所以在 80 年代比较顺利地由劳动密集型转变为中高级技术和资本密集型。大企业集团在韩国政府的支援和支持之下得到迅速成长，它们在韩国经济中所占的比重很大，不但在经济领域影响巨大，而且对韩国政治和社会各个领域都发挥了重要影响。韩国对外贸易额的 70% 和对外投资量的 75%，是由 30 家大企业集团完成的。1996 年，韩国现代、三星、金星、大宇等大企业集团的销售额高达 246 兆 116 亿韩元，占韩国国民生产总值的 89.2%。

韩国 30 家大企业集团是随着 20 世纪 70 年代国家经济的发展，采取新建公司（54.5%）和股份转让（36.4%）的手段进入多种产业。进入 90 年代以后，以新建作为战略产业（31.7%），从事经营并进行企业合并（27.3%），这主要是为了面对来自新兴发展中国家的挑战而确保出口竞争力，进入 90 年代韩国大企业集团的平均子公司数保持在 20 家的水平上。从大企业集团扩大规模来看，30 家最大的企业集团在 1970 年平均每家有 4.2 家子公司，到 90 年代已平均每家增至 20 多家子公司。韩国 30 家大企业集团所拥有的企业从 1970 年的 126 家增加到 1995 年的 623 家。1987 年，韩国 30 家最大的企业集团所经营的商品品目增加到 1499 种，其中市场占有率居于前三位的有 941 种，约占总数的 63%。在制造业领域，30 家大企业集团从金属、化工等重化工业到纺织、食品工业等广泛领域具有 20% 以上的市场占有率。在石化工业领域和金属组装及机械制造领域，30 家大企业集团的销售额分别占总销售额的 49% 和 49.2%，显示很高的集中率。大型企业集团在所参与的主要商品市场上享有垄断、寡头垄断地位。在韩国政府强有力的扶持下，韩国大企业集团的平均增长率远远高于韩国国民生产总值的增长率，除了少数由韩国政府直接控制的部门之外，韩国大企业集团控制着几乎所有重要的工业部门。

企业集团在韩国全球化的历程中起到领先者的作用，从工业化早期阶段，韩国实施出口导向的经济增长战略。在第一个五年计划实施进口替代战略之后迅速转换为出口导向战略，除归还 20 世纪 50 年代和 60 年代早期的贷款外，韩国出口主要是为国内大规模的制造业投资提供资金，狭小的国内市场难以承担。韩国第三个五年计划实施期间，政府效仿日本组建了大型的综合贸易公司，并采取多方面的措施支持其发展，如为出口提供低成本的信贷，通常足以弥补出口可能招致的损失，同时政府为出口提供各种奖励。政府每年都会提高综合贸易公司为获取政府优惠所必须达到的出口数量。综合贸易公司为获取政府优惠，激烈竞争，为韩国出口的扩大发挥了重要作用。政府为 13 家综合贸易公司颁发了许可，其中有 12 家公司是企业集团旗下的控股公司，仅有 1 家公司是为协调不属于企业集团的中、小独立企业的出口而特别成立的。企业集团不仅享有规模和范围方面的优势，还在综合贸易公司方面享有出口的特别许可优势。从后期发展来看，虽然随着韩国出口从初级产品向制成品转变，从低技术附加值向高技术产品转变, 综合贸易公司的重要性逐渐下降。

企业集团的内部市场优势对集团拓展海外市场发挥了重要作用, 全球扩张需要资金和人才的支持。内部市场优势可以转化为集团在技术和市场营销能力方面的优势, 并向海外输出。集团成员在建立技术能力方面比独立企业享有优势。基于集团内部市场, 集团成员可以共享工程师和科学家等人才的优势。企业集团会根据需要在集团内部建立研究实验室, 致力于基础研究和长期的项目, 从而补充并拓展集团成员海外扩张的技术能力。此外, 企业集团在海外也有效复制了国内企业集团内部市场的优势, 集团成员提供配件并提供确保准时生产的服务。如三星电子进入葡萄牙为三星集团位于英国、西班牙和匈牙利的三家工厂供应电视调谐器等配件。

在 20 世纪 70 ~ 80 年代韩国经济高速增长时期, 技术引进战略起到了关键作用。首先, 韩国在实施技术引进战略中的一大特点是十分重视技术的消化吸收。据韩国产业技术振兴协会统计, 1962 ~ 1994 年, 韩国企业引进技术总计达 9196 件, 支出金额 90.86 亿美元。自 90 年代以来, 针对技术先进国家加强对技术的保护, 引进产品核心技术日益困难等一些情况, 韩国企业对技术引进战略作了一些有效的调整。韩国企业在提高引进技术的使用效率的同时, 加强了在国内外的合作研究开发活动, 以大力促进引进技术的消化吸收。其次, 调整引进技术的项目结构, 提高引进技术的标准。据韩国产业技术振兴协会的调查, 在 90 年代韩国企业引进的与产品有关的技术中, 有 65% 是新产品开发技术, 30.8% 是新产品设计, 27% 是提高产品精密度的。在 1994 年 12 月至 1995 年签订的引进技术项目中, 属于电子、信息、汽车、造船等高新技术占了 65%。在 1994 年引进的技术中, 在先进国家处于生命周期开发阶段的占 1.7%, 处于成长期的占 19%, 处于成熟期的占 67.8%, 而相应的比例在 1992 年为 1.6%、15.4% 和 79.4%, 其开发期和成长期技术比重的提高, 反映了韩国企业引进技术的结构逐步转向高层次的趋势。最后, 韩国重视在引进技术的同时引进知识产权，将由引进技术形成的生产、经营比较优势及持久的产品竞争力作为企业引进技术的主要目标。

7.2.3 东南亚金融危机以来韩国企业集团的转型与发展

韩国的大企业集团在带动韩国经济起飞的同时，自身也存在很多隐患。1979 年以后，由于第二次石油危机等原因，韩国经济陷入困境，1980 年经济增长率出现负值。1980 年后出现缓慢的复苏，但整个经济情况仍然不容乐观。当时韩国经济陷入困境的原因被看作是经过近 20 年的经济开发，经济已到转变原有经济运营方式的阶段。韩国第五个五年计划认为 20 世纪 70 年代后期的重化工业投资问题较多，强调比较优势理论，并提出政府在经济中的作用变化，即从发展性政府向规制性政府转变，从在经济发展分配资源的积极作用向更为强调市场导向的体制机制安排转变。为减少政府在银行信贷方面的直接分配和培育更为自主的金融服务部门，政府逐渐取消了支持企业集团发展重化工业的附带有低利率优惠的政策贷款。同时政府对商业银行进行了私有化，并且不允许企业集团并购商业银行。但是，虽然政府经济发展战略转变带来的金融服务部门的发展增加了资本市场上金融资源的供给。但是信息不对称和治理水平的问题构成了金融市场资源配置的严重问题。由于缺乏可信的公司信息来源和信用评级，银行通常要求发展较好的集团成员为其他成员的债务担保，这使集团成员公司成为银行眼中的优质客户。因此取消政府优惠贷款和金融自由化安排没有减少，相反增加了企业集团在金融资源方面的优势。

20 世纪 90 年代国际环境的变化是韩国金融危机爆发的重要原因，80 年代后期由于发达国家的技术保护政策，使韩国引进尖端技术困难，再加上韩国国内劳动力尤其高级熟练劳动力不足，工资和生产成本大幅上升，使韩国企业的经营出现复杂化。发展中国家利用廉价劳动力和广阔的市场优势，大力发展劳动密集型产业。直至 90 年代，当传统的数量主导型工业化思路遭遇信息化冲击，欧美的许多公司纷纷实行从数量主导型转为质量主导型，从重视硬件转向重视软件，一是大企业集团还在沿袭过时的思维，继续执行数量主导型扩张战略。二是韩国企业集团产业过度多元化，从 1992 年 4 月至 1997 年 4 月，30 家大企业平均经营行业数，从 16 个增至 19.8 个。其中现代、三星、大宇、LG 分别从事 20～30 个经营领域。韩国企业集团最显著的特征就是不断扩大其外在规模，进行盲目的过度投资，实行"船队式"经营。在 1997 年破产的起亚集团原本是一家汽车专业集团，却以"章鱼腕足式"的方式进行扩张，在拥有 28 个系列企业的前提下，又向与汽车生产毫无关联的特殊钢、建筑等行业扩展，因而在这次金融危机冲击下，首先陷入困境。直到 1997 年金融危机爆发，韩国企业集团持续扩张其经营范围。在此过程中，韩国企业集团实施了过度的不相关多元化。随着经营范围的扩大，各大企业集团之间展开了激烈的竞争，导致其动员一般资源（如金融和人力资源）的优势的重要性下降。对行业来说更为特定的优势如技术和市场营销能力变成了国内市场的重要竞争优势。此外，随着企业集团在低端市场获得成功后逐渐进入全球高端市场，行业特定的优势变得更为重要。企业集团保持了其内部市场优势和集团层面的资源优势，但没有成功地把上述优势转化为行业特定的优势。韩国企业集团实行"财阀家族式支配"，集经营与所有为一体。1996 年 30 家大企业集团的资产负债比率达 386.5%，而同期的美国企业是 159.7%，日本为 206.3%。1997 年随着国际金融市场的动荡，大企业集团的隐患爆发，引发了外资从韩国、马来西亚和印度尼西亚等亚洲国家撤出。期间许多韩国大企业破产，整个韩国经济陷入危机状态。1996 年 30 大企业集团中的半数破产或被银行要求实施重组。大企业集团的无序扩张是危机产生的主要因素之一，企业的财务支付危机导致韩国金融系统遭受严重打击，引发了韩国的金融危机。1997 年 12 月韩国不得不向国际货币基金组织申请紧急贷款来挽救濒临崩溃的国民经济。

企业集团对公司绩效的影响及其决定因素研究

1997年金融危机冲击下的韩国，股市汇率暴跌，银行和金融机构倒闭，企业宣告破产，通货膨胀加剧，失业大量增加。更引人注目的是，韩国企业集团出现破产倒闭或维系艰难的局面。1997年起，韩宝、起亚、三美、真露、宇成、建荣等企业集团纷纷宣布倒闭，呈现"多米诺骨牌现象"。东南亚金融危机引发了韩国对企业集团作用的反思，由于遭受金融危机重创，韩国不得不向货币基金组织和世界银行申请了580亿美元的紧急资金。普遍认为韩国经济是受到了日本高技术和中国低劳动力成本的挤压，由于韩国企业集团过于多元化、缺乏国际竞争力而且管理水平不高是危机的根源。因此，政府启动了企业集团改革政策，30家最大企业集团中半数破产或实施了改组方案，如第四大企业集团大宇集团破产。韩国政府启动了企业集团改革方案，包括取消集团成员之间的债务担保，降低资产负债率（低于200%），以及禁止相互持股和集团成员之间不公平的关联交易。同时，政府启动了系列规制法案改革企业集团的公司治理，并且加强了集团的透明度。为渡过金融危机，企业集团响应政府法案，降低了资产负债率，并且取消了几乎所有的贷款担保，大幅改善了财务状况和透明度。同时，通过剥离绩效差、不相关和负债累累的控股公司，企业集团实施了集团内企业的重组。通过实施上述改革，韩国企业集团重新恢复了增长，其集团成员实现了增长，在主营业务方面倾向于相关多元化，即实施夯实集团核心竞争力的多元化扩张。而且，韩国企业集团首次打破了长期崇尚的终身雇佣制，实施基于绩效的工资制度和基于团队构建的组织结构改革。

韩国在金融、企业、劳务市场、公共部门等四大领域实施改革，考虑到大型企业集团在韩国经济中的重要性和大型企业集团内存在问题的严重性，在整个企业结构调整过程中，重点对象一直是大型企业集团。为推进企业结构调整，1998年1月韩国政府与现代、三星、大宇、LG、SK等5大企业集团达成企业改组计划，其结构调整的原则为：第一，提高企业的经营透明度，企业要公开企业的经营业绩。

第二，取消系列企业之间的债务互相担保，根除导致系列企业整体经营危机的因素。第三，改善财务结构，避免过度负债经营的方式。第四，加强主导产业部门的建设。为支持大企业集团结构调整，政府在税收制度上做了调整，修改证券交易法、企业破产法等 10 部有关结构调整的法规，出台了金融、企业结构调整促进方案，为企业结构调整创造了相当完备的制度条件。在实施改革之后，韩国的金融和企业结构实现了重大调整。汲取 1997 年金融危机的教训，韩国企业集团纷纷反思不相关多元化战略，开始调整集团投资战略。在企业集团鼎盛时期，韩国 4 位数标准产业代码从 1987 年的 15 增长到 1997 年超过 23，在 2006 年再次降到 14。韩国 2 位数标准产业代码从 1987 年的 9.9 增长到 1997 年的 14.5，在 2000 年降到 10。针对企业集团资产负债比率过高，而且普遍负债经营的问题，韩国大企业集团制造的产品的国际竞争力得到增强，韩国经济实现了迅速的复苏，于 2001 年 8 月全部付清了债务。到 2007 年韩国金融危机爆发 10 周年之际，韩国国内生产总值已经由 1997 年 5164 亿韩元增长到 2007 的 9699 亿韩元，10 年来韩国平均年增长率达到 4%。韩国企业集团是家族控制的，在快速发展过程中也暴露出公司治理方面的负面问题，如经营过度多元化的风险问题及对少数股东的利益侵害问题。1997 年金融危机之后，面对暴露出来的问题，后危机时期的改革举措主要是提升外部市场的体制支持，以及改善公司治理以规制企业集团。为提高可信度和透明度，大型企业集团被要求提供合并财务报表。为提高董事会的可信度和独立性，所有上市公司 25% 的董事必须由外部董事担任。总资产超过两万亿韩元的上市公司的董事最多要求 50% 外部董事。金融危机前国内机构投资者只允许通过影子投票行使投票权，因而大大限制了监督权力。金融危机后，这些限制被取消了。此外，为保障少数股东权利并提高其竞争力，政府对集团内部关联交易进行严格规制。

经过痛苦的财务、战略和组织结构的改革，企业集团重新实现了增长，并且比危机前更有竞争力。2002 年韩国 GDP 超过了 1996 年并且开始快速增长。韩国企业集团迅速恢复，并且比危机前更有全球竞争力。如 20 世纪 90 年代三星和 LG 电子仍生产世界知名品牌的仿制品，由于危机后加大了研发和设计的投入，成为世界领先的手机、MP3 播放器、电视、数字照相机等消费电子制造商，享有时尚和制造精良的美誉。2008 年韩国成为世界最大的闪存设备制造商（三星电子），动态随机存取存储器芯片制造商（三星电子、海力士集团），第三大钢铁制造商（浦项制铁集团），第五大汽车制造商（现代汽车集团），世界三大造船厂（现代重工、三星重工、大宇造船和海洋工程集团）。

7.3 新加坡企业集团

新加坡建国以前，是一个落后的农渔业小国，经济极度依赖于转口贸易。资源贫乏，制造业基础薄弱，失业率高达 10%。由于国土面积小、人口高度密集，新加坡政府选择以工业化为中心的经济发展战略，以工业化带动经济多元化，改变单一的转口贸易经济结构。1995 年经合组织宣布，从 1996 年起，新加坡从发展中国家升级为发达国家。1997 年东南亚金融危机新加坡是受冲击最小、恢复最快的国家，其经济活力和竞争力得到世界称赞。

7.3.1 新加坡经济增长与企业集团

如表 7-4 所示，新加坡独立后的经济发展道路大致可分为五个阶段，在各个发展阶段中，企业都是重要的微观主体。企业集团是新加坡经济的重要决定力量，新加坡企业集团包括国有控股和家族控股两种类型。组建和发展国有控股的企业集团反映了新加坡在经济赶超中的推动作用。根据 2006 年的数据，在新加坡最大的 20 家企业集团中，有 8 家是政府控股的企业集团，12 家是家族控股的企业集团（其中 11 家为华人控股）。政府资本掌握较多大型企业，如航空业、造船业、海运业、钢铁制造业、公共交通业基本都由政府资本企业控制。新加坡华人企业主要以金融、房地产、服务业、商业为主。在金融贸易、房地产、旅游业中华人企业亦有显著优势。

表 7－4　　　　　　　　　　　　　新加坡经济发展阶段

阶　　段	经济发展道路
1965～1970 年发展工业出口阶段	这一阶段工业发展方针从进口替代转变为面向出口，制造业进入高速发展的新阶段，并形成以出口贸易和制造业为主的二元经济结构。追随排头雁，成功地实施了工业化计划。在这期间，日本被称之为领头雁，新加坡积极向先进国家学习，发展自己的支柱产业，建立了包括航天工业、造船业、石化等大型企业
1971～1978 年产业转型的过渡时期	这一时期政府制定了由劳动密集型向资本密集型工业转型的过渡战略，新加坡基本实现了工业化，形成了制造业、金融业、运输业、通信业为支柱的多元经济结构
1965～1975 年出口导向经济	这 10 年是新加坡大量吸收外资和引进技术、推动国内经济起飞的时期。当时正值西方发达国家第二次世界大战后的第一次产业结构调整阶段，他们将大量的劳动密集型出口加工向发展中国家和地区转移。新加坡选择了依靠发展出口性经济战略，抓住了这一有利国际经济形势变化带来的机遇
1979～1984 年发展资本和技术密集型产业	1979 年政府开始实施"经济重组计划"，经济重组进一步改善了新加坡的经济结构，巩固了以机械、运输、外贸、旅游和服务五大支柱为主的多元化国民经济格局，并使经济朝高级化的方向发展。支持电子产业、海空运、金融服务业等，目的是刺激新加坡产业的升级，把劳动密集的产业提升到资本、技术密集的产业，从而为新加坡的经济增长提供不断的源泉
1985～1990 年技术升级换代时期	政府成立经济委员会，制定了工业生产向高技术、高增值转化的中长期经济发展战略。制造业成为经济增长的火车头，金融、交通运输、旅游、商业和服务业也得到快速发展，工业结构日趋合理
20 世纪 90 年代经济增长的新阶段	20 世纪 90 年代新加坡特别重视信息产业，投资在全岛兴建"新加坡综合网"。90 年代以后，充当风险投资家，发展高技术制造业。在这期间，政府与私人企业家合作，对风险项目进行投资。政府极力推荐的产业是微电子、生物科技、信息科技等。尤其是信息科技发展计划，将使新加坡成为一个高效的商品、服务、资本、咨询和人力资源的国际转换枢纽，达到生产力增长的更高境界

7.3.2 新加坡独特的企业集团经营方式: "淡马锡模式"

20世纪70年代中期到80年代中期, 新加坡经济进入大发展阶段, 政府开始着力引进技术密集型产业, 注重提高劳动生产率, 提倡科研与经济结合, 提高生产技术水平, 以不断提高产品质量, 降低生产成本, 增强产品的国际竞争力。70年代中期, 新加坡政府投资兴办的企业越来越多, 为加强对这些企业的管理与监管, 使它们具备市场竞争中的自生能力。1974年新加坡政府决定由财政部组建一家资本控股公司, 取代经济发展局专门经营管理国家投入各类国有企业的资本。1974年淡马锡控股 (私人) 有限公司正式成立, 属于新加坡财政部全资控股私人豁免企业, 直接向财政部负责, 是世界上典型的国有控股的资产经营公司。新加坡财政部将其所投资的星展银行、新加坡航空、海皇轮船等36家公司的股权全部转入淡马锡。淡马锡的投资在众多领域都获得了长足的发展, 淡马锡控股新加坡电信、新加坡航空、星展银行、新加坡地铁、新加坡港务、东方海皇航运、新加坡电力、吉宝集团等。

淡马锡在其成立以来的20多年里, 实现了每年18%的持续高增长速度。"淡马锡模式"也成为众多国家国有企业学习的典范。政府控股的8家企业集团都属新加坡淡马锡公司旗下, 淡马锡公司是新加坡最大的政府控股公司, 根据2001年新加坡统计局的数据, 政府控股的企业集团是指政府控股公司持有其股份达到20%以上。淡马锡控股公司是一家未公开上市的私人控股公司, 是大部分政府控股公司的最大股东。淡马锡公司不从事具体的贸易和实业, 而是持有投资并从中获取收益, 作为股东, 新加坡财政部对淡马锡的经营决策拥有否决权。淡马锡公司持有200多家政府控股企业集团的股份, 这些集团从事的业务包括交通物流、轮船修理、工程、能源、电信、媒体、金融服务业、制造业和房地产等。淡马锡公司切实贯彻执行了新加坡政府的经济政策，极大地促进了新加坡的经济发展，并在新加坡经济中占据着极为重要的位置。根据淡马锡公司的年度财务报告，2004 年淡马锡的营业收入占新加坡国内生产总值的 13.5%，其所下属企业的市值合计占新加坡资本市场市值的 1/3。淡马锡控股的新加坡企业集团包括：新加坡电信（56%）、星展银行（28%）、嘉德置地（40%）、新加坡航空（55%）、新加坡港务国际集团（100%）、新加坡科技工程（53%），以及新传媒集团（100%）的股份，这些公司以通信、金融、航空、科技、地产等为主要业务。

无论新加坡政府对淡马锡，还是淡马锡对下属企业，总公司和子公司始终坚持"一臂之距"的交往，对企业的经营活动监管但不干预，重大事项审核但不承诺，鼓励大胆自主经营但不失控，真正做到了"抓大放小"。这不仅体现了国有资产所有者的职能，真正做到了所有者与经营者的分离，实现了增强国有经济对国民经济控制力的目标，同时又极大地提高了企业的活力，培育造就了一大批具有国际水准的优秀企业。"一臂之距"的原则是，母公司与子公司在日常经营管理、营销策划、处理利益纠纷乃至纳税义务上都具有平等的法律地位，一方不能取代或支配另一方。但并不要意味着放任不管，对于企业的重大事项，如投资、并购决策，董事会的提名和任命，以及依据经营业绩对企业高层进行考核、奖惩等。

根据淡马锡宪章，淡马锡控股实行"积极股东"的管理手法，即通过影响控股公司的战略方向来行使股东权利，但不具体插手其商业化运作。淡马锡控股管理的国有资产，主要是竞争性领域的国有资产。因此，淡马锡控股的投资可以看成按照市场化和资本效益最大化的原则进行的资产组合投资控组。淡马锡控股和控股企业的经营层要对利润指标负责。淡马锡的经营效率很高，淡马锡管理巨量的资产，每年经营费用不到 3000 万美元，员工总人数只有 250 多人。淡马锡控股的组织、管理模式是其成功的关键，被称为"淡马锡模式"。即公司实行政企分离，由董事会治理，授权专业人士

经营，有选择地重点管理，管控财务，形成多方位制衡约束。如表
7-5所示，在淡马锡控股的培育下，新加坡已经涌现出一批具有
国际水平的大型企业，如新加坡航空公司、新加坡电信、胜宝旺造
船厂等。如新加坡航空公司自20世纪90年代以来一直作为国家民
航界学习的典范，从而使政府赋予的淡马锡"培育世界级公司"的
历史使命正在逐步得以实现。

表7-5 淡马锡控股旗下企业集团概况

名　　称	行　　业	持股比例 （%）	市值或股东权益 （百万新元）
星展集团控股有限公司	金融服务业	29	50468
新加坡科技电信媒体私人有限公司	电信、媒体与科技	100	3892
新科金朋有限公司	电信、媒体与科技	84	1112
新传媒私人有限公	电信、媒体与科技	100	729
新加坡电信有限公司	电信、媒体与科技	51	69833
吉宝企业有限公司	交通与工业	20	16351
海皇轮船有限公司	交通与工业	65	2610
PSA国际港务集团	交通与工业	100	10648
胜科工业有限公司	交通与工业	49	7539
新科工程	交通与工业	51	10818
新加坡航空公司	交通与工业	56	13974
新加坡能源有限公司	交通与工业	100	8528
SMRT企业有限公司	交通与工业	54	2435
翱兰国际有限公司	消费与房地产	58	4845
凯德集团有限公司	消费与房地产	39	15275
丰树产业私人有限公司	消费与房地产	100	9330
新翔集团有限公司	消费与房地产	43	3404
新加坡野生动物保育集团	消费与房地产	88	214

资料来源：淡马锡2015年报。

东南亚金融危机后，对于高度开放、严重依赖外部经济发展的新
加坡，受到冲击引发经济衰退，淡马锡控股的国有企业集团表现欠

佳，淡马锡投资回报率从以往 18% 降到 3% 左右。淡马锡开始打造一流企业，并开始向海外扩张。对于一流企业淡马锡的标准是：一是国际化的人才；二是高素质的董事会；三是集中关注核心竞争力；四是员工具有竞争力的薪酬；五是在经济增加值、资产收益率、股本收益率等方面的财务绩效最大化。在新加坡下一阶段的经济发展中，淡马锡控股将致力于建立与培养一批具有国际竞争力的公司，这些公司能够充分发挥新加坡的竞争优势，进而增强新加坡的经济增长耐久力。淡马锡控股期望旗下公司在激烈的全球竞争中，依照商业规则，不断创新、研发新技术，开拓新市场，以获取优异的商业回报。另外，淡马锡控股利用自己的股东权利，来影响控股公司的发展战略和经营方针，并定期评估控股公司的商业价值和发展潜能，通过精简或整合的形式，来提高股东的长期投资回报率。

7.4　小结和评述

东亚经济体经济增长的奇迹是在政府推动下依托大企业集团的发展支撑重工业化，以大企业集团的特色经营赢得国际竞争优势实现的。首先，整体经济发展战略和特定的发展导向对企业集团的绩效影响巨大。东亚国家出口导向的发展战略鼓励企业集团融入全球市场，并获得国外的知识和技术。推行外向战略的好处在于，即使企业集团享有政府补贴，集团内部交叉补贴和国内的经营优惠，企业集团仍然需要在国际市场竞争。相反，如果采取进口替代政策则意味着将拥有国内市场保障而免于竞争，企业集团将不会有获取外国技术的机会和发展技术能力的动力。其次，在经济发展的过程中，后发的程度和国内经营的能力是理解企业集团推动国家经济增长的重要因素。发展越是滞后，越是需要企业集团发挥弥补基础设施不足、市场发育不完善的劣势。在韩国几十年经济腾飞的过程中，以家族经营为代表的大企业集团是韩国经济的象征。韩国经济发展进程的主要特点是以大企业为产业支援重点，政府直接介入很高等政策特点，所以韩国的经济发展模式被普遍认为是政府主导型的。同时，由于韩国在较短时间内比较成功地实现了追赶发达国家的战略目标，具有比较典型的赶超型发展的特点。日本一直奉行的是"产业结构高度化"原则，高度化即指在不同时期有不同的内容。20 世纪 70 年代以前，产业结构高度化主要是提高重化学工业在产业结构中的比重，而 70 年代以后则把提高知识密集型产业的比重作为产业结构高度化的内容。其结果不仅及时地反映了当时最先进的生产力和科技水平，而且由于引导企业集团适时地把握住了产业结构变动中企业的经营发展方向，因而得以立于不败之地，并且推动了日本经济的稳定而高速的发展。政府有计划地引导，并在财政、金融方面采取配套措施。在日本不同的经济发展阶段中，日本政府都针对当时的情况采取了各种优惠政策和措施，支持企业集团的发展。如鼓励纵向企业集团提高了企业整体竞争力。

钱德勒指出，现代工业企业的成功在于充分利用规模、范围和交易成本经济的能力，但现代工业企业在一个特别长的时期中持续不断地增长或保持其竞争地位是罕见的，除非新的经营单位的增加实际上允许其等级制管理团队减少成本，在销售和采购以及生产上提高职能效率，改进现有的产品和工艺并开发新产品和新工艺，并且分配资源来迎接不断变化的技术和市场的挑战和机遇。企业集团存在的问题本质是在经济发展阶段过渡、经济增长动力转换过程中产生的。在 20 世纪 70～80 年代经济高速成长期，韩国依靠引进技术的同时却形成了对国外技术的严重依赖。1997 年亚洲金融危机后，韩国经济经历了迅速的市场化体制转型。企业集团克服了市场不完善的劣势，通过内部市场共享资源的优势，市场化体制转型使企业集团的这些优势不再重要，从而减弱了企业集团在这些方面的竞争优势。一些韩国企业集团金融危机后破产了。因而韩国企业技术革新战略的核心便是要摆脱对国外技术的严重依赖，从而形成自己独立的技术研究和开发能力，并通过掌握产品的核心技术以提高产品的竞争力。许多企业集团迅速恢复增长，并且表现得比危机前更有竞争力。有学者指出，市场化体制转型并不会自动使企业集团及其内部市场失去竞争优势，1980年开始，韩国政府的发展战略转向培育更为市场化的环境和体制机制。尽管金融资本和人才大幅增加了，但由于支撑资本劳动力有效配置的相应市场没有发展起来，企业集团却从中收益，在规模和范围方面都实现了扩张。韩国经验说明政府政策、企业家、市场化环境和体制机制都是影响企业集团发展和竞争力的重要因素。企业集团有其独特的优势也有劣势。优势在于企业集团是克服新兴市场不完善、培育具有全球竞争力的大公司的制度安排。但与此同时，企业集团的内部关联交易和缺乏透明度和可信度也使企业集团在资源配置和公司治理方面存在问题。从企业组织来看，企业集团过于强大也造成韩国中小企业发展不足，同时外部市场效率不够高。

日本和韩国的企业集团是在 20 世纪 50～70 年代经济高速增长时期，适应产业结构剧烈变动的需要产生的，企业集团担负着重化工业发展、产业重组和产业结构高度化的重任。钱德勒提出了企业作为一个动力组织的演变理论，指出现代工业企业对于创造当时技术最先进、增长速度最快的产业起到了重要作用。这些产业反过来又决定了本国经济中工业部门发展的速度，而工业部门则对于本国经济的发展和向现代城市工业的转化起到了重大作用。企业集团资源观（Kock and Guillen，2001）用演进的观点说明了企业集团各个阶段能力的变化，第一阶段，企业集团凭借其特别的优势在一国工业化的早期阶段参与经济活动，取得发展优势，期间集团成员从集团内部市场不断学习，逐渐建立了自身的组织和技术能力，具备了执行项目和大规模生产的能力；第二阶段，集团成员逐渐具备规模生产所需的通用能力；第三阶段，企业集团成员逐渐积累有关于市场的知识，对特定产品的组织和技术能力也不断加深，随着能力的增长，集团成员逐渐积累了把握创新机遇的能力。一些公司开始运用其运营和技术方面的能力进行产品和生产过程的创新。

根据企业集团资源观，在后发国家早期发展中，独特的技术优势不可能成为国家经济发展和企业集团战略的核心，在研发基础上开发新产品和技术很难在后发国家早期的发展中定位为企业集团的核心竞争力，只有随着国家经济发展水平和企业集团自身能力的积累，到了发达阶段才能逐渐培育出独一无二的、难以模仿的竞争优势。因此在新兴经济体发展的早期完全基于技术的战略往往是不现实的。相反，通用的、低成本的技术和管理能力更为重要。如表 7 - 6 所示，韩国电子行业企业集团说明，电子产品的代工生产不但提供了技术的渠道，也实现了规模经济和进入国际市场的通道。通用的项目执行能力、低成本的大规模制造能力以及持续改善的能力对掌握标准生产的技术很重要。对于转入自有品牌的制造业领导者的企业集团而言，独特的创新能力就成为必须。因此，特别是对于到达技术前沿的企业集团而言，集团的能力培养至关重要。

表 7 - 6   韩国电子业的转型：从 OEM 到 ODM 再到 OBM

发展阶段	技术转型	市场转型
20 世纪 60 ~ 70 年代（OEM）	学习标准、低端产品的组装过程	外国跨国公司/买家设计、提供品牌、分销
20 世纪 80 年代（ODM）	学习设计和产品创新技术	跨国公司设计、提供品牌、分销
20 世纪 90 年代（OBM）	设计、研发新产品	自己组织分销，开发自有品牌并获取附加值

注：OEM：代工生产；ODM：自行设计制造；OBM：自有品牌制造。

东亚企业集团发展的经验还说明，企业集团必须成为技术创新的主体。从 20 世纪 50 年代以后，日本政府的科技政策积极鼓励企业成为技术创新的主体，从国家创新体系看，日本科技研发力量大约有 70% 的人力、物力投入企业创新系统中，而同时期的美国研发力量只有 35%。在企业创新系统中，日本企业为了及时地占有市场，不惜花费巨资吸纳高素质的科研人员，特别是在技术创新的下游阶段，即产品的商业化生产后期，这一阶段的科研人员几乎都为企业所占有。另外，从技术成果的贡献率看，日本企业也是技术创新的主力军。大约有 74% 的技术成果为企业所贡献。近年来，索尼、松下、夏普、东芝、日立等日本消费电子巨头在消费电子和家电领域创新止步不前，缺乏革命性的创新成果，受到中国、韩国等企业的挑战，日本科技政策委员会（Council for Science & Technology Policy，CSTP）作为科技政策的重要协调部门，为实现对产业和社会具有巨大影响力的颠覆性创新，推进"ImPACT"（颠覆性技术创新计划，Impul-sing Para-digm Change through Disruptive Technologies Program）这项具有高风险和高冲击力的挑战性研究开发计划，不仅以创新推动经济社会的转型升级，而且期望对创新管理体系带来根本性的变革。为应对激烈的国际竞争和严峻的经济社会问题，日本政府意识到需要对产业和社会未来发展状态进行重要的革新，实现开放和创新。其一，通过颠覆性创新，能够促进发展模式的转变，提高日本产业的竞争优势，大幅度提高日本人民的福祉；其二，通过突变的、颠覆传统的科技创新，解决日本面临的严峻社会问题。

概括而言，东亚经济体都是以发展企业集团为支撑，实现了重化工业化的赶超战略目标。以企业集团的独特优势提升了国家的竞争力。在金融危机之后，企业集团成为经济制度转型和经济发展的引擎。当前我国处于经济发展动力转换和结构调整的重要阶段，工业化历程远未结束，应该认真汲取东亚经济体企业集团的经验和教训。一是要培育一批具有国际竞争力的企业集团。我国现已涌现出一批经济规模较大企业集团，但关键是实现企业集团从大到强的转变，这就取决于企业集团的核心竞争力，这一核心竞争力不但取决于国内市场，更取决于国际市场的竞争力。应学习韩国和日本企业集团的发展经验，坚持不懈地进行改革和创新实践。二是应退出非自己特长和不能创造效益的产业部门，将资源集中到有发展前途和高效益事业，在发展高科技产业的同时，用高新技术改造传统产业，调整产业结构，强化子公司的经营责任，提高对市场的灵敏反应能力。三是实行领先战略，强化科技开发，掌握产品和产品制造的核心技术。东亚成功的企业集团的国际竞争力正是由于对科研开发的经费投入、研究开发体系的建设、人才的集聚等所拥有的一批高科技核心产品和关键零部件。四是坚持开放发展，企业集团内部市场在工业化早期是独特的优势，但也会形成进一步发展的隐患。金融危机以来，东亚企业集团在开放资本市场、劳动市场、产品和劳务协作市场等方面均卓有成效；对国内外资本的开放正在改变相互持股的股权结构；劳动和分配制度的改革正在促进劳动资源的市场流动和效率的提高；通过建立战略联盟，正在建立从研发、生产到销售服务的跨集团协作关系。五是完善公司治理结构，淡马锡的控股公司是独立经营、自负盈亏的，由公司自己的董事会和总经理负责决策和管理日常经营活动。淡马锡控股董事会作为产权代表，对其下属子公司的经营活动负有监督管理的责任，以确保资产增值。亚洲金融危机后，新加坡政府迅速实施了金融部门重组，同时强化了公司法和财务方面的规定。政府鼓励国有控股和家族控股企业集团剥离非核心的资产，同时提高公司治理的科学化水平。政府也鼓励企业集团向海外拓展。

第8章　主要结论

截至 2015 年 12 月 31 日，我国企业集团经过 29 年的发展[①]壮大，成为我国的主导企业组织形式。在第 1 章至第 7 章分析的基础上，本章是本书的主要结论，包括我国企业集团政策的重要作用，我国企业集团的未来发展面临的主要问题。

8.1　企业集团的重要作用

8.1.1　推进国有企业改革和国有资产管理体制改革

与其他国家企业集团的组建方式不同，我国企业集团的组建方式包括对大型企业进行集团化改革、对国家行政性公司进行机构改革以及对政府行业主管部门进行机构改革等，这些改革举措促进了国有企业改革，并且促进了我国国有资产管理体制的改革[②]。在后续的企业集团发展历程中，通过母公司建立公司制、明确母公司出资人以及完善母公司治理结构[③]等方式来进一步实施国有企业公司治理结构的改革。

截至 2008 年，97% 的企业集团建立了以产权关系为纽带的母子公司体制，如图 8-1 所示，母公司建立公司制的企业集团单位数占全国企业集团单位数的比重由 1997 年的 52.81% 增长到 2008 年的 85.90%。

表 8-1 说明，1997~2008 年母公司建立公司制的国有控股的企业集团占所有国有控股企业集团的百分比逐年提高，从 1997 年的

---

①　以 1986 年我国政府在正式文件中首次提出企业集团始计算。

②　国有资产管理体制改革的核心是要处理好政府、国有资产、国有企业三者的关系，而这三者关系的处理又是以我国国有企业的改革来推动的，原载于卢福财编：《中央企业公司治理报告 2011》，中国经济出版社 2011 年版，第 5 页。

③　包括在企业集团母公司建立包括股东会、董事会和监事会在内的"新三会"、权利制衡机制及完善决策、监督建设等。

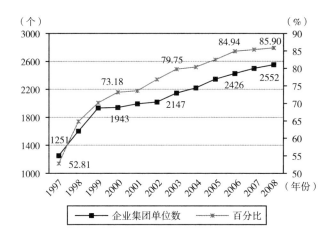

图 8 - 1　母公司建立公司制的企业集团单位数（1997 ~ 2008 年）

资料来源：中国大企业集团各年数据。

69.83%增长到 2008 年的 76.41%。

表 8 - 1　　　　　国有控股企业集团母公司建立公司制状况

年份	单位数（母公司建立公司制）	单位数（国有控股）	百分比	年份	单位数（母公司建立公司制）	单位数（国有控股）	百分比
1997	1016	1455	69.83	2003	1212	1619	74.86
1998	1078	1667	64.67	2004	1150	1546	74.39
1999	1335	1808	73.84	2005	1105	1446	76.42
2000	1265	1735	72.91	2008	1046	1364	76.69
2001	1277	1786	71.50	2007	1011	1315	76.88
2002	1246	1684	73.99	2008	988	1293	76.41

资料来源：中国大企业集团各年数据。

图 8 - 2 说明，母公司出资人明确的企业集团单位数逐年增加，从 1997 年占全部企业集团总数的 30.43% 增长到 2008 年的 85.83%。

表 8 - 2 说明，国有控股企业集团母公司出资人明确的状况显示，1997 ~ 2008 年母公司出资人明确的国有控股企业集团占所有国有控股企业集团的百分比有明显增长，从 39.31% 增长到 76.33%。

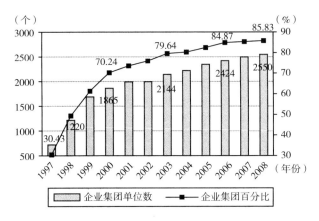

图 8 - 2　母公司出资人明确的企业集团单位数（1997 ~ 2008 年）

资料来源：中国大企业集团各年数据。

表 8 - 2　　　　　　　国有控股企业集团母公司出资人明确状况

年份	单位数（母公司出资人明确）	单位数（国有控股）	百分比	年份	单位数（母公司出资人明确）	单位数（国有控股）	百分比
1997	572	1455	39. 31	2003	1209	1619	74. 68
1998	809	1667	48. 53	2004	1150	1546	74. 39
1999	1144	1808	63. 27	2005	1105	1446	76. 42
2000	1214	1735	69. 97	2008	1044	1364	76. 54
2001	1276	1786	71. 44	2007	1010	1315	76. 81
2002	1226	1684	72. 80	2008	987	1293	76. 33

资料来源：中国大企业集团各年数据。

　　截至 2008 年年底，在已经改制的企业集团母公司中，成立股东会的母公司共 1812 家，占应成立股东会的 95.1% ；有 2481 家集团母公司已成立董事会，占应成立董事会的 97.2% ；有 2109 家已成立监事会，占应成立监事会的 82.6% 。母公司"新三会"均已建立的有 1689 家，占应成立"新三会"母公司的 91% 。在权力制衡机制方面，截至 2008 年母公司董事长和总经理由一人兼任的企业集团比例为 41% ，呈减少趋势。企业集团决策、监督建设方面显示，截至 2008 年，有预算管理制度的企业集团占 91.6% ，有财务总监委派制的占 71.8%，均呈上升趋势①。

　　企业集团在我国从无到有并发展壮大，基本建立起了以资本为纽带的、以现代企业制度为基础的母子公司体制；取消了企业的行政主管部门，摒弃了国有企业集团内部的行政关系，为政企分开铺平了道路，成为我国国有企业重组、行业重组的一种主要的企业组织形式②，从而为我国国有企业规模扩大，绩效提高和竞争力的增强奠定了重要基础。

8.1.2　推动我国产业组织结构变迁

　　企业集团的快速发展及规模的迅速扩大使我国企业的实力逐渐增强，图 8 - 3 说明 2002 ~ 2010 年中国前 500 家大企业集团的营业收入占世界"500 强"企业的营业收入百分比不断提高，这一百分比从 2002 年的 5.26% 增长到 2010 年的 18.55%。营业收入是企业集团规模的重要衡量指标，这一指标的不断上升说明中国企业集团的总规模不断扩大，实力逐渐增强。

　　随着我国企业集团的规模扩大，越来越多的中国内地公司跻身世界"500 强"。在 1995 年的《财富》世界"500 强"排行榜上，中国只有 3 家企业上榜，2000 年中国上榜公司增加到了 10 家。如表 8 - 3 所示，2003 ~ 2012 年中国内地上榜公司③稳步上升，截至 2012 年共有 70 家内地公司上榜。除 6 家银行④外，其余 64 家上榜公司全部为企业集团。从世界"500 强"公司的国家分布来看，美国公司有 132

---

　　①　中华人民共和国国家统计局编：《2008 年中国大企业集团》，中国统计出版社 2009 年版，第 5 页。

　　②　银温泉、臧跃茹：《中国企业集团体制模式》，中国计划出版社 1999 年版，第 22 页。

　　③　不包括中国香港和台湾地区。

　　④　在论述企业集团与大企业之间的规模时，于立（2002）指出，"从法人资格看，企业集团无论规模多小，至少是由多个具有法人资格的企业（公司）组成的"，"大企业无论规模有多大，仅有一个法人资格，大企业内的分支机构或分公司不具有法人资格。例如，'中国建行'虽然有众多的分公司，但加起来只是一个法人企业。"

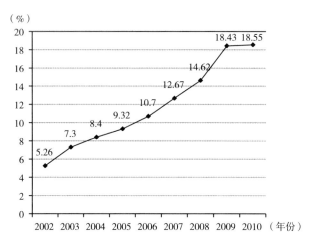

图 8 - 3 中国前 500 家大企业集团营业收入占世界
"500 强"营业收入的百分比

资料来源：中国大企业集团年度发展报告 2011。

家（26.4%）[①]；中国（包括香港）有 73 家公司上榜（14.6%）；日本公司有 68 家上榜（13.6%）；法国和德国分别有 32 家公司上榜（6.4%）；英国公司有 27 家上榜（5.4%）；韩国有 13 家公司上榜（2.6%）。在"金砖五国"中，2012 年巴西和印度各有 8 家公司上榜，俄罗斯有 7 家公司上榜，南非暂无公司上榜，除中国外，"金砖五国"共有 25 家公司登上世界"500 强"，占公司总数的 5%。

表 8 - 3　　　　　　世界"500 强"上榜的内地企业集团

年份	内地上榜公司	企业集团	年份	内地上榜公司	企业集团
2003	11	7	2008	26	22
2004	14	10	2009	35	29
2005	15	11	2010	43	38
2006	19	15	2011	59	54
2007	22	18	2012	70	64

资料来源：财富中文网历年数据整理。

———————————

① 括号内为国家/地区上榜公司数占全部公司（500 家）的百分比，本段中的其他括号内百分比含义均表示此含义。

　　值得注意的是，组建企业集团不但推进了我国国有企业的改革，相当部分的民营企业也选择了企业集团这种企业组织形式，并取得了瞩目的绩效提高。特别是近年来，民营企业集团单位数迅速增加，在包括总资产、营业收入、利润总额等指标方面增长较快，截至 2012 年共有 5 家民营企业集团登上了世界"500 强"排行榜：浙江吉利控股集团、中国平安保险（集团）股份有限公司、江苏沙钢集团、华为投资控股有限公司，以及山东魏桥创业集团有限公司，这五家民营企业集团分别从事车辆与零部件业、人寿与健康保险业、金属产品业、网络通讯设备业和其他业。

8.1.3　推进我国的工业化进程和产业结构的演变

　　从工业化国家的经济发展史来看，工业化一直是发展的中心内容①，从工业化国家的工业化与城市化关系看，主导产业一般都经历了轻纺工业（劳动密集型）——重工业化（资本密集型）——重加工工业（技术密集型）的发展阶段，对于任何后发国家而言，工业化（最高形式是重化工）都是追求的目标，重化工业道路成为任何赶超国家必选的一条道路②。改革开放初期，我国企业"大而全""小而全"的现象比较突出，由于长期的条块分割和缺乏市场竞争，形成企业组织的"小矮树"状态和分散化格局。

　　制造业是工业中的重要行业，很多经济追赶国家都经历了制造业的快速发展阶段。表 8 - 4 说明，以销售收入衡量，当时我国制造业最大的企业与国际公司相比规模差距十分巨大，表中的十家中国制造业规模最大的企业分别来自运输设备、开采和炼油、钢铁、石化、有

----

　　① ［美］霍利斯·B. 钱纳里：《工业化与经济增长的比较研究》，吴奇等译，三联书店 1989 年版，中文版前言。
　　② 刘霞辉、张平、张晓晶：《改革年代的经济增长与结构变迁》，格致出版社，上海三联书店，上海人民出版社 2008 年版，第 28 页。

色金属等资本密集型行业，以我国最大的开采和炼油公司大庆石油公司为例，1993 年大庆石油公司的销售收入仅占美国埃克森公司的3%。同时我国开采和炼油整个部门销售额仅占美国埃克森公司的16.93%（见表 8 - 5）。经济结构不合理是我国经济中的突出问题，也是我国经济效益不理想的症结所在。这种不合理主要表现在总量大，单个规模小，生产集中度低①，从世界经济发展史来看，这样的格局不利于我国的工业化和产业结构的演变。

表 8 - 4　　　　　　　　　1993 年大企业生产规模的国际比较

中国制造业最大的企业	销售收入（亿）		部门销售额（亿）		百分比*	国际公司（亿美元）	
	人民币	美元	人民币	美元		公司名称	销售额
上海汽车工业公司（运输设备）	307.03	35.29	2608.16	299.79	11.77	通用公司	1336.22
大庆石油公司（开采和炼油）	269.56	30.98	1440.85	165.62	18.71	埃克森石油	978.25
鞍钢（钢铁）	216.87	24.93	3549.27	407.96	6.11	新日铁公司	255.00
燕山石化（石化）	114.11	13.12	2285.53	262.71	4.99	赫斯特公司	282.97
玉溪卷烟厂（烟草加工业）	65.44	7.52	809.50	93.05	8.08	菲利普·莫里斯	506.20
上海造纸公司（造纸工业）	12.24	1.41	637.96	73.33	1.92	国际造纸公司	136.00
上海广电（电器）	43.57	5.01	1340.60	154.09	3.25	松下电器公司	613.85
上海轮胎橡胶公司（橡胶制品）	19.31	2.22	434.37	49.93	4.45	固特异橡胶公司	119.33
长城铝业公司（有色金属）	15.52	1.78	757.22	87.04	2.05	美国铝公司	95.88
健力宝公司（饮料）	17.19	1.98	782.15	89.90	2.20	雀巢公司	388.95

　　注：*表中百分比指企业销售收入占所在部门销售额的百分比。
　　资料来源：魏成龙、王华生、李仁君《企业规模经济》，中国经济出版社 1999 年版，第 81 页。

---

　　① 国家经济贸易委员会、中共中央文献研究室：《十四大以来党和国家领导人论国有企业改革和发展》，中央文献出版社 1999 年版，第 152 页。

表 8－5　　　　　　　　我国工业企业规模结构（1993 年）

指　　标		全国总计	大型企业	中型企业	小型企业
工业企业	绝对数（亿元）	449216	4583	14156	430477
	比重（%）	100.00	1.02	3.15	95.83
工业总产值	绝对数（亿元）	39693.00	14739.48	7507.42	17446.12
	比重（%）	100.00	37.17	18.91	43.95
工业增加值	绝对数（亿元）	12842.62	4956.13	2176.10	5710.41
	比重（%）	100.00	38.59	16.94	44.46
产品销售收入	绝对数（亿元）	38084.13	15153.58	7367.75	15562.79
	比重（%）	100.00	39.79	19.36	40.86
固定资产净值合计	绝对数（亿元）	18427.87	9147.37	3235.76	6044.74
	比重（%）	100.00	49.64	17.56	32.80

资料来源：《中国统计年鉴 1994》。

随着企业集团政策的实施，我国企业集团从无到有不断发展扩大，产生了一批跻身世界"500 强"的公司。世界"500 强"企业排行榜主要以营业收入作为排名依据，上榜企业能够反映出我国内地规模最大的企业集团及其所处的行业。表 8－6 说明，中国内地企业集团上榜行业最集中的是金属产品、公用设施、工程与建筑以及原矿、原油生产等行业，这些行业正是我国现阶段所处的工业化中期重工业化阶段的主导行业[①]，这一结论与第 3 章的分析相符，第二产业特别是制造业企业集团无论在规模和绩效方面都在我国企业集团中占据主要地位，第三产业企业集团正处于快速发展当中。实施企业集团政策极大地推动了我国企业规模的扩大，以及我国的工业化历程和产业结构的演进。

①　世界 500 强排行榜可以反映出新兴经济体和西方主要工业国之间经济发展阶段和实力比较。

表 8-6　　　　　2012 年内地企业集团世界"500 强"行业

行　业	单位数	行　业	单位数	行　业	单位数
金属产品	9	电信	3	建材、玻璃	1
公用设施	7	网络、通信设备	2	计算机与办公设备	1
工程与建筑	6	炼油	2	化学品	1
采矿、原油生产	6	航天与防务	2	多元化金融	1
贸易	5	工业机械	2	船务	1
车辆与零部件	5	综合商业	1	财产及意外保险	1
人寿与健康保险	3	邮寄、包裹与货运	1		
其他*	3	批发商：多元化	1		

注：*指很难归入某一行业的公司。
资料来源：财富中文网数据整理。

8.2　企业集团未来发展面临的主要问题

　　2008 年全球金融危机冲击过后，我国企业集团生产经营受到很大影响，营业收入、利润总额都有不同程度的下滑。调查结果显示，在分析影响企业集团生产经营的主要因素时，有 71.3% 的企业集团认为是资金短缺的问题，有 49% 的企业集团认为是科研开发能力弱的问题，有 42.3% 的企业集团认为是产品缺乏竞争力的问题[①]。除资金短缺问题是金融危机冲击外需骤减带来的流动性紧张外，科研开发能力弱和产品缺乏竞争力的问题是我国现阶段企业集团面临的主要问题，这两方面的问题不但关系到企业集团未来的健康发展，也关系到我国未来经济结构的调整和经济增长源泉的转变。我国经济增长过度依赖能源资源消耗，环境污染严重；经济结构不合理，农业基础薄弱，高技术产业和现代服务业发展滞后；自主创新能力较弱，企业核

---

　　① 中华人民共和国国家统计局编：《2008 年中国大企业集团》，中国统计出版社 2009 年版，第 7 页。

心竞争力不强，经济效益有待提高①。作为我国主导的微观企业组织形式，企业集团进一步发展和转型对于我国发展方式转型和产业结构升级具有重要的意义。

8.2.1 金融资源分配的不平衡

企业集团计量实证分析结论说明，我国公司加入企业集团的选择并非是随机的，即存在选择性偏差。选择性偏差表现在我国企业集团政策还带有行政干预的特点，并不完全是企业自主选择的结果。根据计量分析结果，国有上市公司、垄断行业的上市公司、总资产和资产负债率较高的上市公司更有可能组建或加入企业集团，而且组建或加入国有的企业集团更有可能提高企业绩效。这种差别与企业集团可能得到的配套政策相关，与非国有企业集团相比，国有企业集团在融资方面更具优势。

为推动企业集团的发展壮大，企业集团能够获得包括投资、融资、担保、出口方面的配套政策。近年来母公司为其他控股类型的企业集团数量增长较快，不同母公司控股类型的企业集团之间享受配套政策的比例相差不大，但在绝对量方面，截至 2008 年年底全国企业集团共成立财务公司 78 家，其中就有 68 家集中于国有控股的企业集团。这说明融资方面的优势是公司加入国有控股企业集团的动机之一。案例部分的分析也表明，在所分析的上市公司中，在加入企业集团后绩效的改善有很大程度上来源于企业集团母公司直接提供的资金支持，或是来源于企业集团内部融资平台，如企业财务公司的资金支持，如表 8 - 7 所示。

---

① 国务院《国家中长期科学和技术发展规划纲要（2006~2020 年）》。

表8-7

2008年企业集团配套措施落实情况

	单位数	有投资自主权		有境外融资权		有对外担保权		有自营产品进出口权		有合并纳税权		有对外工程承包与劳动合作权		有外事审批权		已建立技术研究开发中心		成立财务公司	
		单位数	比例	单位数	比例	单位数	比例	单位数	比例	单位数	比例	单位数	比例	单位数	比例	单位数	比例	单位数	比例
国有控股	1293	1146	88.63	332	25.68	952	73.63	869	67.21	413	31.94	741	57.31	263	20.34	639	49.42	68	5.26
集体控股	317	299	94.32	85	26.81	238	75.08	221	69.72	119	37.54	181	57.10	45	14.20	147	46.37	2	0.63
私人控股	1290	1248	96.74	365	28.29	953	73.88	946	73.33	333	25.81	681	52.79	161	12.48	768	59.53	7	0.54
港澳台商控股	29	26	89.66	17	58.62	19	65.52	23	79.31	8	27.59	13	44.83	2	6.90	14	48.28	0	0.00
外商控股	42	42	100.00	30	71.43	35	83.33	33	78.57	16	38.10	22	52.38	6	14.29	23	54.76	1	2.38
合计	2971	2761	92.93	829	27.90	2197	73.95	2092	70.41	889	29.92	1638	55.13	477	16.06	1591	53.55	78	2.63

资料来源：2008年中国大企业集团。

除财务公司外，国有企业集团在金融市场的信贷资金分配方面占据优势，计划经济时期遗留的国有（或国有控股）金融机构和国有企业之间的超经济联系仍然部分存在，这就造成国有企业和非国有企业在资金可及性和银行贷款条件上存在事实上的不平等，国有企业不但占据了更多的银行贷款，而且曾依靠这种超经济联系给银行造成了大量呆账坏账。这一状况与通过市场调节合理分配金融资源的目标很不相称，而且不利于未来的经济发展[①]，案例分析中不少企业集团成员加入国有企业集团后获得了多方面的集团资金支持，包括资金拆借、短期融资券等，这些是其他类型的企业难以获得的。

8.2.2　企业集团绩效提高原因分化、自主创新能力不强

案例分析结论说明，组建或加入企业集团后绩效改变的原因是多方面的，既有深化主营业务、开展技术创新和技术改造获得竞争力的提高，也有多元化特别是涉及房地产多元化带来的短期绩效提高等。在此过程中，各种政府补贴、税收优惠、产业政策支持以及集团内部市场和大股东资金支持等内外部支持因素促进了集团成员企业绩效的提高；不少公司加入企业集团后主营业务彻底改变，获得企业集团的资产置换，即"买壳"行为。加入企业集团前后绩效改变原因的分化说明自主创新还没有成为我国企业集团绩效效应的根本支撑。我国大企业集团普遍面临自主创新能力不强，研发投入、研发能力和水平与跨国公司相比有很大差距的问题。我国重要产业的对外技术依赖度比较高，不少核心技术还受制于人，创新型人才比较缺乏，科技创新尚未成为中国大企业集团发展的支撑力量[②]。

---

① 樊纲、王小鲁、朱恒鹏：《中国市场化指数——各地区市场化相对进程 2011 年报告》，第 256 页。

② 张文魁：《中国大企业集团年度发展报告 2010》，中国发展出版社 2011 年版，第 52 页。

如图 8 - 4 所示，2007 年度企业集团的研发支出占营业收入的比重为 0.95% ，占我国 GDP 的百分比为 1.08% 。与先进经济体大公司平均 5% 的研究开发支出相比，我国企业集团的研发支出还有很大差距。如表 8 - 8 所示，2007 年我国研究开发支出占 GDP 的百分比为 1.44% ，落后于同期其他经济体。

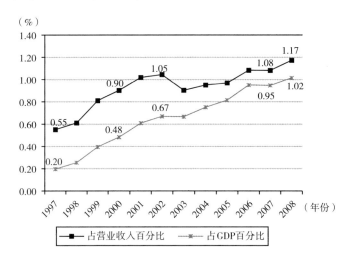

图 8 - 4　企业集团研发支出占营业收入和 GDP 的百分比

表 8 - 8　　　　　　　2007 年各国研究开发支出占 GDP 的百分比

中国	德国	日本	韩国	美国
1.44	2.54	3.44	3.21	2.82

资料来源：世界银行：《世界发展指标 2011》。

我国虽然是制造业大国，但对外技术依赖度较高，特别是关键技术和核心技术装备仍大量依靠外资企业和进口[①]。企业集团主要集中在第二产业的工业企业集团，我国工业企业集团新产品销售收入在营业总收入中的比重还不高，2009 年高技术产业和高技术密集型产业在工业总产值中的比重分别仅为 27.6% 和 11.0% ，工业结构进一步

---

① 中国社会科学院工业经济研究所：中国产业发展和产业政策报告（2011），第 26 页。

调整的关键是加快实现"装备化"向"技术化"的转变①。钱德勒（1997）指出，技术变化是 20 世纪发达国家取得国民财富可持续增长的主要动力，此历程中大公司起到了关键作用，正是大公司投资于科技创新并成功实施了创新科技产品和流程的商业化生产，推动了技术进步，因而推动了现代经济增长。企业集团是我国主导企业组织形式，企业集团研发投入占我国研发总投入的大部分。我国工业结构的转型升级以及实现"技术化"调整都要求企业集团提高自主创新能力、提高自主开发能力，在相关技术前沿取得自主知识产权，特别是摆脱对航空设备、精密仪器、医疗设备、工程机械等技术密集型行业的技术依赖。

8.2.3　企业集团竞争力有待提高

目前中国大多数产业，包括各传统产业的"制高点"都不在中国，决定工业技术路线、控制产业核心技术、拥有最高附加值的产业链环节基本上仍保持在美欧日工业强国中②，我国目前还缺乏技术密集型的企业集团，企业集团的国际竞争力还有待提高。

（1）缺乏有国际竞争力的技术密集型企业集团。

从主营行业来看，我国企业集团主要集中于第二产业的工业企业集团，其中国有控股的企业集团占主导地位。表 8 - 9 说明，我国前 500 家大企业集团前十大行业主要分布在黑色金属冶炼及压延加工业、煤炭开采和洗选业、石油和天然气开采业、石油加工、炼焦及核燃料加工业等行业，这些行业也标志着中国正处于工业化中期的重化工业阶段③。

---

① 中国社会科学院工业经济研究所：中国产业发展和产业政策报告（2011），第 33 页。
② 金碚：《喷薄崛起蓄力再发（思考·十年）》，载《人民日报》2012 年 9 月 18 日。
③ 工业结构重型化是工业化中期后半阶段的基本特点，2010 年重工业产值在工业中比重达 71.1%，工业结构的重型化趋势仍在加强，原载中国社会科学院工业经济研究所：《中国产业发展和产业政策报告（2011）》，第 53 页。

表 8 - 9　　　　　　我国前 500 家大企业集团前 10 大行业

（2010 年营业收入 1 万亿元以上）

行　　业	企业数量（个）	营业收入（亿元）	百分比（％）
交通运输设备制造业	34	33645.49	10.30
批发业	48	31619.82	9.68
黑色金属冶炼及压延加工业	53	31602.49	9.68
电力、热力的生产和供应业	13	29197.34	8.94
石油和天然气开采业	3	21777.18	6.67
石油加工、炼焦及核燃料加工业	9	21509.08	6.59
煤炭开采和洗选业	30	17158.87	5.25
房屋和土木工程建筑业	40	15208.64	4.66
保险业	5	10434.95	3.19

资料来源：《中国大企业集团年度发展报告 2011》资料整理得出。

　　2012 年世界"500 强"中国内地上榜企业共分布在金属产品、公用设施、工程与建筑以及原矿、原油生产等 22 个行业，没有中国内地公司上榜的世界"500 强"企业行业包括：电子、电气设备；食品、消费产品；家居、个人用品；制药；计算机软件；建筑和农业机械；半导体，电子元件；航空；食品生产；能源；油气设备与服务；饮料；烟草；铁路运输；管道运输；信息技术服务；网络服务和零售；批发：食品；批发：电子、办公设备；批发：保健；食品店和杂货店；雇佣、帮助；食品、饮食服务业；专业零售；财产与意外保险：互助；保健：医疗设施；保健：药品和其他服务；保健：保险和管理医保；娱乐。

　　上述未上榜行业说明，在诸如航空、制药、半导体，电子元件等技术密集型高端行业我国还缺乏具有国际较强竞争力的企业集团；在设备制造业方面，我国电子、电气设备、油气设备，建筑和农业机械等设备制造方面的企业集团还有待进一步发展；尽管中国企业集团中第三产业企业集团处在迅速发展阶段，但与世界"500强"相比，中国仍然缺乏诸如批发、保健、网络服务、信息技术服务等规模较大实力较强的企业集团。

（2）缺乏具有国际影响力的技术密集型品牌。

我国企业集团在全球最有价值排行榜中的品牌分布也能反映出我国企业集团的主营行业分布，企业品牌可以反映出我国企业集团的国际竞争力。表8-10说明，随着我国经济的快速增长，越来越多的中国品牌跻身最具价值全球品牌百强排行榜，在"金砖国家"中中国的上榜品牌是最多的。2012年共有13家中国品牌跻身最具价值全球品牌百强排行榜，这13家中国品牌合计占全球品牌百强总价值（2.4万亿美元）的11%。

表8-10　　　　"金砖国家"全球最具价值品牌百强榜公司

	2006年	2007年	2008年	2009年	2010年	2011年	2012年
中国	2	5	5	6	7	12	13
俄罗斯		1	2	2	2	2	
巴西				1	2	3	1
印度					1	1	2
墨西哥					1	1	1
南非							1
合计	2	5	6	9	13	19	20

资料来源：华通明略BRANDZ最具价值全球品牌百强排行榜。

按控股情况来看，13家中国品牌除科技行业的百度、腾讯以及保险业的平安保险外其余10家品牌都归属国有控股类型；此外，除金融行业的中国银行、中国工商银行、中国建设银行及中国农业银行外，其余品牌全部都是企业集团持有，包括保险行业的中国人寿保险、平安保险；电信行业的中国电信和中国移动；石油行业的中国石油和中国石化；白酒行业的茅台等 7 家企业集团品牌。除百度、腾讯品牌外，我国目前缺乏技术密集型行业和高科技行业的拥有国际竞争力的企业集团品牌。从整体上看，中国大企业集团的核心竞争力和国际竞争力还不强，还缺乏具有较强影响力的国际知名品牌[①]。

（3）企业集团面临产业结构升级挑战。

技术创新和产业升级是现代经济增长的特征（Kuznets，1966），我国企业集团的行业分布特征与我国经济所处的发展阶段相关。如表 8-11 所示，刘霞辉、张平、张晓晶（2008）回顾了中国经济改革开放 30 年来的经济发展阶段和产业结构特征，认为与中国经济的增长奇迹相伴随的是经济结构的剧烈变动，其突出特征是由一个传统的农业国不断演化为工业国，并认为中国当前的产业结构和就业结构接近于日本 20 世纪 60 年代的工业化时期，这一阶段的基本特征是以重型机械制造业为核心的加工工业，如汽车、造船等大型机械工业发展取代轻工业成为经济增长的主导产业。日本在 60 年代的高速经济增长时期结束后，实施了促进技术密集型产业发展的政策[②]，成功实现了产业结构升级，培育了一批在国际市场上具有很强竞争力的企业集团，成为制造业强国。借鉴日本企业集团发展的经验，我国企业集团自主创新能力和核心竞争力的提高对我国实现制造强国的目标具有重大意义。

---

① 参考王勇 2010 年 12 月在中央企业负责人会议上的讲话，转引自张文魁：《中国大企业集团年度发展报告 2011》，第 51 页。

② 1971 年 5 月日本产业结构审议会退出"70 年代产业结构设想"，提出发展"知识密集型产业"，包括研究开发密集型行业（计算机、半导体等）和知识产业（信息处理、软件等），1980 年 4 月，日本产业结构审议会提出"技术立国"方针，进入 90 年代以后日本政府又提出"新技术立国"、"科学技术创造立国"的方针，原载张季风：《日本经济概论》，第 86 页。

表 8 – 11　　　　　　　我国经济发展阶段与产业结构变动

时间	阶段	产业结构变动特点
1978~1984 年	第一阶段	第一产业占国民生产总值的比重迅速上升、纺织轻工等消费品工业较快发展，重工业处于调整之中
1985~1992 年	第二阶段	非农产业较快发展，第一产业比重下降，第三产业发展迅速
1993~2001 年	第三阶段	重化工业主导时期*，第二产业比重迅速上升（能源、交通、通信基础设施的发展带动了电力、钢铁、机械设备、汽车、造船、化工、电子、有色金属、石油化工和机械电子等第二产业发展）
2002~2008 年	第四阶段	城市化、工业化双引擎带动

注：＊这一时期重工业改变了 20 世纪 80 年代以来始终低于轻工业增长的局面。
资料来源：刘霞辉、张平、张晓晶《改革年代的经济增长和结构变迁》。

第9章　政策建议及将来的研究方向

在第 1 章至第 8 章分析的基础上，本章是本书的最后一部分，主要是针对我国企业集团存在的主要问题提出政策建议以及将来进一步研究的方向。

9.1   政策建议

企业集团持续健康发展的关键在于真正发挥企业集团的优势，在企业集团政策及相关配套措施的作用下，把集团成员绩效提高的源泉引导到技术创新上来，使科技创新成为大企业集团未来发展的主要绩效源泉，鼓励大企业集团内涵式的发展。

9.1.1   建立全过程的企业集团绩效评价体制

独立企业组建或加入企业集团实际上是一种并购行为[①]，在案例分析的 19 家上市公司中，有 9 家上市公司加入企业集团前出现巨额亏损、资不抵债，企业集团对这些公司的并购是"买壳"的行为。并购的结果是企业集团获得了原上市公司的"壳"资源，如果企业集团在"买壳"后不提高自身的自主创新能力和竞争力，这种并购就仍然是一种规模扩张式的增长行为，规模扩张式的并购行为不但不利于企业集团长期竞争力的培养和提高，还容易引发资金紧张和集团管控的风险[②]；此外，评估企业集团并购绩效时也要考察企业集团的多元化经营状况，如果非集团成员加入企业集团后绩效的提高不是来自主营业务的深化而是来自多元化经营，案例分析表明，有一些上市

---

① 与一般的并购不同的是，非集团成员加入企业集团后仍是独立的法人。
② 如国资委要求，"央企必须停止以扩大规模为目的的投资，所有投资必须转向技术升级、产品升级和商业模式的升级，而且需要更加重视加强现金管理和巩固资金链"，原载于杨烨、吴黎华：《国资委预警央企停止纯规模扩张，要求巩固资金链》，载《经济参考报》2012 年 8 月 7 日。

公司加入企业集团后从事房地产或有色金属等行业的多元化经营，这样的绩效提高往往使公司发展偏离主业在经济周期变化时容易陷入困境，不利于企业集团核心竞争力的提高。

随着我国产业集中度的提高，会出现更多的大企业集团对独立企业实施并购的行为。因此，在评估企业集团并购绩效时不能仅考虑利润指标变化，还应该同时综合考查加入前后集团成员的盈利能力是否有所提高以及提高的原因。企业集团的绩效考核应该包括对并购绩效的全过程评估，独立企业加入企业集团前后技术改造和自主创新能力的培养是评估的重要内容，这可以直接反映出企业集团是否仍然延续规模扩张型的增长方式。从而把企业集团的并购行为引导到深化主业，提高竞争力和未来可持续发展的方向上来。

9.1.2　深化垄断行业的市场化改革

从研究结论来看，我国企业集团和创新现状并不能完全支持熊彼特假设。在案例分析中，部分上市公司加入资源性的企业集团如煤炭和有色金属，以及出版传媒行业后绩效明显提高，但这种绩效提高实质上是资源行业经营绩效的反映，而不是集团成员自主创新能力的加强以及竞争力的提高。在获得上市公司的"壳"资源后，如果垄断行业的企业集团不专注于增强技术创新和自主创新能力，就很有可能延续纯规模扩张的老路，这种行为不但不利于企业集团的健康发展，还可能带来潜在的风险①。企业集团的纯规模扩张不利于引导中小企业加入集团的动机，不利于中小企业和企业集团之间的优势互补和协调发展。此外，案例分析说明，由于存在产业政策准入方面的限制，

---

① 如国资委指出，中央企业并购重组后确实存在一些值得关注的问题，首先是一些中央企业发展战略不清晰，盲目扩张，带来诸多风险。一些企业过分注重做大企业规模，存在强烈的扩张欲望。见《部分央企盲目扩张风险多》，原载《信息时报》2011 年 11 月 15 日。

上市公司在不得不放弃计划进行的项目投资①，导致募集资金的闲置，这不利于证券市场资金配置功能的发挥。对我国工业企业的一些实证研究也表明，企业创新活动投入的多少和市场竞争程度之间并不存在明显的联系，人力和资金投入的多少在很大程度上受行业所处的发展阶段、创新空间的影响。但是，市场竞争却能够显著影响企业创新活动的效率。在市场竞争程度比较高的行业，企业的前沿技术进步明显快于高度垄断行业中的企业；市场竞争程度的增强，能够使相同的科技经费投入带来更多的新产品销售收入和发明专利；市场集中程度的提高并不能提高企业创新活动的效率，反而因为缺乏竞争降低了创新资源的利用效率。目前，我国一些行业仍然通过行政管制维持着高度的垄断，使在位的企业缺乏竞争压力，这不仅造成了静态低效率，也导致有限的创新资源难以发挥更高的效率②。我国市场化改革还远远没有完成，就产业部门而言，我国资源性和涉及资源的产业（如石油、天然气、矿业和房地产开发）、具有天然垄断属性的产业（如电力、电信、铁路、银行等部门）、有公共产品属性的产业（如医疗、教育、文化和传媒等），市场化程度较低③，由于市场竞争不足，特别是资源型企业集团增长方式仍然比较粗放，竞争力有待加强。对垄断行业应该进行进一步的市场化改革，建议对于资源性行业征收适当的自然资源使用税，以及鼓励电力、金融和通信等行业的准入和竞争④。在市场化改革过程中，对垄断行业要实施合理的制度规范和政府监管，既要打破垄断资源，减少市场扭曲和负的外部性，更

---

① 案例分析部分，原欣网视讯曾试图投资网络电视及文化产业，但由于产业准入对于非公有资本的限制两次放弃投资项目。

② 白明、李国璋：《市场竞争与创新：熊彼特假说及其实证检验》，载《科技与经济》2006年第11期。

③ 樊纲、王小鲁、朱恒鹏：《中国市场化指数——各地区市场化相对进程2011年报告》第4页。

④ 林毅夫：《繁荣的求索：发展中经济体如何崛起》，北京大学出版社2012年版，第238页。

要减少政府行为的盲目性，降低改革的风险与成本①，因此增加规范过程的透明度以及强化社会监督都是必要的。

9.1.3　深化金融体制改革

计量结果和案例分析结论都表明，资金支持是独立企业选择加入企业集团的主要动机。案例分析中大部分企业集团都为其成员提供各种类型的担保或参与非公开发行认购，较大规模的企业集团内部财务公司则可以直接对成员提供授信，资金拆借或周转。因此资金支持是独立企业加入企业集团前后绩效变化的主要原因。企业集团特别是大型企业集团的资金优势与我国特定的经济发展阶段下的金融体制相关。

改革开放 30 多年来，我国经济增长表现为投资驱动型的经济增长，经济增长源泉主要表现为技术引进的"干中学②"。如表 9 - 1 所示，支撑这一阶段经济增长的金融体制是政府主导型的金融体制，即国有银行信贷主导的企业投融资体制。随着我国经济发展阶段的演进和经济增长源泉的改变，我国金融体制也面临进一步深化改革，其中包括促进我国企业集团的绩效源泉向技术进步和自主创新转变，从而推动企业集团的未来健康发展。

表 9 - 1　　　　　　我国经济增长源泉与相关金融体制

经济增长源泉	经济增长决定因素	金融体制提供信贷支持
"干中学"	社会总投资规模	政府主导型金融体制即国有银行信贷主导的企业投融资体制
技术进步	知识生产数量	更加市场化的金融投融资体制，实现资本的有效配置

资料来源：根据刘霞辉、张平、张晓晶的《改革年代的经济增长与结构变迁》第 280 ~ 289 页内容整理所得。

---

①　罗兰：《前 30 年改革红利在消失，稳增长需继续改革》，载《人民日报》（海外版）2012 年 12 月 1 日。

②　Arrow（1962）年定义"干中学"为：技术和知识的积累既可以通过以往的生产经验，又可以通过外部的学习来进行。

我国目前金融市场的发育程度还远低于产品市场的发育程度，虽然近年来非国有金融机构有了相当发展，但几家大型国有控股银行占有的市场份额仍然过高。信贷资金的分配仍然在某种程度上受非市场因素的制约，金融业的市场竞争还很不充分①。正如案例分析显示，企业集团的纯规模扩大型的并购和投资行为正是由于其资金优势，研究显示占企业总量 0.5% 的大企业拥有 50% 以上的贷款余额，户均 4.42 亿元，而创造我国 GDP 的 1/3，占企业总量 88.1% 的中小企业其贷款余额不足 20%②。

当前，我国经济发展进入新常态，我国经济增长动力正处于转换期。"干中学"的经济增长阶段已经结束，亟待培育技术进步等新的经济增长源泉。当"干中学"为技术进步等新的经济增长源泉所替代时，国有银行信贷主导的企业投融资体制及其所形成的信贷集中性均衡并不能有效地为新的经济增长源泉提供信贷支持。在人口老龄化和对外开放程度不断提高的共同压力下，缺乏市场化的企业投融资体制将严重制约对企业创新提供充分的长期资本支持，无法促进技术进步推动的经济增长。这就对实现企业投融资体制市场化转型提出了迫切要求。只有构筑更加市场化的企业投融资体制，才能有效地提高资本配置效率，顺利推进资本化进程，激励企业创新投资，实现经济增长范式由"干中学"和投资推动的"汗水经济"向主要由技术进步推动的创新经济转变③。要使我国企业集团的绩效源泉转移到技术进步上来，必须要实施金融体制改革，构建更加市场化的企业投融资机制。一是加速发展包括企业债在内的债券市场，稳步发展资本市场，激励资本市场对企业创新投资提供充分的长期资本支持。二是探索市场化的金融监管机制，促进资本市场的规范和发展。形成市场化的监

---

① 樊纲、王小鲁、朱恒鹏：《中国市场化指数——各地区市场化相对进程 2011 年报告》，第 255 页。

② 张明芳：《中小型科技企业成长机制》，经济科学出版社 2011 年版，第 21 页。

③ 刘霞辉、张平、张晓晶著：《改革年代的经济增长与结构变迁》，格致出版社，2008 年版，第 285 页。

管机制是由国有银行信贷主导的企业投融资机制向更加市场化的体制成功转变的核心内容，其本质是发展市场化的金融监管体制，扩大强制性信息披露范围和保证信息披露的真实性要求，实现对投资项目融资成本的差别化定价。三是增加金融业的市场竞争，改善中小金融机构的发展环境，特别是取消现行政策中对于中小银行的歧视性规定，创造公平有效、充分竞争的市场环境，促进中小银行持续健康的发展①。从而推行更加市场化的金融投融资体制，实现资本的有效配置，在引导企业集团自主创新导向的同时，把企业集团成员加入集团的动机引导到获取集团研发、营销和商业模式等优势上来，减小为获取资金支持的动机，实现集团成员和企业集团之间的优势互补和资源的优化配置。

9.1.4　确立企业集团自主创新的主体地位

熊彼特明确提出，大企业更能推动技术进步。我国"十三五"期间国家创新体系中的主要目标是："形成更多具有自主知识产权的核心技术，充分发挥大型企业的技术创新骨干作用，培育若干综合竞争力居世界前列的创新型企业"。目前我国的科技创新投入仍然以大中型工业企业为主，特别是企业集团的研发投入所占百分比最大。改革开放以来，我国主要通过大规模的技术引进，促进了传统产业的技术改造和结构调整。1979 年以来我国共对外签订技术引进合同近八万项，合同总金额 2000 多亿美元②，30 多年来的技术引进取得了巨大成就。但也要看到当前我国企业自主创新能力还不强，多数产业呈现出相当程度的对外技术依赖。我国虽然是一个经济大国，但还不是一个经济强国，一个根本原因就在于创新能力薄弱③。与发达国家相

---

① 张明芳：《中小型科技企业成长机制》，经济科学出版社 2011 年版，第 146 页。
② 吴贵生：《技术引进与自主创新》，知识产权出版社 2010 年版，第 1 页。
③ 国务院《国家中长期科学和技术发展规划纲要（2006～2020 年）》。

比，我国科学技术总体水平还有较大差距，如在钢铁、石化等典型的资金密集型产业，中国、韩国和日本分别位于产业链的低端、中端和高端，日韩在高端生产领域形成了独特优势①。

日本经济的发展经历了一个从技术引进到技术创新的过程，日本主要靠大量技术引进完成对欧美的技术追赶，技术自主创新比较少。在1968年日本成为世界第二大经济体后，日本主要产业技术水准均达世界先进水平。完成技术追赶后，日本意识到今后加强技术自主创新对进一步提高日本技术的国际竞争力至关重要。日本在认真分析技术引进和技术自主创新的国内外形势后，确定了国家支持技术自主创新的重点领域，即超越发达国家拥有的同类技术，发展适合本国产业和社会特殊需求的技术，自主研发外国不肯出口给日本的最尖端技术。在日本国家科技创新体系中，企业是科技创新的主体。从科研投入来看，企业占国家整体投入的70%。政府的投入一般集中在基础研究、大规模的综合的核心技术的研发、关系民生福祉公共效益的科技研发。那些有利于提高各个企业集团竞争力的科技创新，主要依靠企业自身的投入。日本企业集团的科技投入主要受市场导向，特别是那些具有市场前景、具有国际商场竞争力的技术，如合成纤维、石油化工、机械、汽车、家电、半导体、电子、生物、医疗器械等技术，日本企业总是紧跟世界潮流，并努力超越技术先进国。从战后日本的企业技术密集型产品出口竞争力增强的角度来看，日本企业的技术研发和技术应用的速度和成就都是世界一流的。目前日本仍然是世界技术出口大国，虽然技术创新实力和活力落后于美国，但总体科技水平已经超越其他经济发达国家，在节能、环保等特殊技术领域位居世界前列。

计量分析结论说明加入企业集团对于集团成员的绩效有正面的效果，案例分析部分对绩效提高的原因进行分解后表明，部分上市公司

---

① 原载《中日韩自贸区谈判正式启动，加速人民币区域化》，载《经济参考报》2012年11月21日。

在加入或组建企业集团后，通过技术改造和自主创新提高了经营绩效和竞争力。其中比较典型的是华意压缩、海马汽车、潍柴重机和新和成，上述公司的共同特点是：主营业务专一，没有多元化经营；研究开发费用占主营业务收入的比例较高，华意压缩、海马汽车和新和成的研究开发费用占当年营业收入百分比最高为 2.24%、3.76% 和 3.82%，通过大量的研究开发投入，华意压缩成为世界市场占有率第一的压缩机生产商，海马汽车拥有自主的发动机技术和新能源汽车技术，新和成是世界上排名前列的维生素生产商；潍柴重机通过引进德国先进技术消化吸收后，推出大功率柴油机产品填补了国内空白。这些企业集团的成功经验在于，企业集团成为技术创新的主体，通过研究开发投入提高了创新能力。

企业集团的成功经验说明，要鼓励企业集团成为技术创新的主体，从技术引进转变为自主创新，即"从增强国家创新能力出发，加强原始创新、集成创新和引进消化吸收再创新"[①]；同时，在产业政策、财税及相关创新服务方面鼓励企业集团专注主营业务，建立研发机构并增加研究开发费用的投入，使自主创新和较强的竞争力成为企业集团绩效增长的源泉。

9.1.5　协调企业集团和中小企业之间的关系

我国还处在工业化中期的重工业化阶段，大企业和大企业集团仍将是主导的企业组织形式。以工业企业集团为例，截至 2008 年全国工业企业集团单位数仅占全国规模以上工业企业单位数的 0.43%，但总资产、营业收入和利润分别占全国规模以上工业企业单位数的 53.32%、35.83% 和 30.89%。当前我国企业集团正面临提高自主创新能力的挑战，不但在所在行业方面企业集团亟待提高自主创新能

---

① 国务院《国家中长期科学和技术发展规划纲要（2006~2020 年）》。

力，在新兴战略产业方面制高点掌握不够，如 2004～2006 年美国、日本、德国和韩国分别掌握了纳米技术领域 43%、17%、10% 和3.7% 的专利，占全部纳米技术专利的 3/4，中国在纳米技术领域掌握的专利微乎其微①。世界各国的经济发展经验证明，在特定行业特别是新兴产业中小企业具备明显的技术创新优势，大企业和中小企业之间互为补充，相互依存的协调关系对产业结构升级和增强竞争力意义重大。

20 世纪 80 年代以来，日本经济面临巨大的挑战。人口的老龄化客观上要求提高生产率，但当时日本的技术水平已处于技术前沿，因而面临技术创新的巨大挑战。为保持经济的竞争力，依靠新创企业和中小型企业实现新兴产业的突破成为日本新时期产业政策的基础，并最终实现了产业结构的调整。美国中小企业很多是高新技术密集型，全国有 7.5 万个小型高技术公司，总雇员有 175 万～200 万人，其业务涉及关键性高技术领域。在所有可以进行商品化的专利产品的技术创新中，有一半来自小型高技术公司②。由于具备资金、市场和管理资源等优势，大企业在新技术的使用和商业化方面较具备优势，因此，大企业往往通过兼并收购中小公司来扩大企业的规模，被收购的高科技创业公司也往往比独立的公司成长得更快。此外，发达国家的中小型公司也可以把技术特许给大公司使用；或者利用自身产品的独特竞争力进入利基市场，如为大公司提供高端零部件等，并与大公司保持共生的关系。如果新产品的市场前景较好，同时又能获得金融支持和管理者资源，一部分新科技公司也将会逐渐成长为中型或大型的公司。

日本和韩国企业集团发展的经验可以看出，韩国经济以大企业为

---

① 中国社会科学院工业经济研究所：《中国产业发展和产业政策报告（2011）》，中信出版社 2011 年版，第 27 页。
② 小型高技术公司的定义是：研究与开发投入较高；科学家、工程师所占比例较大。原载于陈宝森、王荣军、罗振兴：《当代美国经济》，社会科学文献出版社 2011 年版。

主，而日本经济则是大企业和中小企业并举，由于韩国产业能力的扩大是通过现有企业的扩大，而不是通过新企业的创立来实现的，这种发展模式导致了韩国大企业的数量较少，又造成了大企业和中小企业之间差距的扩大。韩国政府过多将资源集中投向大企业，影响了韩国中小企业的顺利发展，造成了产业结构的不平衡和不合理。韩国的市场集中率比日本高得多。日本的发展模式是建立在大企业和中小企业同步发展的基础上。

本书实证和案例分析表明，当前我国独立企业加入企业集团的动机呈现多重化，不少中小企业加入企业集团是由于严重的经营危机和资金困难，在加入集团后主营业务发生了变更，实质上仍是企业集团经营规模的扩大。中小企业和企业集团之间还没有形成较为合理的自主创新方面的分工和双方资源的合理流动。我国"十三五"期间创建国家创新体系要求，"充分发挥大型企业的技术创新骨干作用，培育若干综合竞争力居世界前列的创新型企业和科技型中小企业创新集群"[1]。实现这一目标需要借鉴国外大企业自主创新能力发展的成功经验，协调好中小企业和企业集团之间的关系，充分发挥企业集团和中小企业各自的创新优势，引导中小企业加入企业集团的动机和企业集团的并购动机，使中小企业和企业集团之间形成资源合理流动、优势互补的协调共生关系。

9.1.6　其他方面的配套措施

提高企业集团的自主创新能力、引导企业集团内涵式增长的关键在于减少企业集团规模型的扩张行为，把企业集团成员绩效提高的原因引导到技术驱动的方向上来。借鉴世界先进经济体的增长经验，接近技术前沿时企业的自主创新行为会面临风险和不确定性，因此，在

---

[1]　国务院《关于深化科技体制改革，加快国家创新体系建设的意见》，2012 年 9 月。

引导企业集团成为技术创新主体，推动我国产业结构升级和竞争力增强的过程中还需要包括深化金融体制改革在内的其他方面的配套措施。

（1）建立及完善相关中介机构。

深化金融体制改革的现实困难来自技术创新成果的未来盈利不确定性和风险，使金融机构在对不同的投资项目定价时面临专业知识方面的障碍。因而要建立专业的技术鉴定和风险评级机构，对技术创新成果的市场价值和潜在风险做出客观的评估，可以供金融机构予以参考，一方面可以促进金融对于不同潜在价值和风险的项目的市场化定价，从而实现更为市场化的投融资体制；另一方面也可以控制金融机构的金融风险。

（2）人力资源储备。

人力资源储备对于企业集团自主创新能力的提高，从而促进国家创新体系的建立和完善具有十分重要的意义。我国企业集团的国际化人才严重不足，企业的组织框架和管理模式还不能适应国际化经营的需要[①]。深化金融体制改革要求实行市场化的投融资体制，这就要求银行等金融机构的从业人员以及相关中介机构人员具备较为丰富的知识和较高的素质，能够把资金配置到适合的项目；企业集团自主创新能力的培养不但需要高等院校科研培养能力的提高，从而实现科研院所与企业之间的人才输送，同时企业集团内部也要建立起人力资源的培养和储备机制。

（3）财政、税收及相关产业政策的支持。

在我国企业集团自主创新能力加强、产业结构升级的过程中，财政、税收和相关产业政策的支持是十分必要的。如实施财政、税收激励措施鼓励企业集团设立研究机构、加大研究开发投入；鼓励吸纳中小企业的创新成果的企业集团并购行为，把中小企业加入企业集团的

---

① 王勇 2010 年 12 月在中央经济负责人会议上的讲话，转引自张文魁编：《中国大企业集团年度发展报告 2010》第 52 页。

动机引导到双方竞争力的互补上来；完善高校、研究机构和中小企业以及小型高科技企业的研究成果向大企业和企业集团的流动渠道等。

9.2 将来的研究方向

本书对我国企业集团政策进行了政策评价，建立了企业集团政策和成员绩效之间的因果关系。在此基础上，结合定性分析和案例分析研究结论提出了相关政策建议。本书的创新之处在于提供了企业集团政策评价可操作的分析框架和方法，提供了将来进一步分析研究的起点。笔者认为，在本书分析的基础上，将来的研究方向包括以下几点。

9.2.1 使用更为丰富的微观经济计量学处理文献方法

随着我国经济结构调整和产业集中度的上升，企业集团的兼并收购行为会增加，独立企业组建或加入企业集团的数据也会增多。相关数据的丰富为微观经济计量学方法的使用提供了更多的可能，例如，在获得相当数量的独立企业组建或加入企业集团前后的绩效数据的情况下，就可以使用差分法来克服企业集团处理分配的内生性问题。

9.2.2 多层次的企业集团绩效效应研究

在可获得企业集团相关绩效数据的情况下，可以探索对不同层次的企业集团分别的进行绩效效应评估，如中央企业集团、地方企业集团成员企业的动机和行为的相同点及区别所在。在这些研究结论的基础上，可以为企业集团政策和其他相关配套政策的进一步完善和调整提供借鉴和参考。

9.2.3 企业集团政策效应的动态评价

根据企业集团资源观，在工业化的不同时期，企业集团的能力会发生动态的变化，能够持续健康发展的企业集团将会培育出难以模仿的技术及组织能力。因此，对企业集团政策评价也应当是一个连续的过程，通过对不同阶段企业集团绩效效应做出动态的评价，可以为企业集团政策提供可信的实时实施效果评价。

译名对照表

A

Acemoglu   阿西莫格鲁

Amsten   奥斯丁

B

Barney   巴尼

Baumol   鲍莫尔

Bruton   布鲁顿

Buchanan   布坎南

Burtless   波特里斯

C

Cameron   卡梅伦

Campbell   坎贝尔

Chandler   钱德勒

Choi   崔

Choo   楚

Claessens   克莱森斯

Coase   科斯

Cochran   科克伦

Cox   考克斯

Cook   库克

Cuervo-Cazurra   奎尔沃－卡里拉

D

Delios   得利斯

F

Fan   范

Feenstra   芬斯特拉

Fisher   费舍尔

Fisman   菲斯曼

G

Gelfer   格鲁尔

Ghemawat   格玛沃特

Goto   後藤

Granger   格兰杰

Granovetter   格兰诺维特

Guest   盖斯特

Guillen   吉伦

H

Hamilton   汉密尔顿

Heckman   赫克曼

Hayami   速水优

I

Imbens   英本斯

K

Kali	卡莉
Keister	基斯特

H

Hogfeldt	哈库菲罗德
Holland	霍兰德
Holmen	霍尔曼

K

Kempthorne	肯普索恩
Khanna	康纳
Kock	科克
Kumar	库马尔
Kuznets	库茨涅茨

L

Lakey	莱基
Land	兰德
La Porta	拉波尔塔
Leff	列夫

M

Marukawa	丸川
Morck	默克
Morgan	摩根
Murphy	墨菲

N

Neil	内尔
Neyman	内曼
Norlan	诺兰

O

Odaka	小高
Okabe	冈部
Oliver	奥利弗

P

Palepu	帕里皮尤
Park	帕克
Pedersen	佩德森
Peng	彭
Penrose	彭罗斯
Perotti	佩罗蒂

R

Rivkin	里夫金
Rodric	罗德里克
Rosenbaum	罗森鲍姆
Rubin	鲁宾

S

Saint-Paul	圣保罗
Shadish	沙迪什
Shleifer	施莱费尔
Smelser	伊斯梅
Strachan	斯特拉坎
Sutherland	萨瑟兰
Swedberg	斯威德伯格

T

Trivedi	特瓦迪

V		Wooldridge	伍德里奇
Vishny	维什尼	**Y**	
W		Yafeh	亚费
WaQar I. Ghani	瓦卡尔我·加尼	**Z**	
White	怀特	Zattoni	姿托尼
Williamson	威廉姆森	Zilibotti	利伯蒂
Winship	温希普		

参 考 文 献

［1］车维汉：《发展经济学》，清华大学出版社 2012 年版。

［2］陈宝森、王荣军、罗振兴：《当代美国经济》，社会科学文献出版社 2011 年版。

［3］陈强：《高级经济计量学及 Stata 应用》，高等教育出版社，2010 年版。

［4］迟树功、杨渤海：《企业集团发展规模经济研究》，经济科学出版社 2000 年版。

［5］崔志鹰、朴昌根：《当代韩国经济》，同济大学出版社 2010 年版。

［6］崔志鹰：《朝鲜半岛——多视角、全方位的扫描、剖析》，同济大学出版社 2009 年版。

［7］［美］丹尼斯·W. 卡尔顿，杰弗里·M. 佩洛夫：《现代产业组织》，胡汉辉、顾成彦、沈华译，中国人民大学出版社 2011 年版。

［8］樊纲、王小鲁、朱恒鹏：《中国市场化指数——各地区市场化相对进程 2011 年报告》，经济科学出版社 2011 年版。

［9］国家经济贸易委员会、中共中央文献研究室：《十四大以来党和国家领导人论国有企业改革和发展》，中央文献出版社 1999 年版。

［10］国务院发展研究中心产业经济研究部课题组：《中国产业振兴与转型升级》，中国发展出版社 2010 年版。

［11］韩朝华：《战略与制度：中国企业集团的成长分析》，经济科学出版社 2000 年版。

［12］［美］霍利斯·B. 钱纳里：《工业化与经济增长的比较研究》，吴奇等译，三联书店 1989 年版。

［13］李成勋：《中国经济发展战略 2011》，知识产权出版社 2011 年版。

［14］李非：《企业集团理论——日本企业集团》，天津人民出版社 1994 年版。

［15］李良新：《基于统计模型的中国证券市场有效性分析》，《山西财经大学学报》2012 年第 S1 期。

［16］李平、陈萍：《企业集团的形成、组织和绩效——辽宁 60 户大型国有工业企业集团案例分析》，《战略与管理》2001 年第 1 期。

［17］李雪松：《高级经济计量学》，中国社会科学出版社 2008 年版。

［18］李艳荣：《基于内部资本市场视角的企业集团治理研究》，经济科学出版社 2008 年版。

［19］梁成：《非理性假设与中国证券市场发展研究》，《开放导报》2012 年第 1 期。

［20］林毅夫：《繁荣的求索：发展中经济体如何崛起》，北京大学出版社 2012 年版。

［21］刘生龙、王亚华、胡鞍钢：《西部大开发成效与中国区域经济收敛》，《经济研究》2009 年第 9 期。

［22］刘文炳、张秋生：《中央企业并购重组报告 2011》，中国经济出版社 2011 年版。

［23］刘霞辉、张平、张晓晶：《改革年代的经济增长与结构变迁》，格致出版社，上海三联书店，上海人民出版社 2008 年版。

［24］刘小玄：《企业边界的重新确立：分立式的产权重组——大中型国有企业的一种改制模式》，《经济研究》2001 年第 7 期。

［25］刘小玄：《奠定中国市场经济的微观基础：企业革命 30 年》，格致出版社，上海三联书店，上海人民出版社 2008 年版。

［26］卢福财：《中央企业公司治理报告2011》，中国经济出版社2011年版。

［27］［美］罗纳德·科斯：《产业组织：研究的建议》，载［美］奥利弗·威廉姆森，斯科特·马斯滕：《交易成本经济学》，李自杰、蔡铭等译，人民出版社2008年版。

［28］陆一：《谈股论经：中国证券市场基本概念辩误》，上海世纪出版股份有限公司远东出版社2010年版。

［29］毛蕴诗、李家新、彭清华：《企业集团——扩展动因、模式与案例》，广东人民出版社2000年版。

［30］［美］小阿尔弗雷德·钱德勒：《规模与范围》，张逸人等译，华夏出版社2006年版。

［31］邱靖基、陈佳贵：《企业集团：模式构想与道路选择》，经济管理出版社1991年版。

［32］盛毅：《中国企业集团发展的理论与实践》，人民出版社2010年版。

［33］史建平：《中国中小企业金融服务发展报告2010》，中国金融出版社2011年版。

［34］世界银行：《世界发展指标2011》，中国财政经济出版社2011年版。

［35］［美］乔治·斯蒂格勒：《产业组织》，王永钦、薛峰译，上海三联书店，上海人民出版社2006年版。

［36］［日］速水佑次郎、神门善久：《发展经济学——从贫困到富裕》，李周译，社会科学文献出版社2009年版。

［37］孙效良：《发展企业集团的若干理论和方针政策问题》，《集团经济研究》1992年第5期。

［38］王键：《日本企业集团的形成与发展》，中国社会科学出版社2001年版。

［39］魏成龙、王华生、李仁君：《企业规模经济——企业购并

与企业集团发展研究》，中国经济出版社 1999 年版。

　　［40］吴贵生：《技术引进与自主创新》，知识产权出版社 2010 年版。

　　［41］伍柏麟：《中国企业集团论》，复旦大学出版社 1996 年版。

　　［42］席酉民、梁磊、王洪涛：《企业集团发展模式与运行机制比较》，机械工业出版社 2003 年版。

　　［43］［美］F. M. 谢勒：《产业结构、战略与公共政策》，张东辉等译，经济科学出版社 2010 年版。

　　［44］杨洁、辛志纯：《企业重组论》，经济管理出版社 1997 年版。

　　［45］［英］伊迪丝·彭罗斯：《企业成长理论》，赵晓译，格致出版社，上海三联书店，上海人民出版社 2007 年版。

　　［46］银温泉、臧跃茹：《中国企业集团体制模式》，中国计划出版社 1999 年版。

　　［47］银温泉、臧跃茹：《企业改组与结构调整》，中国计划出版社 2001 年版。

　　［48］于左：《企业集团的性质、资源分配行为与公共政策》，中国社会科学出版社 2009 年版。

　　［49］［日］雨宫健：《高级计量经济学》，朱保华、周亚宏等译，上海财经大学出版社 2010 年版。

　　［50］张季风：《日本经济概论》，中国社会科学出版社 2009 年版。

　　［51］张明芳：《中小型科技企业成长机制》，经济科学出版社 2011 年版。

　　［52］张文魁：《中国大企业集团年度发展报告 2011》，中国发展出版社 2012 年版。

　　［53］张文魁：《中国大企业集团年度发展报告 2010》，中国发展出版社 2011 年版。

［54］张文魁：《中国大企业集团年度发展报告2009》，中国发展出版社2010年版。

［55］张先治、陈友邦：《财务分析》，东北财经大学出版社2010年版。

［56］郑国坚：《企业集团内部市场：效率与"掏空"——基于我国上市公司的实证研究》，经济科学出版社2008年版。

［57］中国企业集团促进会：《母子公司关系研究——企业集团的组织结构和管理控制》，中国财政经济出版社2004年版。

［58］中国社会科学院工业经济研究所：中国产业发展和产业政策报告（2011），中信出版社2011年版。

［59］中华人民共和国国家统计局：《2003年中国大企业集团》，中国统计出版社2004年版。

［60］中华人民共和国国家统计局：《2004年中国大企业集团》，中国统计出版社2005年版。

［61］中华人民共和国国家统计局：《2005年中国大企业集团》，中国统计出版社2006年版。

［62］中华人民共和国国家统计局：《2006年中国大企业集团》，中国统计出版社2007年版。

［63］中华人民共和国国家统计局：《2007年中国大企业集团》，中国统计出版社2008年版。

［64］中华人民共和国国家统计局：《2008年中国大企业集团》，中国统计出版社2009年版。

［65］中华人民共和国国家统计局服务业调查中心：《中国大企业集团竞争力年度报告——2009年》，中国统计出版社2009年版。

［66］左昌鸿、唐拥军：《中国企业集团组织与管理原理研究》，广西师范大学出版社1992年版。

［67］Acemoglu，D. and Zilibotti，F.，"Was Prometheus unbound by chance：Risk，diversification and growth"，*Journal of Political Econo-*

my, 105 (4), 1997, pp. 709 – 751.

[68] Ahlstrom, D. and Bruton, G. D., "Learning from successful local private firms in China: establishing legitimacy", *Academy of Management Executive*, 15, 2001, pp. 72 – 83.

[69] Althauser, Robert P. and Donald B. Rubin., "The Computerized Construction of a Matched Sample", *American Journal of Sociology*, 76, 1970, pp. 325 – 346.

[70] Amsden, A. H., *Asia's Next Giant: South Korea and Late Industrialization*, New York: Oxford University Press, 1989.

[71] Amsden H. Alice, "South Korean: Enterprising Groups and Entrepreneurial Government", in Alfred D. Chandler, JR., Franco Amatori and Takashi Hikino, (ed.), *Big Business and the Wealth of Nations*, Cambridge University Press, 1997.

[72] Amsden, A. H., The Rise of 'The Rest': Challenges to the West from Late-Industrialization Economies, New York: Oxford University Press, 2001.

[73] Arrow, K. J., "The Economic Implications of Learning by Doing", *Review of Economic Studies*, 29, 1962, pp. 155 – 173.

[74] Ashenfelter, O., "Estimating the Effect of Training Programs on Earnings", *Review of Economics and Statistics*, 60, 1978, pp. 47 – 57.

[75] Bain S. Joe, *Industrial Organization*, John Wiley & Sons, Inc., 1959.

[76] Barney, J., "Firm resources and sustained competitive advantage", *Journal of Management*, 17, 1991, pp. 99 – 120.

[77] Baumol J. William, Nelson R. Richard and Wolff N. Edward, *Convergence of Productivity: Cross-National Studies and Historical Evidence*, New York: Oxford University Press, 1994.

[78] Buchanan, James M. , "A Contractarian Paradigm for Applying Economic Theory", *American Economic Review*, 65 (2), 1975, pp. 225 – 230.

[79] Burtless, G. , "The Case for Randomized Field Trials in Economic and Policy Research", *Journal of Economic Perspectives*, 9, 1995, pp. 63 – 84.

[80] Cameron A. Colin and Trivedi Pravin K. , *Microeconometrics: Methods and Applications*, New York: Cambridge University Press, 2005.

[81] Carney Michael, *Asian Business Groups: Context, Governance and Performance*, Oxford: Chandos Publishing. 2008.

[82] Chandler, A. D. , Jr. , *the Visible Hand: The Managerial Revolution in American Business*. Cambridge, MA: Belknap Press, 1977.

[83] Chandler, A. D. , Jr. , *Scale and Scope: The Dynamics of Industrial Capitalism*, Cambridge, MA: Belknap Press, 1977.

[84] Chandler, A. D. "The M-Form: industrial groups, American style", *European Economic Review*, 19, 1982, pp. 3 – 23.

[85] Chandler, A. D. , Jr. , *Strategy and Structure: Chapters in the History of the American Industrial Enterprises*, Reprint edn. With new introduction, Cambridge, MA: MIT Press, 1990.

[86] Chandler D. Alfred, JR. , Franco Amatori, Takashi Hikino, *Big Business and the Wealth of Nations*, NY: Cambridge University Press, 1997.

[87] Chang, S. J. , Hong, J. , "How much does the business group matter in Korea?", *Strategic Management Journal* 23, 2002, pp. 265 – 274.

[88] Chang, Sea Jin, and Unghwan H. Choi, "Strategy, Structure and Performance of Korean Business Groups: A Transaction Cost Approach", *Journal of Industrial Economics* 37, no. 2, 1988, pp. 141 – 158.

[89] Chang, S. J. , *Financial Crisis and Transformation of Korean Business Groups: The Rise and Fall of Chaebols*, New York: Cambridge University Press, 2003.

[90] Choo kineung, keun lee, keunkwan ryu, jungmo yoon, "Changing Performance of Business Groups over Two Decades: Technological Capabilities and Investment Inefficiency in Korean Chaebols", *economic development and cultural change*, The University of Chicago Press, 2009.

[91] Chung, H. M, "Managerial ties, control and deregulation: An investigation of business groups entering the deregulated banking industry in Taiwan", *Asia Pacific Journal of management*, 23, 2006, pp. 505 – 520.

[92] Claessens, S. , Fan, J. P. H. and Lang, L. H. P. "The benefits and costs of group affiliation", World Institute for Development Economics Research working paper, 2002.

[93] Coase, R. , "The Nature of the Firm", *Economica*, 4, 1937, pp. 386 – 405.

[94] Coase, R. , "The Problem of Social Cost", *Journal of Law and Economics*, 3, 1960, pp. 1 – 44.

[95] Coase R. H. , "Industrial Organization: A Proposal for Research", *Economic Research: Retrospect and Prospect*, Vol 3: Policy Issues and Research Opportunities in Industrial Organization, NBER, 1972.

[96] Cochran, W. G. , "The planning of ovservational studies in human populations", *Journal of the Royal Statistical Society*, (Series A), 128, 1965, pp. 134 – 155.

[97] Cochran William G. and Gertrude M. Cox. , *Experimental Designs*, New York: Wiley, 1950.

[98] Cox, David R. , *Planning of Experiments*, New York: Wi-

ley, 1958.

[99] Cuervo-Cazurra, A., "Business groups and their types", *Asia Pacific Journal of Management*, 23, 2006, pp. 419 – 439.

[100] Dehejia, R. and Wahba, S., "Propensity score matching methods for nonexperimental causal studies", NBER working paper 6829, 1998.

[101] Encarnation, D. J., *Dislodging Multinationals: India's Strategy in Comparative Perspective*, Ithaca, NY and London: Cornell University Press, 1989.

[102] Fisher, R. A., *the Design of Experiments*, Edinburgh: Oliver and Boyde, 1935.

[103] Fisher, R. A., *Statistical Methods for Research Workers*, Edinburgh: Oliver & Boyd, 1925.

[104] Fisher, R. A., *Statistical Methods for Research Workers*, 2rd edition, London: Oliver and Boyd, 1928.

[105] Fisman Raymond, and Tarun Khanna, "Facilitating Development: The Role of Business Groups", *World Development*, Vol. 32, No. 4, 2004, pp. 609 – 628.

[106] Gerschenkron, A., *Economic Backwardness in Historical Perspective: A Book of Essays*, Harvard University Press, Cambridge, M. A., 1962.

[107] Ghemawat, P., Khanna, T., "The nature of diversified business groups: A Research Design and two case studies", *Journal of Industrial Economics*, 46, 1998, pp. 35 – 61.

[108] Goto, Akira, "Business Groups in Market Economy", *European Economic Review*, 19, no. 1, 1982, pp. 53 – 70.

[109] Granger, C. W. J., "Investigating Causal Relation by Econometric and Cross-Sectional Method", *Econometrica*, 37, 1969,

pp. 424 – 438.

[110] Granovetter, Mark, "Economic Action and Social Structure: The Problem of Embeddedness", *American Journal of Sociology*, 91, 1985, pp. 481 – 510.

[111] Granovetter, Mark, "Coase Revisited: Business Groups in the Modern Economy", *Industrial and Corporate Change*, 4 (1), 1995, pp. 93 – 130.

[112] Granovetter, Mark. "Business Groups and Social Organization." in *the Handbook of Economic Sociology*, Neil J. Smelser and Richard Swedberg (ed.), New York: Russel Sage Foundation, Princeton: Princeton University Press, 2005.

[113] Greenberg, D., and M. Wiseman, "What Did the OBRA Demongstrations Do?" In C. Manski and I. Garfinkel, eds., *Evaluating Welfare and Training Programs*, Cambridge Mass.: Harvard University Press, 1992.

[114] Guest Paul, Dylan Sutherland, "The impact of business group affiliation on performance: evidence from China's 'national champions'", *Cambridge Journal of Economics*, 34, 2010, pp. 617 – 631.

[115] Guillen F. Mauro, "Business Groups in Emerging Economies: A Resource-based View", *Academy of Management Journal*, Vol. 43, No. 3, 2000, pp. 362 – 380.

[116] Hamilton, Gary G. and Feenstra, Robert C., "Varieties of Hierarchies and Markets: An Introduction", in M. Orr'u, N. W. Biggart and G. G. Hamilton (eds), *The Economic Organization of East Asian Capitalism*, Thousand Oaks, CA: Sage, 1997, pp. 55 – 94.

[117] Hausman, J., and D. Wise, eds, *Social Experimentation*, Chicago: University of Chicago Press, 1985.

[118] Hayami Yujiro, "Changes in the Sources of Modern Economic

Growth: Japan Compared with the United States", *Journal of the Japanese and International Economies*, 13, 1999, pp. 1 – 21.

[119] Heckman, James, "Shadow Prices, Market Wages and Labor Supply", *Econometrica* 42 (4), 1974, pp. 679 – 694.

[120] Heckman, James, "Dummy Endogenous Variables in a Simultaneous Equation System", Econometrica, 46 (4), 1978, pp. 931 – 960.

[121] Heckman, James, "Sample Selection Bias as a Specification Error", *Econometrica*, 47 (1), 1979, pp. 153 – 161.

[122] Heckman, James," Causal Inference and Nonrandom Samples", *Journal of Educational Statistics*, 14, 1989, pp. 159 – 168.

[123] Heckman, James," Randomization and Social Policy Evaluation", In Evaluating Welfare and Training Programs, edited by C. F. Manski and I. Garfinkel, 1992, pp. 201 – 230.

[124] Heckman, J., "Microdata, Heterogeneity And the Evaluation of Public Policy", Nobel Memorial Lecture in Economic Sciences, December 8, 2000, Stockholm, Sweden.

[125] Heckman, James," Causal Parameters and Policy Analysis in economics: a Twentieth century Retrospective", *The Quarterly Journal of Economics*, 115, 2000, pp. 45 – 97.

[126] Heckman, J. and Smith, J., "Assessing the Case for Social Experiments", *Journal of Economic Perspectives*, 9 (2), 1995, pp. 85 – 100.

[127] Heckman, James, Hidehiko Ichimura and Petra Todd, "Matching As An Econometric Evaluation Estimator", *Review of Economic Studies*, 65 (2), 1998, pp. 261 – 294.

[128] Heckman, J., H. Ichimura, and P. Todd, "Matching as an Econometric Evaluation Estimator: Evidence from Evaluating a Job

Training Program", *Review of Economic Studies*, 64, 1997, pp. 605 – 654.

[129] Heckman, J. , H. Ichimura, and P. Todd, "Matching as an Econometric Evaluation Estimator", *Review of Economic Studies*, 65, 1998, pp. 261 – 294.

[130] Heckman, J. , H. Ichimura, J. Smith, and P. Todd, "Characterizing Selection Bias Using Experimental Data", *Econometrica* 66, 1998, pp. 1017 – 1098.

[131] Holland, P. , "Statistics and Causal Inference," (with discussion), *Journal of the American Statistical Association*, 81, 1986, pp. 945 – 970.

[132] Holmen, Martin and Peter Hogfeldt, "Pyramidal Discounts: Tunneling or Agency Costs?", Unpublished, 2005.

[133] Hotz, J. , "Designing and Evaluation of the Job Training Partnership Act", In C. Manski and I. Garfinkel, eds. , *Evaluating Welfare and Training Programs*, Cambridge, Mass. : Harvard University Press, 1992.

[134] Imbens Guido M. and Jeffrey M. Wooldridge, "Recent Developments in the Econometrics of Program Evaluation", Working Paper 14251, National Bureau of Economic Research, 2008.

[135] Kali Raja, "Business groups, the financial market and modernization", *Economics of Transition*, Volume 11 (4), 1999, pp. 671 – 696.

[136] Keister A. Lisa, "Engineering Growth: Group structure and Firm Performance in China's Transition Economy", *The American Journal of Sociology*, Vol. 104, No. 2, 1998, pp. 404 – 440.

[137] Keister, L. A. , *Business groups: The Structure and Impact of Interfirm Relations During Economic Development*, New York: Oxford

University Press, 2000.

[138] Kempthorne, Oscar, *The Design and Analysis of Experiments*, New York: Wiley, 1952.

[139] Khanna T., "Business groups and social welfare: existing evidence and unanswered questions", *European Economic Review* 44, 2000, pp. 748 – 761.

[140] Khanna, Tarun and Yishay, Yafeh, "Business Groups In Emerging Markets: Paragons Or Parasites?", *Journal of Economic Literature*, 45, 2007, pp. 331 – 372.

[141] Khanna, Tarun, and Krishna Palepu, "Why Focused Strategies May Be Wrong for Emerging Markets", *Harvard Business Review* 75, no. 4, 1997, pp. 41 – 51.

[142] Khanna Tarun and Rivkin W. Jan, "Estimate the Performance Effects of Business Groups in Emerging Markets", *Strategic Management Journal*, 22, 2001, pp. 45 – 74.

[143] Kock, Carl J., Mauro F. Guillen., "Strategy and Structure in Developing Countries: Business Groups as an Evolutionary Response to Opportunities for Unrelated Diversification." *Industrial and Corporate Change* 10, no. 1, 2001, pp. 77 – 103.

[144] Kuznets, S., Modern Economic Growth: Rate, Structure and Spread, New Haven, CT: Yale University Press, 1966.

[145] La Porta, Rafael, Florencio Lopez-de-Silanes, Andrei Shleifer, and Robert Vishny, "Corporate Ownership around the World", *Journal of Finance*, 1999, pp. 471 – 517.

[146] LaLonde, R., "Evaluating the Econometric Evaluations of Training Programs with Experimental Data", *American Economic Review*, 76, 1986, pp. 604 – 620.

[147] Langbein Laura and Felbinger L. Claire, *Public Program*

Evaluation: A Statistical Guide, New York: M. E. Sharpe, Inc., 2006.

[148] Lee Myoung-Jae, *Micro-Econometrics for Policy, Program, and Treatment effects*, New York: Oxford Universtiy Press, 2005.

[149] Leff, Nathaniel H., "Industrial Organization and Entrepreneurship in the Developing Countries: The Economic Groups", *Economic Development and Cultural Changes* 26, no. 4, 1978 pp. 661 –675.

[150] Ma X., and Yao X., Xi Y., "Business Group Affiliation and Firm Performance in a Transition Economy: A Focus on Ownership Voids", *Asia Pacific Journal of Management*, 23 (4), 2006, pp. 467 – 483.

[151] Manski F. Charles, *Identification Problems in the Social Sciences*, Cambridge: Harvard University Press, 1995.

[152] Manski, C., *Partial Identification of Probability Distributions*, New York: Springer-Verlag, 2003.

[153] Marukawa, T., "Review: Chinese business groups: the structure and impact of inter-firm relations during economic development", *The China Journal*, 47, 2002, pp. 150 – 152.

[154] Morck, R. And L., Steier. "The Global History of Corporate Governance: An Introduction", in R. Morck (ed.), *A History of Corporate Governance around the World*, Chicago: University of Chicago Press, 2005, pp. 1 – 64.

[155] Morgan Stephen L. and Winship Christopher, *Counterfactuals and Causal Inference: Methods and Principles for Social Research*, New York: Cambridge University Press, 2007.

[156] Murphy, M. Kevin Andrei Shleifer, Robert Vishny, "Industrialization and the Big Push", NBER Working Paper, No: 2708, 1989.

［157］Neyman, J., （1923）, "On the Application of Probability Theory to Agricultural Experiments. Essay on Principles. Section 9", translated in *Statistical Science*, （with discussion）, Vol. 5, No. 4, 1990, pp. 465 – 480.

［158］Nolan Peter and Xiaoqiang Wang, "Beyond Privatization: Institutional Innovation and Growth in China's Large State-Owned Enterprises", *World Development*, Vol. 21, No. 1, 1999, pp. 169 – 200

［159］Norlan, P. and Yeung, G., "Large Firms and Catch-up in a Transitional Economy: the Case of Shougang Group in China", *Economics of Planning*, 34, 2001, pp. 159 – 178.

［160］North, D., *Institutions, institutional change, and economic performance*, New York: Norton, 1990.

［161］Odaka, K., Ono, K., and Adachi, F., *The Automobile Industry in Japan: A Study of Ancillary Firm Development*, Tokyo: Kinokuniya, 1988.

［162］Okabe, M., *Cross Shareholdings in Japan: A new Unified Perspective of the Economic system. Cheltenham*, UK: Edward Elgar, 2002.

［163］Park, C., "Radical Environmental Changes and Corporate Transformation: Korean Firms", Long Range Planning, 40, 2007, pp. 419 – 430.

［164］Pearl, J., *Causality: Models, Reasoning and Inference*, Cambridge University Press, 2000.

［165］Peng W. Mike, "Institutional transitions and strategic choices", *Academy of Management Review*, 28, 2003, pp. 275 – 286.

［166］Peng W. Mike and Andrew Delios, "What determines the scope of the firm over time and around the world? an Asia Pacific perspective", *Asia Pacific J Manage*, 23, 2006, pp. 385 – 405.

[167] Penrose, Edith, *The Theory of the Growth of the Firm*, New York: Oxford University Press, 1959.

[168] Perotti C. Enrico, and Stanislav Gelfer, "Red barons or robber barons? Governance and investment in Russian financial industrial groups", *European Economic Review*, 45, 2001, pp. 1601 – 1617

[169] Rodrik, Dani, "Growth Strategies." in *the Handbook of Economic Growth*, (ed.), Amsterdam: Elsevier B. V., 2005.

[170] Rosenbaum, P., "Conditional Permutation Tests and the Propensity Score in Observational Studies", *Journal of the American Statistical Association*, 79, 1984, pp. 565 – 574.

[171] Rosenbaum, P., *Observational Studies*, Springer Verlag, New York, 1995.

[172] Rosenbaum, P., and D. Rubin, "Constructing a Control Group Using Multivariate Matched Sampling Methods that Incorporate the Propensity Score", *American Statistician*, 39, 1985, pp. 33 – 38.

[173] Rosenbaum, P., and D. Rubin, "The Central Role of the Propensity Score in Observational Studies for Causal Effects", *Biometrika*, 70, 1983, pp. 41 – 55.

[174] Rubin, D., "Matching to Remove Bias in Observational Studies", Biometrics, 29, 1973a, pp. 159 – 183.

[175] Rubin, D., "The Use of Matched Sampling and Regression Adjustments to Remove Bias in Observational Studies", Biometrics, 29, 1973b, pp. 185 – 203.

[176] Rubin, D., "Estimating Causal Effects of Treatments in Randomized and Non-randomized Studies", *Journal of Educational Psychology*, 66, 1974, pp. 688 – 701.

[177] Rubin, D., "Assignment to Treatment Group on the Basis of a Covariate", *Journal of Statistics*, 2, 1977, pp. 1 – 26.

[178] Rubin, D. B., "Bayesian inference for causal effects: The Role of Randomization", *Annals of Statistics*, 6, 1978, pp. 34 – 58.

[179] Rubin, D. B., "Formal Modes of Statistical Inference for Causal Effects", *Journal of Statistical Planning and Inference*, 25, 1990, pp. 279 – 292.

[180] Rubin, D. B., "Practical implications of models of statistical inference for causal effects and the critical role of the assignment mechanism", Biometrics, 47, 1991, pp. 1213 – 1234.

[181] Saint-Paul, G., "Technological change, financial markets and economic development", *European Economic Review*, 36, 1992, pp. 763 – 781.

[182] Seo Bong-kyo, Keun Lee and X. Wang, "Causes for Changes Performance of the Business Groups in a Transition Economy: Market-level versus Firm-level Factors in China", *Industrial and Corporate Change*, Vol. 19, No. 6, 2010, pp. 2041 – 2072.

[183] Shadish William R., Cook Thomas D. and Campbell Donald T., *Experimental and Quasi-Experimental Designs for Generalized Causal Inference*, Boston: Houghton Mifflin Company, 2002.

[184] Shdish, W. R., Cook, T. D., "Design rules: More Steps towards a complete theory of quasi-experimentation", *Statitical Science*, 14, 1999, pp. 294 – 300.

[185] Shirouzu, N., "Toyota is Tightening Control of Key Suppliers in Bid to Block Encroachment by Foreign Firms", *Wall Street Journal*, August 3: A18, 1999.

[186] Smelser J. Neil and Richard Swedberg (ed.), *the Handbook of Economic Sociology*, New York: Russel Sage Foundation. Princeton: Princeton University Press, 2005.

[187] Smith, J., "A Critical Survey of Empirical Methods for

Evaluating Active Labor Market Policies", *Schweiz. Zeitschrift fur Volk-swirtschaft and Statistik*, Vol. 136 (3), 2000, pp. 1 – 22.

[188] Smith, J. and Todd, P., "Does matching overcome Lalonde's critique of nonexperimental estimators?", Mimeo, 2000.

[189] Strachan, Harry, *Family and Other Business Groups in Eco-nomic Development: The Case of Nicaragua*, New York: Praeger, 1976.

[190] Tobin, J., "Estimation of Relationships for Limited Depend-ent Variables", Econometrica, 26, 1958, pp. 24 – 36.

[191] Vedung Evert., *Public Policy and Program Evaluation*, New Brunswick, New Jersey: Transaction Publishers, 2009.

[192] WaQar I. Ghani, Omair Haroon and Junaid Ashraf, "Busi-ness Groups' Financial Performance: Evidence from Pakistan", *Global Journal of Business Research*, Volume 5, No. 2, 2011.

[193] White, M and Lakey, J., *The Restart Effect: Evaluztion of a Labour Market Programme for Unemployed People*, London: Policy Stud-ies Institute, 1992.

[194] Williamson, Oliver, *Markets and hierarchies: analysis and antitrust implications.* New York: The Free Press, 1975.

[195] Williamson, Oliver, *The economic institutions of capitalism.* New York: The Free Press. 1985.

[196] Williamson, Oliver, "The vertical integration of production: market failure considerations", *American Economic Review*, 61 (2), 1971, pp. 112 – 123.

[197] Williamson, Oliver, "Markets and hierarchies: some ele-mentary considerations", *American Economic Review*, 63 (2), 1973, pp. 316 – 325.

[198] Williamson, Oliver, "Transaction cost economics: the gov-ernance of contractual relations", *Journal of Law and Economics*, 22

(2), 1979, pp. 233 – 261.

[199] Williamson, Oliver, "Transaction Cost Economics: The Natural Progression", *American Economic Review* 100, 2010, pp. 673 – 690.

[200] Wong, G., "Business groups in a dynamic environment: Hong Kong 1976 – 1986", in G. G. Hamilton (ed.), *Asian Business Networks*, Berlin: Walter De Gruyter, 1996, pp. 87 – 112.

[201] Wooldridge Jeffrey M., *Econometrics Analysis of Cross Section and Panel Data*, 2rd edition, Cambridge: the MIT Press, 2010.

[202] The World Bank Development Research, Center of the State Council, P. R. C., *China* 2030: *Building a Modern, Harmonious, and Creative High-Income Society*, 2012, Conference Edition.

[203] Yiu Daphne, Bruton D. Garry, Lu Yuan, "Understanding Business Group Performance in an Emerging Economy: Acquiring Resources and Capabilities in Order to Prosper", 42 (1), 2005, pp. 183 – 206.

[204] Zattoni Alessandro, Torben Pedersen, and Vikas Kumar, "The Performance of Group-affiliated Firms during Institutional Transition: A Longitudinal Study of Indian Firms", *Corporate Governance: an International Review*, 17 (4), 2009, pp. 510 – 523.

后　记

千淘万漉虽辛苦，吹尽狂沙始到金！

本书是在我博士论文的基础上修订而成的，写这篇后记的时候，攻读博士三年的一幅幅画面不断浮现在我的眼前，不禁感慨万千。时光荏苒，转眼间我已经博士毕业快三年了。在中国社会科学院研究生院攻读博士的三年，我有幸得到了经济所诸多老师的指点和帮助，各位老师对我的学习疑惑之处，以及论文写作中的困难和问题给予了耐心的解答和帮助。在生活方面，也给予了很多关心。在此我向经济所的老师们致以衷心的感谢。在社科院攻博期间，认识了很多同窗和朋友们，在这里也向博士期间的各位同学和朋友们致以谢意，在博士论文的写作期间，你们的支持和鼓励给予了我很多力量和信心，这些是我攻读博士期间的美好回忆和宝贵财富。

博士毕业以后，我有幸继续从事教学科研工作。期间对博士论文的主题——企业集团及其对公司绩效的影响和它的决定机制的深入研究和拓展成为了我深入思考和研究的主要课题。围绕企业集团与我国创新驱动发展战略，我主持省部级课题：全国行政学院科研合作基金课题一项（"十三五"时期企业集团推动创新驱动新突破的路径和机制研究），并于2015年度有幸到国家行政学院经济学教研部做访问学者，作为主要参与人承担2015年度国家行政学院重大招标课题《中国经济发展新常态下的经济结构调整研究》的部分研究工作，在访学期间得到了国家行政学院经济学教研部专家教授的指导和帮助，引导我进一步打开思路，把企业集团这一微观企业组织形式放到经济发展新常态下思考，更多的探讨实施供给侧结构性改革的背景下，企业集团应发挥的重要作用和采取的机制等。在此向国家行政学院的专家教授致以诚挚的谢意！

同时，我还要感谢在我工作以来本书写作过程中给予我大力支持和帮助的各位领导、同事和朋友们，真心祝愿您们工作顺利、身体健康！我会以不懈的努力实践您们对我的殷切期望，我将继续用持续的研究和刻苦的努力回馈您们的信任和支持。

最后，我要感谢我的家人，在家人的关怀和鼓励下，我才能在攻读博士和工作期间安心工作、学习，顺利完成本书的写作。在此我衷心地感谢你们。我觉得，我是幸运的。

掩卷之余，仍然不免伤感：三年苦作，一"经"未穷，竟已皓首，没有看见"灯火阑珊处"，却已经"为伊消得人憔悴"了。

雷德雨

2016 年 2 月